はじめに

本書は、書くことに苦手意識をもつケアマネジャーのみなさんに向けて、「書く力が向上し、利用者の個別性を尊重した本人らしさあふれる文章にできる方法」をわかりやすく、すぐに実践できる内容にまとめた一冊です。

みなさんがどうして「書くこと」に苦手意識を抱くのか。それは日本の国語教育に責任の一端があります。とかく漢字の知識や文章の読解ばかりに力を入れる「理解するための国語教育」だったからです。書くといえば夏休みの宿題や感想文程度で、手紙で自分の思いを伝える、自分の切ない思いや日常生活の楽しさ、おもしろさを描写する、ある人の語りを要約してまとめるなどの「表現する国語教育」を受ける機会はほとんどありませんでした。

ケアマネジャーの仕事は「チームケアをマネジメント」することです。そこで求められるケアマネジメントに必要な能力とは何でしょう。相談援助技術を基本にしたコミュニケーション力、自立・自律支援を支えるチームワーク力、話し合いの場を創り上げるファシリテーション力とそれらを「記録する・伝えるための書く力（ライティング力）」が必要なのです。

アウトプットでもっとも効率的なのが「文章」です。話すほうが伝わりやすいといっても、しょせん音声は消えモノです。倍速で聞くにも無理があります。滑舌が悪いと正確には伝わらず、難聴の人にはそもそも届かなかったりします。

しかし、文章はどうでしょう。文章は残ります。いつでも何度でも読み返せます。慣れると読むスピードも速くなります。文字のサイズも自由自在。重要度に合わせて色で変化をつけられ、イラストに吹き出し説明もできます。

みなさんに求められているのは単なる「事象の描写」ではありません。擁護・代弁機能（アドボカシー機能）を備えた「書く力」です。

アセスメント時（認定更新時含む）や訪問時、利用者（家族）から語られる不安や後悔、切実な願い、次第にやりづらくなる生活動作や家族の複雑な事情、そして今にいたるまでの人生の物語。それらをたくさん傾聴（インプット）できても、書くこと（アウトプット）ができなければケアチームには伝わりません。多職種と連携したくても伝えることができません。

みなさんが書く文章はケアプランの第１表・第２表にはじまり、サービス担当者会議の議事録、日々の訪問や調整作業の記録（居宅介護支援経過記録）、さらに事業所の会議やカンファレンスの記録など膨大です。
まさに「書くこと＝マネジメント」は必須の業務なのです。いくら音声入力ができるようになっても「文章にする作業」はなくなりません。
ところが「効率性と生産性」の言葉に惑わされて「ま、いっか！」と本やネットの文例や生成ＡＩの文例をそのままを使ってしまうとどうなるでしょう。個性のない誰にでも当てはまる「顔の見えない文章」を書く無自覚・無責任なケアマネジャーになってしまうことになります。あなたはそうなりたいですか？

この本を手に取られたあなたは違います。
この本は「６Ｗ５Ｈ１Ｒ」（第１章）を基本に、どのようにしたら具体的な「顔の見える文章になるのか」を日本語の基本から説いています。団塊の世代以降の新高齢者が求める「自分らしさ」あふれるケアプランをどのように書けばよいか、たくさんのヒントが詰まっています。特にＮＧな文章をどうやったら「グッドな文章」にできるか、わかりやすいように「吹き出し説明付き」で解説しました。
そして、文章上達の代表的な手法である「書き込み式」を採用し、各節に「テンプレート」を用意しました。その数なんと約500例。空欄に書き込むだけでなく、テンプレートをぜひとも「書き写し」てください。そのレッスンが「書き方の基本」を身につけること（素振り効果）になるでしょう。

書くことは、自分の考えを深め、知識を広げ、思いや感情を整えます。他者と共有するための「伝える力」にもなります。
書くことは人間にとって知的で成長に欠かせない魅力的な要素です。文章を通じて国内だけでなく世界とつながれます。文章で発信することで、あなた自身のアイデンティティを形成することにもつながります。
書くことによって生まれる感動の一つひとつが、あなたの成長への自信と喜びとなり、持続的なモチベーションを育ててくれるでしょう。

本書がケアマネジャーのみなさんの仕事と人生に寄与し、みなさんが出会う利用者と家族の方々のかけがえのない人生を支えることにつながることを心から願っています。

本書の刊行にあたり中央法規出版第一編集部の牛山絵梨香さんに心から感謝します。

2023年8月

高室 成幸（しげゆき）

第4章 ケアプランの書き方

第5章 モニタリングの書き方

第6章 依頼状・報告書の書き方

「6W5H1R」で伝わる書き方

第1節

文章は「6W5H1R」が書ければ超カンタン

文章は「材料」集めから

ケアマネジメントで扱う文章の用途（例：ケアプラン、支援経過記録など）は違っても「書き方」の基本は同じです。まずは、文章を書くときに「材料」が具体的にそろっているかを常に意識します。その材料は、生育歴や家族歴、生活歴や生活習慣、本人・家族の意向のヒアリング、阻害･促進要因の整理と課題を設定するアセスメント、動作や住環境･地域環境の観察などから得られます。

文章の「材料」は「6W5H1R」で集める

文章を書くときはどのくらいの材料が集まっていればよいのか。それは「多ければ多いほどよい」のが基本です。そして具体的であることが大切です。日本語はとても抽象的な言葉で構成されています。ある専門領域の人にしかわからないのではチームケアは行えません。材料を集め、構成する作業の視点になるのが「6W5H1R」なのです。

Who（誰が）　When（いつ）　Where（どこで）　What（何を）

Why（なぜ）　Wish（願い・思い）　How（どのように）

How long（期間）　How many（いくつ）　How much（いくら）

How large（big）（広さ）　Result（どうなった）

「頭のなかの材料を出し切る」→「材料を組み立てる」

みなさんの頭のなかにはたくさんの材料が未整理のままゴチャゴチャに集まった状態です。それをいきなり文章にしようとすると失敗します。何事にも「段取り」が大切です。次に、頭のなかの材料を出し切るために「デッサン作業」をします。自分で集めた材料を

文章作成術の全体像

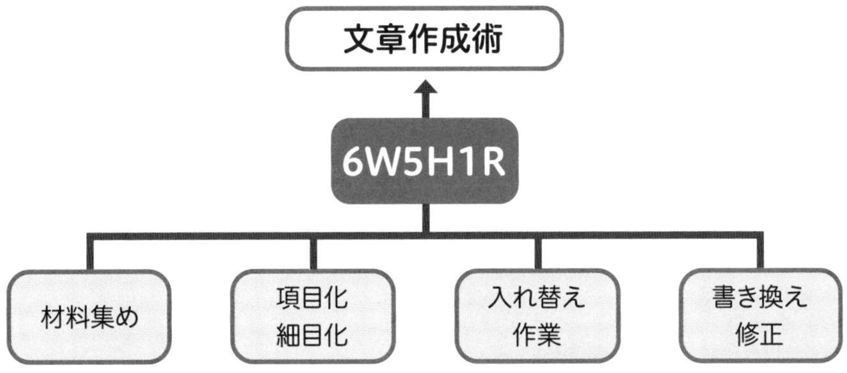

「見える化」するのです。

「6W5H1R」はどこから書いても文章は成り立つ

文章が苦手な人は何から書き始めたらよいかと悩みます。ついつい「便利な定型文」の模倣に頼りがちです。でも、それだと文章力はいつまで経ってもアップしません。書く目的と内容が決まり、6W5H1Rの材料が集まっていれば、どの材料から書き始めても文章は成り立ちます。

下記の文章のAとBの内容は同じです。

・近藤さんが左ひざの痛みを堪えて、居室から四点杖を握りしめ、5分ほどかけてトイレに移動した。

・四点杖を握りしめた近藤さんが、左ひざの痛みを堪えて、居室からトイレまで5分ほどかけて移動した。

「思いついたまま」書き始めて、6W5H1Rの順序を入れ替えるのがコツ

デッサンした材料をもとに「思いついたまま」でまずは書いてみましょう。その後に6W5H1Rで「入れ替え作業」をしましょう。ポイントは4つです。

・どの順序なら読みやすいか
・伝えたい核心は何か
・どれを強調するのか
・読み手に何を伝えたいか

手書きでの入れ替え作業はちょっと大変ですが、パソコンなら単語や文節の入れ替えは簡単です。注意することは格助詞（が・の・を・に・へ・と・より・から・で・まで・や）、複合格助詞（例：について・において）、接続助詞（例：ので・から・と）などは位置が変わると意味が違ってくることです。必ず読み返しながら「書き換え修正」をしましょう。

Who（主語、人称代名詞、呼称など）

「Who」は「名前」で表記する

ケアプランや記録類で大切なのは「登場人物」が特定されることです。「Who」を人称代名詞で表記することが日常的に行われていますが、これが、ケアプランや記録類をわかりにくくしている原因の一つです。

主語だけでなく、「誰が、誰と、誰に、誰のために」などでも人称代名詞が多用されています。人称代名詞は読み手に想像の余地があり、そこに解釈の混乱が生まれます。それを避けるには「名前表記」が確実です。とりわけ女性の場合は入籍時に「改姓」していることが多いので「旧姓表記」も重要です。

「Who」には一人称、二人称、と三人称がある

利用者が自分のことを語るときは「一人称」です。一人称には約70 種類（例：私、わたくし、俺、ぼく、わい）があり、呼び方で出身地を知ることもできます。

- おいら、おれっち、あちき･･･関東、江戸っ子の言い方
- 自分、わし、うち･･･主に関西地方の言い方
- おい、おいどん･･･九州地方に多い言い方

二人称には「あなた、あんた、おまえ、おまえさん」があり、三人称には「彼、彼女、あいつ、あの子、奴」などがあります。どれも人称代名詞なので「個人を特定」できません。「あいつ、あの子、奴」などが利用者や家族との会話に出てきたときはすかさず「個人名」を聴き取るようにしましょう。

家族・身内の呼び方は「基点」を誰におくかで「変化する」

身内の表記には「夫・妻、父・母、祖父・祖母、兄・弟、姉・妹、嫁・婿、叔父・叔母、孫・ひ孫」など「親族名称」があります。これらをひとくくりにした「夫婦、親、きょうだい、家族、親戚、遠戚、遠縁」などもあります。身内の名称の難しさは「誰を基点にお

Whoの全体像

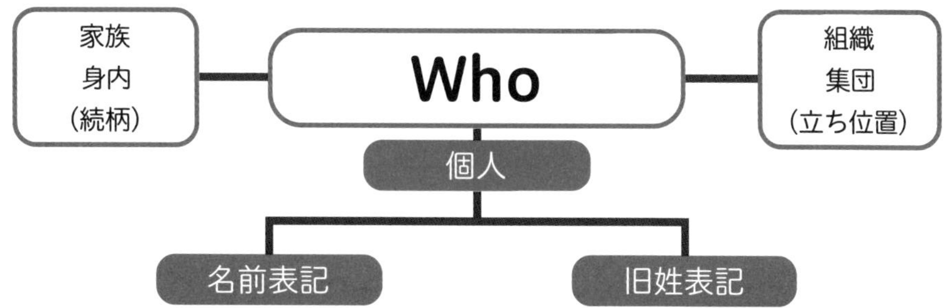

Aさん(65歳男性)の場合

・85歳の父・母からは「息子、長男、倅」　・弟・妹からは「兄、兄貴、お兄ちゃん」
・孫からは「祖父、おじいちゃん、じいじ」
・弟の妻からは「義兄」、甥・姪からは「おじさん」

くか」で表記が異なることです。

わかりづらいので、名前（続柄：年齢）と表記しましょう。年齢を記載することでより具体的に伝わります。

・太郎(長男:58歳)　・花子(次女:55歳)

組織・団体・会社、サークル、集いにおける呼称はポジション次第

経歴には、所属していた地域組織やサークルのポジションを書きます。役職は所属年数や活躍ぶり、組織のルールによって年度ごとに替わることもあります。

・会社:会長、社長、専務、部長、課長、係長、主任など
・団体:理事長・会長、理事、専務、部長、課長、係長、グループ長など
・趣味サークル:代表、リーダー、事務長、幹事、世話人、○○係など

要注意なのは「息子・娘」表記

ケアプランや記録類で混乱する代表格が「息子、娘」の表記です。この場合は、「長男・次男、長女・次女」などのきょうだい間順位で正確に書き、名前を併記すると確実です。ただし、ひとり息子・娘なら「息子」「娘」の表記も適切です。なお、年下から「息子さん・娘さん」と呼びかけるのは一般的に無礼にあたるので注意します。

▶ ケアプラン文例

ヨウコさん(86歳、要介護3)

✕ ケアプランNG例

■意向

同居の家族に迷惑をかけて申し訳ない。息子も孫もよくやってくれるが、世話をしてもらうなら娘たちが気楽です。歩けるようになったら商工会婦人部の仲間と旅行に行きたい。

家族とは誰かがわからない

仲間とは誰かがわからない

具体的に誰か特定できない

○ ケアプランOK例

■意向

同居する健司（長男：62歳）と悟（孫：27歳）に介護で迷惑をかけて申し訳ないです。健司も悟もよくやってくれるが、介護をしてもらうなら美咲（長女：58歳）と香苗（次女：55歳）のほうが安心です。歩けるようになったら商工会婦人部仲間の佐藤さんたちと○○温泉に旅行がしたい。

名前、年齢が追記されているのでより具体的で伝わる

氏名を記載できている

✕ ケアプランNG例

■支援経過記録

本人は人との交流に消極的になり、ここ3か月はひきこもりがち。同居家族は介護負担が増大して、仕事に影響。今後、同居介護の継続には介護者の負担軽減が必要と判断し、短期入所を提案。利用するか、家族で検討すると回答あり。

「人との交流」では大雑把すぎる

どの範囲の家族かがわからない

介護者が誰かわからない

○ ケアプランOK例

■支援経過記録

ご本人はご近所の○○町内会の河本さんと会うことがなく、デイサービスの利用も減り、ここ3か月はひきこもりがち。同居する健司さん（長男: 62歳）や悟さん（孫: 27歳）の排泄や食事介助の負担が増大し、健司さんのタクシーの仕事にも影響している。今後、同居介護を継続していくには健司さん、悟さんの介護負担の軽減が必要と判断し、月2回・2泊3日のショートステイ利用を提案。利用するかどうか、健司さん、悟さんと話し合い、回答したいとのこと。

「人との交流」の具体的な内容がわかる

「家族」の総称が具体的になった

介護者が具体的になった

家族の範囲が具体的になった

▶【Who】書き方テンプレート

テンプレート文に個人名や年齢、属性を入れてみましょう。

①夫婦・子ども

・食事時になると、3年前に再婚した弘さん（＿＿：＿歳）とK市に暮らす（＿＿）さん（長女：40歳）と旅行したときのことを楽しそうに話される。

② 孫・ひ孫

・Yさん（86歳）は長女の（＿＿＿）さんの子どもの（＿＿＿＿）ちゃん（＿歳）からもらった似顔絵を楽しそうに眺めていた。

・Yさん（86歳）はひ孫の（＿＿＿）ちゃん（＿歳）が大好きだ。

③ きょうだい・いとこ

・Yさん（86歳）宅から徒歩15分の距離に達也さん（＿＿＿：＿歳）が一人暮らし。隣のM市に綾さん（＿＿＿：＿歳）が家族と暮らす。約6㎞先には母方のいとこの（＿＿＿：＿歳）さんが暮らし、週1回は電話で会話を楽しんでいる。

④ 地元・地域

・Yさん（86歳）への声かけは近所の美容室ナナの（＿＿＿＿）さんと町内会長の（＿＿＿＿）さんが担ってくれている。毎週月曜日朝9時の一丁目ゴミステーションへのゴミ出しは（＿＿＿）町内会長の（＿＿＿）さんが手伝ってくれている。

⑤趣味サークル

・Yさん（86歳）の近所の話し相手は、40代から続けてきた手芸サークルの70歳の（＿＿＿＿）さん。演歌歌手の（＿＿＿＿）のことや韓流ドラマ、ペットの犬（＿＿＿＿）の話題でいつも盛り上がっている。

書き方ポイント

■ 氏名で個人を特定する（年齢が表記できればなおよい）

■ 属性は「A会社の係長」「Bサークルの会長」などと書く

■「息子・娘」表記には要注意。基本は、名前で表記する

メモ

When
（時間）

日本語は「時間、時間帯、時期、頻度、週・月・年」の言葉が豊か

日本語には「時間・時刻」を表す表現が多くあります。私たちは日常会話で当たり前のように使っていますが、どれも抽象的です。日常会話では問題がなくても、集合時間や開始時間など「明確な時刻や時間」が必要なときには「数字で表記する」のがポイントです。

ケアプランや支援経過記録に、利用者（家族）が日常会話で話した時間を表す表現をそのまま書いてしまうと抽象的になってしまいます。利用者（家族）が「時間、時間帯、時期、頻度」を話したら、すかさず具体的な数字を質問して、正確に表記できるようにメモします。確認の意味で復唱するのもよいでしょう。

時間の数字表記の種類と使い方を整理し、「When」を上手に使いこなしましょう。

「時間の種類」は「数字」で表記する

時間の種類には「時、分、秒」といった「時刻単位」から「日、週、月、年、年代」などの「期間単位」まであり、必ず数字で表記します。これらを「数時間、数分、数秒、数か月」などと表記すると解釈に幅があるため、誤解が生まれがちです。「どれくらいの時間がかかったのか・必要なのか」を具体的に伝える際にも数字で明確に示しましょう。

「若い頃 ➡ 20代」、「数十年前 ➡ 70年前」、「数分 ➡ ５分」、「数週間前 ➡ ２週間前」

「時刻」は「数字」で表記する

一日はおおむね「朝、昼、夕、夜」の４つに分かれ、それぞれに表記が細かく分かれています。次が日常の会話で主に使うものです。

・朝：朝方、明け方、夜明け、早朝、朝っぱら など　・昼：日中、昼間、真昼間 など
・夕：夕方、日の入り、日暮れ、夕べ、日没 など
・夜：宵の口、晩、夜分、夜中、真夜中、夜更け、深夜、未明 など

When の全体像

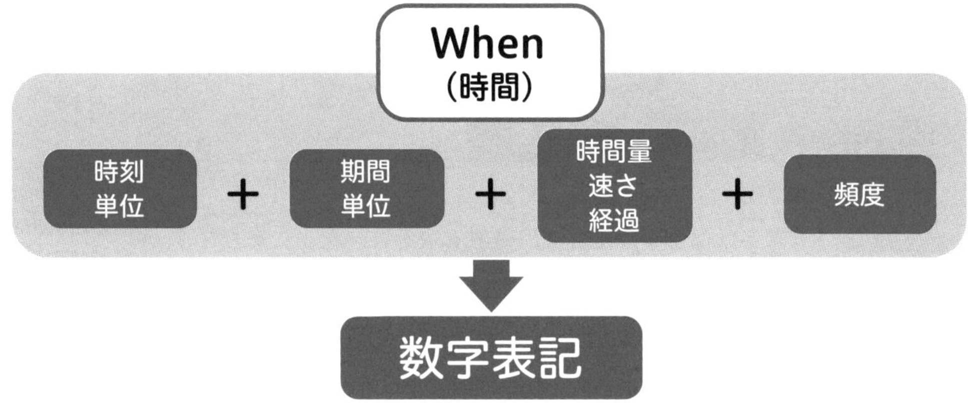

しかし、これらはすべて微妙に「意味している時間」が異なります。

例）明け方（夜の明ける頃）、朝（日の出後の数時間）、日中（日のある間）、夕方（日の暮れる頃）、晩（日没から夜中まで）、深夜（真夜中）

四季に応じて日の出・日の入りの時刻が異なるので、数字表記で正確に伝えます。その際に「12 時間表記（午前：AM、午後：PM）」と「24 時間表記（PM 1:00→13:00）」のいずれで表記するかを決めておきましょう。

「時間量・速さ・経過」は「数字」で表記する

「どれくらいの時間がかかるのか（時間量）、どれくらいのスピードでやるのか（速さ）、どのくらいの時間が経ったのか（経過）」を「数字」で正確に表記します。

- 時間量：長い時間、短い時間、少しの時間➡例）1 時間、30 分、45 秒
- 速さ：速い、遅い、ゆっくり、アッという間➡例）時速○km/h
- 経過：時間が進んだ・過ぎた・経った・流れた➡例）2 時間進んだ、30 分過ぎた、10 分経った、3 日間が流れた

「頻度」は「数字」で表記する

頻度（副詞）を数字表記すれば正確な「回数」にすることができます。

- しばしば、たまに、時折、頻回に、頻繁に、いつも、日常的に、よく、しょっちゅう
➡ 例）週に 3 回、毎日、1 か月に 3 回、1 時間ごとに など

▶ケアプラン文例

タケオさん(82歳、要介護1)

✕ ケアプランNG例

■意向

若い頃は仕事が忙しく、帰宅も夜遅く、たまに家族で夕飯を囲む日々でした。リハビリテーションを頑張って少しでも歩けるようになって、数か月後には家族と○○温泉に行けるようになりたい。

- いつ頃かわからない。20～50代頃まで幅がある
- 距離のこと？速さのこと？
- 解釈で数値が大幅に変わる
- 夜の時間帯には幅がある
- 頻度の表現は会話でよく交わされるが、抽象的

○ ケアプランOK例

■意向

30代の頃は仕事が忙しく、帰宅も深夜11時で、月に1回程度、家族で夕飯を囲む日々でした。リハビリテーションを頑張って30mでも歩けるようになって、5か月後の11月には家族と○○温泉に行けるようになりたい。

- 具体的な年代がわかる
- 距離の目標が数値化された
- 時間と頻度が数値化された
- 期間と時期を入れると目標を意識しやすい

✕ ケアプランNG例

■課題、目標

・課題：体調を改善し以前のように生活をしたい

・長期目標：定期的に健康チェックをできるようになる

・短期目標：1日数回、決められた時間、元気体操を行う

- いつを指すかわからない
- 1日おき、1週間に1回など幅がある
- 解釈によって数値が変わる
- 「決められた時間」を表記すればよい

○ ケアプランOK例

■課題、目標

・課題：体調を改善し3年前のように朝夕、○○公園を散歩できるような元気な生活を送れるようになりたい

・長期目標：朝7時と夜7時に健康チェックをできるようになる

・短期目標：1日3回、5分間の元気体操を行う

- 数字で表記されたので具体的にケアチームに伝わる

▶【When】書き方テンプレート

テンプレート文に数字を入れてみましょう。

①時間の種類

・食事前に元気体操を（____）分間を行う。

・近くの喫茶店には１週間に（____）回はコーヒーを飲みに行きたい。

・Ａさんは（____）代の頃はおしゃれをして銀座に買い物に行っていた。

②時刻

・毎日、朝の（____）時には朝食を食べる。

・日中の（____）時から（____）時までは昼寝で睡眠不足を補う。

・夜の（____）時頃には入浴している。

③時間量・速さ・経過

・時間量：１㎞先の○○スーパーまで杖をつきながら（______）分かけて行く。

・速さ：いつも食事は（____）分かけて食べる。

・経過：右腕のリハビリテーションに取り組んで（____）か月が経過した。

④プラスの頻度

・頻回に ➡ ここ1か月、長女から1日に（____）回、電話がある。

・たまに ➡ 孫のケンジが３か月に（____）回くらい顔を見せてくれる。

・しょっちゅう ➡ 近所のカヨさんが（____）時間おきに声をかけてくれる。

⑤マイナスの頻度

・ほとんど➡ ここ１か月、長女から１週間に（____）回も電話がない。

・あまり➡ 孫のケンジが顔を見せてくれる機会は半年に（____）回くらいだ。

・滅多に➡近所のカヨさんが声をかけてくれるのは１か月で（____）回くらいだ。

書き方ポイント

■ 時間、時刻、期間、頻度は「数字」で表記する

■ 時間帯は「午前・午後」「AM・PM」「24時間」で表記をする

■ 時間量・速さ・経過は「数字」で表記する

メモ

Where（場所、建物、公園など）

場所の表記は「屋内・屋外、近所・近隣、周辺、地域・生活圏域」で使い分け

ケアプランや支援経過記録で場所を「家のなか、屋内、屋外、家の近く」とするのは適切ではありません。場所には「居住環境」と「周辺環境」があります。どの場所で転倒の不安があるのか（リスク）、どの場所に行きたいのか（意向、思い）は大切な情報です。場所があいまいな表記だと利用者（家族）やケアチームにとってリスクや意向・思いを共有することができません。

また、「地名（字、小字）」には由来があります。地名（例：谷、潟、浦、水、川）からかつての暮らしぶりや災害の有無を予測することができます。地名や建物名、店名を「固有名詞」で表記することで読み手は具体的にイメージすることができます。

場所の種類と使い方を整理し、「Where」を上手に使いこなしましょう。

「屋内・屋外」は「具体的名称」で表記する

屋内・屋外という大雑把な表記では居住環境と周辺環境の情報は正しく伝わりません。屋内の移動介助や住環境整備のためにも具体的な名称を表記します。

・屋内：居室、寝室、玄関、階段、土間、台所、居間、仏間、洗面所、トイレ（便所）、キッチン、廊下、軒下、勝手口、階段踊り場 など
・屋外（敷地内）：庭、駐車場、倉庫、離れ、畑 など

屋内は広さ（○畳、縦○m×横○m）と幅（○cm、○m）、段差（○cm）などを表記します。文章に加え、手書きでよいので「間取り図」＋「敷地図」などを表記するとよりイメージが伝わります（p.171参照）。屋外では「○○㎡、○○坪」と表記します。

「近所・近隣、周辺地域・生活圏域」は「氏名、固有名詞」で表記する

近所・近隣とは「向こう三軒両隣」「隣り合った近い場所」を意味する用語です。日常的なあいさつをする「なじみの関係」といえます。見守りや声がけを頼める人であり、利用者が要支援・要介護になるまでのこれまでの暮らしぶりを知っている人です。

Whereの全体像

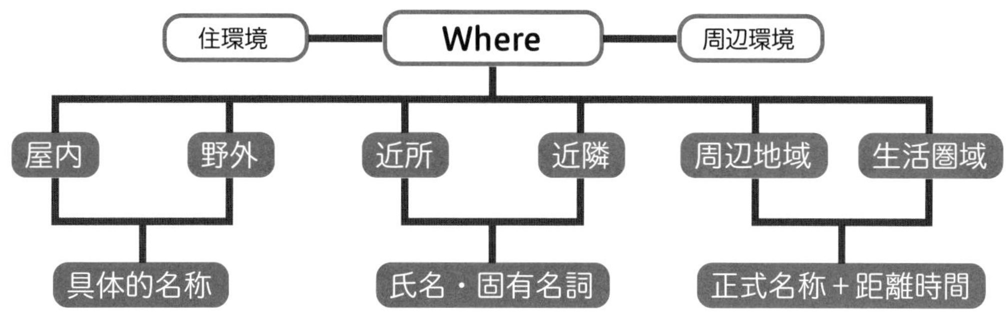

周辺地域は徒歩圏内（半径50m～200m）のエリアで想定し、生活圏域になると時間距離（徒歩・自転車・自動車で15分～60分）を基準に考えます。これらは中山間地や沿岸部、北海道などではさらに広くなります。

利用者（家族）の支え手となる人、友人、親戚、民生委員などを「町内会名と個人名（個人情報の取扱いは厳格に）」で表記することでよりイメージしやすくなります。この場合も周辺の環境をマップで「見える化」することをおすすめします（p.172参照）。

「建物」は「正式名称」で表記する

周辺地域や生活圏域のなかの「なじみの場所」「行きつけの場所」である建物名や公園名、公民館名は具体的に表記することで「ああ、あそこなんだ」とケアチームも認識しやすくなります。コンビニなどは店舗が多いので「○○店」まで表記しましょう。信号機や横断歩道なども具体的に表記します。固有の建物名・場所名でやりとりをすると利用者（家族）にとってもリアルであり、意欲づけにも効果的です。

「距離」は「km、m」+「徒歩○○分、自動車○○分」と具体的に

利用者と支援者にとって、なじみの場所がどれほどの距離なのかは大切な情報です。「近い、遠い、○○公園を1周程度」と表記しても読み手には伝わりません。

距離は次のように表記しましょう。

- 実測距離：○○m、○kmなど
- 時間距離：徒歩10分、四点杖で30分、電動車いすで20分など
- 手段：徒歩、一点杖・四点杖、シルバーカー、車いす、電動車いす、自転車など

▶ ケアプラン文例

ミエコさん（79歳、要介護1）

✕ ケアプランNG例

■意向

近所の人と一緒に近くのスーパーで買い物を楽しんだり、近くの公園を散歩したりできるようになりたい。家のなかではつまずいてよく転ぶので、転ばないようにバリアフリーにしたい。

近所の人だけでは、誰が支え手かわからない

公園の名前、公園までの距離がわからない

具体的なスーパー名、スーパーまでの距離がわからない

家のなかではあいまい。転倒場所を記載する

○ ケアプランOK例

■意向

○○町内会の○○さんと一緒に300m先の○○スーパーで買い物を楽しんだり、１km先の○○公園を散歩したりできるようになりたい。家の居間や廊下の敷居ではつまずいてよく転ぶので、敷居をバリアフリーにしたい。

近所の人が具体的になった

場所の具体的な名称や距離がわかる

転倒場所が明確になった

✕ ケアプランNG例

■課題、目標

・課題：なじみの喫茶店で近くの友人と楽しい話をしたい

・長期目標：近くの公園まで杖を使って歩ける

・短期目標：１日１回は近所を散歩する

喫茶店の名前がわからない

「近所」とはどれくらいの範囲かがわからない

「近く」とはどのあたりかがわからない

近くの公園の名前がわからない

○ ケアプランOK例

■課題、目標の表記

・課題：30年通っている喫茶店○○で５軒先の友人の○○さんと韓流ドラマの話題でおしゃべりしたい

・長期目標：300m先の○○公園まで杖を使って歩ける

・短期目標：1日1回は30分程度、○○の周辺を散歩する

「楽しい話」が具体的になった

喫茶店の名前が具体的になった

距離や固有名詞が加わり、わかりやすい

▶【Where】書き方テンプレート

テンプレート文に場所、数字、店名、建物名を記入してみましょう。

①屋内・屋外　※場所、数字を記入してみましょう。

・マサエさんは家のなかでは特に（＿＿＿）で転倒しそうになる。

・マサエさんは（＿＿）畳ある仏間を居室として使っている。

・玄関の階段（段差＿＿cm）を上がれるようにリハビリをしたい。

②近所・近隣　※地名・店名を記入してみましょう。

・週に２回は幼なじみのサトコが住む（＿＿）町まで杖を使って散歩をする。

・１km先のＹ町にある知人がやっている飲食店（＿＿）に行けるようになる。

・老人大学で親しくなった友人が住む（＿＿）町までバスで行けるようになる。

③公共施設・建物　※建物名を記入してみましょう。

・週に１回は（＿＿）図書館まで歩いて芥川賞作家のＫの本を借りに行く。

・10年来参加している卓球サークルが集まる（＿＿＿）市民体育館に行く。

・長男の〇〇が働くスーパー（＿＿＿）にシルバーカーで行って買い物をする。

④距離　※数字を記入してみましょう。

・（＿＿）km先のMMベーカリーへ週に１回は食パンを買いに行きたい。

・１日に１回は近所を（＿＿）分間散歩をして血糖値を下げる。

・長男のツトムが働くスーパー（ハッピーマート：自宅から約（＿＿）m）にシルバーカーで行って買い物をする。

⑤移動手段　※移動手段を記入してみましょう。

・Ｓスーパーへ行くには（＿＿＿＿）で20分ほどかかる。

・（＿＿＿）を使って15分程度で行けるように体力をつける。

・（＿＿＿）なので淡路交差点の横断歩道は15mあり、青の点灯時間内に渡り切れない。

書き方ポイント

■屋内・屋外だけでなく、「具体的な場所」を表記する

■周辺地域の情報（人間関係、なじみの場所）は固有名詞で表記する

■距離・かかる時間は「評価できる数字表記」にする

What（ADL、IADL、CADL、健康管理など）

Whatに入る「ひとくくりの生活行為、モノ、コト」

文章は「What」に何を入れるかで意味合い（内容）が決まります。ケアプランや支援経過記録ではWhatに入れる内容には「ひとくくりの生活行為（例：食事をする）」や「モノ（例：食べ物、道具）」、「コト（例：趣味、行事）」があります。それぞれの種類が違うので表記の仕方も変わってきます。

「ひとくくりの生活行為、モノ、コト」を整理し、「What」を上手に使いこなしましょう。

「ひとくくりの生活行為」を具体的に表記する

ケアプランや支援経過記録に「○○を行う」「○○ができない」という表記が多くみられるのは、アセスメント項目が「移動、入浴、排泄、食事」や「掃除、洗濯、買い物」などの「ひとくくりの生活行為」で表記されているためです。

（ひとくくりの生活行為および健康管理の例）

- ADL（日常生活行為）：移動、入浴、排泄、食事など
- IADL（手段的日常生活行為）：掃除、洗濯、買い物、料理、金銭管理など
- CADL（文化的日常生活行為）：趣味、楽しみ、スポーツ、鑑賞、観戦など
- 健康管理：服薬、栄養管理、減塩、糖質制限、運動、リハビリテーションなど

しかし、「ひとくくりの生活行為」や「健康管理」のみの表記では大雑把にしか伝わりません。

例えば、「移動」に「歩く」という身体行為があります。それを「福祉用具を使って歩く」「杖を使って歩く」と書くのか「一本杖、四点杖を使って歩く」とまで細分化して書くのかで、読み手への伝わり方や読み手が抱くイメージはまったく異なります。

また「移動が困難」なら、その理由と状況を表記することで読み手の「Why（なぜ）」の疑問に対して、説明することが可能になります。

（例）移動が困難である
→「一本杖を使って歩くことは困難である」
→「両膝が痛く、ふらつくため、一本杖を使って歩くことは困難である」

このように「理由・原因・状況＋細分化した生活行為＋結果」と書くようにすると伝わりやすくなります。

「モノ」は「階層＋固有名詞」を意識して表記する

モノの名称は抽象的な名称から具体的な名称まで「階層」があります。その階層を意識して表記することがとても大切です。具体的には次のようになります。

（例）料理：西洋料理、日本料理、中華料理 など
⇒西洋料理：イタリア料理、フランス料理、スペイン料理 など
⇒イタリア料理：パスタ、リゾット、ピザ
⇒パスタ：スパゲッティ、ラザニア、マカロニ
⇒スパゲッティ：ボンゴレ、アラビアータ、カルボナーラ ほか

このようにモノを書くときに「西洋料理、イタリア料理、パスタ」だけでは不十分で、スパゲッティの種類まで表記することで具体的に伝わります。さらに「本人らしさ」を表記するなら「誰（名前）」「固有名詞（店名など）」を追記しましょう。

「コト」は「時期、場所、内容、方法、人間関係」を具体的に表記する

モノと同じように「コト」についても抽象的な名称から具体的な名称まで「階層」があります。その階層を意識してコトを表記するようにします。

（例）・家族行事：誕生会、初詣、大晦日、クリスマス、お花見 など
・お祭り：祇園祭（京都）、秋田竿燈まつり、青森ねぶた祭り など
・カラオケ：一人カラオケ、家庭カラオケ、お店カラオケ など
・手芸：裁縫、編み物、刺繍、染色、七宝、彫金、ビーズ手芸 など
・ハンドメイド：タペストリー、パッチワーク など
・クラフト：折り紙、ドライフラワー、レザークラフト など

このようにコトにはさらに細かい分類があります。「本人らしさ」を大切にするなら「誰とするか」「いつするか」「どこでするか」「何をするか」「どのようにするか」などを追記することで、個別性（本人らしさ）が際立ちます。

▶ケアプラン文例

マツコさん（80歳、要介護3）

✕ ケアプランNG例

■意向

今は歩くことに困っている。リハビリテーションをして、また孫たちに自慢の料理をつくってあげられるようになりたい。きれい好きなので掃除ができるようになりたい。

「歩く」行為のどの動作に困っているのかがわからない

料理はとても複雑。どのような部分ができないのかがわからない

どのような方法で掃除ができるようになりたいのかがわからない

○ ケアプランOK例

■意向

今は足腰が弱り、膝が痛くて歩くとふらついて困っている。リハビリテーションをして、また台所に立てるようになり、孫たちに自慢の料理をつくってあげられるようになりたい。きれい好きなので掃除機やほうきを使って掃除ができるようになりたい。

「どのように困っているのか」が表記された

料理をするにあたり、できるようになりたいことが具体的になった

掃除の方法が具体的になった

✕ ケアプランNG例

■課題、目標

・課題：孫の記念日に自慢のイタリア料理でお祝いをする
・長期目標：パスタ料理の食材を買いに行く
・短期目標：パスタを鍋で茹で上げられるようになる

記念日にもいろいろある

パスタには複数の種類がある

イタリア料理は広すぎる表記

パスタ料理は何種類もある

○ ケアプランOK例

■課題、目標

・課題：孫の誕生日に自慢のボンゴレ・スパゲティをごちそうしてお祝いする
・長期目標：ボンゴレ・スパゲティの食材を買いに行く
・短期目標：スパゲティを鍋で茹で上げられるようになる

記念日が具体的になった

より具体的な階層を意識した表記になった

▶【What】書き方テンプレート

テンプレート文に名前・固有名詞・具体的なモノ・コトを記入してみましょう。

①日常生活行為（ADL）、手段的日常生活行為（IADL）

・食事：３か月後には（＿＿＿）と一緒にパスタのお店で（＿＿＿）を食べる。

・移動：市立美術館まで（＿＿＿）を使って（＿＿＿）と一緒に歩いて行く。

・入浴：好きな香りのする（＿＿＿）を１㎞先の○○ドラッグストアで買う。

②手段的日常生活行為（IADL）

・料理：お祭りの日には地域の人に自慢の（＿＿＿）をつくってもてなす。

・整理：３か月間で家族の思い出がつまった（＿＿＿）をアルバムに整理する。

・洗濯：庭で洗濯物が干せるように（＿＿＿）の可動域改善のリハビリに頑張る。

③文化的日常生活行為（CADL）

・楽しみ：散歩に行かない日は居間で（＿＿＿＿）をして楽しむ。

・趣味：趣味の（＿＿＿）で仕上げた作品を（＿＿＿＿）にプレゼントする。

・役割・交流：月に１回は地域の（＿＿＿＿）に（＿＿＿＿）と一緒に参加する。

④モノ（例：おしゃれ）

・服装：お気に入りの（＿＿＿＿）を着て（＿＿＿＿）に（＿＿＿＿）と行く。

・化粧：あけぼのデイサービスに行く朝は（＿＿＿＿）を使って化粧をする。

・清潔：毎日、（＿＿＿）を洗って、清潔を保つ。

⑤コト

・家族行事：孫のケントの結婚式で（＿＿＿＿）の歌をプレゼントしたい。

・地元行事：毎年８月に開かれる（＿＿＿＿）花火大会に孫と出かけたい。

・趣味：山国公民館でお隣の加藤さんと（＿＿＿＿）を再開したい。

書き方ポイント

■ ひとくくりの生活行為は「身体行為・動作」に細分化して表記する

■ モノの表記は「階層」を意識し具体的な名称で表記する

■ コトの表記は「階層」を意識し具体的な名称で表記する

メモ

Why（根拠、原因、理由、状況・事情、意向など）

「Why」は「根拠、原因、理由、状況・事情、意向」を表記する

私たちは文章を読んだり話を聞いたりするとき、その主張・結論が理解・納得できるか、同感・共感できるかを「根拠・理由」などを判断基準にしています。それがあいまいだったり（抽象的）、断定的だったりすると、「そうは思わない・思えない」と判断します。根拠・理由がわかりやすいか、具体的で正確かによって理解の度合いも異なってきます。

特にケアマネジャーが書くアセスメントシート、ケアプラン第1表・第2表、支援経過記録などは、根拠（エビデンス）が正確・適切に表記されているかを行政（保険者）のケアプラン点検などでチェックされます。第3者が読んでもわかりやすくするために「根拠・理由」を次の2つの要素で書き分けます。

① 主観的根拠：思い、意向、感情・感覚、本音、建前など

主観的根拠は、利用者（家族）などの思いや感情を解釈してまとめるのではなく、本人が話す言葉を「事実データ」として表記します。ただし、語られる思い（意思）や意向には建前と本音があることがあり、立場や状況によって変わることもあります。

② 客観的根拠：事実、状況、経緯、背景、事情、関係、影響など

客観的根拠は、起こった事実（過去含む）や状況、経緯、背景、事情、関係、影響などに客観的データ（実数値、検査数値）を含めて表記します。客観的データには、身体機能にかかわる数値（例:歩ける距離、関節可動域など）や医療情報（例:身長、体重、血圧、血糖値、体温ほか各種検査値）、必要な栄養素やカロリーなどがあります。

阻害要因・促進要因の視点で「Why」を書くと整理がつきやすい

利用者基本情報やアセスメントシート、支援経過記録は「○○ができない」「○○ができるようになった」だけでは不十分です。ある生活行為を行うための阻害要因、求められる促進要因、効果があった促進要因などを表記することで、文章の「根拠・理由」が明確になり信用度が高まります。

阻害要因・促進要因の表記は次のようになります。

Whyの全体像

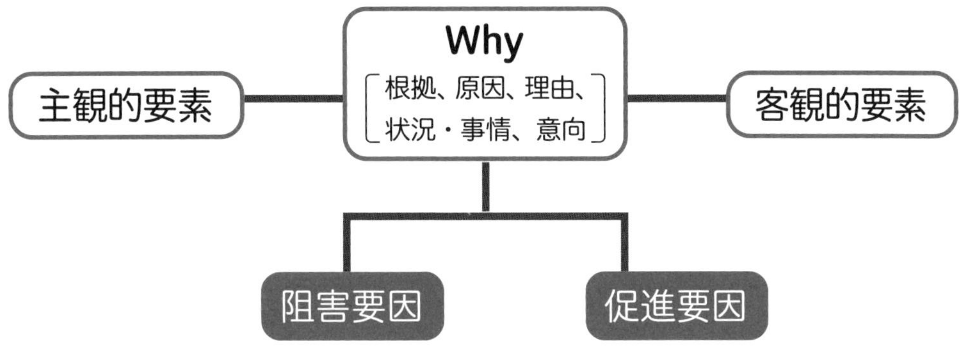

・阻害要因：～～の影響により～～ができないと考えられる
・促進要因：～～が改善され～～ができることが期待できる

阻害要因・促進要因は主に15種類あり、根拠・理由はさらに具体的な追記が必要となります。単純に「体調が悪いので～～した」ではなく、「眠気が強く～、吐き気が止まず～、腰の痛みがつらく～」などのように、「どのように体調が悪いのか」を根拠・理由として表記することで読み手は納得します。

15の阻害要因・促進要因

①疾患	病気、既往歴、手術歴、検査数値、病状・症状など
②障害	身体障害、精神障害、認知障害、知的障害、心身機能障害など
③身体機能	上肢・下肢機能、発話機能、咀嚼力、唾液分泌機能など
④認知・知覚機能	記憶力、見当識、視覚・聴覚・嗅覚・味覚機能など
⑤心理的機能	プラス感情（例：喜び、好意）、マイナス感情（例：恐怖、不安）
⑥体力	運動能力、筋力、持久力（スタミナ）、柔軟性など
⑦体調	疲れ、痛み、しびれ、眠気、集中力低下、だるさ、熱っぽさなど
⑧生活習慣	食事習慣、間食習慣、喫煙習慣、睡眠習慣、起床・就寝習慣など
⑨生活信条・価値観	信頼第一、一日一善、日々努力、いつも笑顔、早起きは三文の徳など
⑩性格・人柄	前向き（後ろ向き）な性格、慎重な性格、明るい人柄など
⑪家族関係	夫婦、親子、祖父母と孫、きょうだい関係など
⑫近隣関係	隣近所、近隣の付き合い、話し相手、声かけ・見守りなど
⑬人間関係	幼なじみ、同級生、仕事の同僚・後輩・先輩、趣味仲間など
⑭住環境	段差、風通し、広さ、採光、室温、湿気、階上、階段など
⑮周辺環境	坂道、国道、農道、交差点、信号、歩道、車道、河川、神社・寺など

▶ケアプラン文例

タツヤさん（84歳、要介護2）

✕ ケアプランNG例

■意向

ちょっと前に転倒してこんな身体になり、ずっと体調が悪く、毎日がつまらない。栄養のある食事をして体力をつけ、歩けるようになったら、市民センターの老人大学にまた通いたい。

いつ頃、どのような「転倒」だったかが不明

「体調が悪い、つまらない」は根拠としてはあいまい。イメージできない

「栄養のある食事」では具体的な栄養素が特定されない

○ ケアプランOK例

■意向

6か月前に○○神社の石段で転倒して右下肢を骨折して、それから微熱（37.2℃）が下がらず体調が悪い。韓流ドラマも見れず毎日がつまらない。たんぱく質の多い食事をして筋力をつけ、杖を使って歩けるようになったら、市民センターの老人大学にまた通いたい。

症状が具体的になった

転倒して骨折した経緯がわかる

つまらないと感じる理由が明確になった

必要な栄養素と目的が具体的になった

✕ ケアプランNG例

■課題、目標

・課題：体力をつけ、歩けるようになる

・長期目標：体力をつけて歩けるようになる

・短期目標：栄養のある食事をしっかり食べる

抽象的な課題設定

「栄養のある食事」では抽象的

「体力をつける」は抽象的

○ ケアプランOK例

■課題、目標

・課題：毎週水曜日、○○市民センターの老人大学に歩いて通い、○○さんと一緒に学ぶ

・長期目標：下半身の筋力をつけて杖を使って30mを歩けるようになる

・短期目標：たんぱく質の多い食事を１日に１回は食べる

人との交流も大切な要素

具体的な部位が表記された

栄養素が具体的に表記された

行き先と目的が明確になった

距離や頻度が数値化され、共通認識できる表記になる

▶【Why】書き方テンプレート

テンプレート文に自由に記入してみましょう。

①主観的根拠

・感情：近所を散歩したいが（＿＿＿＿＿）のため、外に出られない。

・認知（視覚）：（＿＿＿）のため、１m先が（＿＿＿＿＿）しか見えない。

・認知（聴覚）：（＿＿＿）のため、会話の内容も（＿＿＿＿）できない。

②主観的根拠

・生活習慣：元気な頃のように朝は（＿＿＿）を散歩する生活に戻りたい。

・価値観：私の生活信条は（＿＿＿）なので日々リハビリに励みたい。

・人間関係：長男や孫が応援してくれるので私は毎日（＿＿＿）がある。

③客観的根拠

・疾患：（＿＿＿＿）のため、日常的に（＿＿＿）で外出できない。

・体力：１㎞先の○○までシルバーカーで歩いて行くために、朝夕５分間の（＿＿＿＿＿）に取り組んで体力をつける。

・体調：○○さんは体調の（＿＿＿）が改善すれば買い物などの外出を望んでいる。

④客観的根拠

・身体機能：料理包丁を使うために（＿＿＿）を改善するリハビリを行う。

・居住環境：廊下では（＿＿＿）がちなので四点杖を利用している。

・周辺環境：近所は（＿＿＿）な坂が多いので下肢筋力改善のリハビリを行う。

⑤説明

・体調：三食食べたいが（＿＿＿）がしてほぼ半分を残してしまう。

・ストレス：深夜の排泄介助は（＿＿＿）不足から父親を怒鳴ってしまう。

・家族：長女の○○さんは幼少期に母から（＿＿＿）をされ、介護に消極的である。

書き方ポイント

- **「Why」は主観的根拠と客観的根拠の視点で表記する**
- **「15の阻害要因」の視点で具体的に表記する**
- **「15の促進要因」の視点で具体的に表記する**

第7節

Wish（願い、思いなど）

意思決定支援としての「Wish」の役割

Wishとは「こうなりたい（ありたい）願い」のことです。Wishには意思・意志・意向の３つのレベルがあります。意思は「頭や心で思う考えや気持ち」、意志は「志を遂げたいという心のはたらき」です。

では、「意向」とは何でしょう。その時に抱いた「気持ち、感情、思い、考え」ではなく、さまざまな事情や人間関係、立場を熟慮・忖度して「自分としてどうしたいのか」を決めた**生き方の方向**です。会話のなかで頻繁に使う「本音、本心、内心、本当の（正直な）気持ち・思い、願い」などと同じ場合もあれば「どこか建前的な面（ニュアンス）が含まれる場合もある」と理解しましょう。

注意したいのは、ケアプランや各種記録類の「意向」表記をどのように理解するかです。人間の本音・本心や願いは実に複雑です。本人でさえ気づいていない矛盾する本音があります。それが単純に言葉にならないのは内面に「**葛藤や迷い**」があるからです。心身の状態や金銭上のこと、主観的な好き嫌いや家族内の力関係などが影響して、結果的に望まない・納得できないけれども「意向として言わなければいけない場面」もあります。

ケアマネジメントの**代弁機能（アドボカシー）**として、利用者（家族）の本音や本心、願い、望みなどを「**利用者（家族）の言葉**」などを使って表記することは「意思決定支援（形成・表明・実現）」の視点からとても重要です。

利用者（家族）の「リアルな言葉」を表記する

利用者（家族）が本音・本心・願いを激しい口調で話すこともあれば、日常会話やひとり言、つぶやきとして話すこともあります。要約した文章でも本人の言葉を活かし、「本音は～、本心では～」と冒頭に表記するのもよいでしょう。本人の言葉は「」で表記します。

〈例文〉

・要約：本人の思いは通所介護を利用せず、いつも自宅にいたいということです。

・本人の言葉を活かした表記：本人の本音は「デイサービスには行かずに自宅でゆっく

りと一日を過ごしたい」です。

「Wish」は「感情行動・比喩」を加えると伝わりやすい

Wish の願い・本心・本音は「純粋な思い」です。しかし「とても」だけでは「思いのレベル」が十分に伝わらない場合があります。感情行動や比喩を加えると読み手に「思いの深さ」を伝えることができます。勝手に文章をつくるのではなく、本人（家族）とのやりとりのなかで「～したいくらいですか？」と例を示し、確認しておくようにします。

〈例文〉

・一般的表記：とても食べたい

・感情行動：はしゃぎたくなるほど食べたい

・比喩：毎食でも平気なほど食べたい

「揺れる・矛盾する思い、悩ましい葛藤（ジレンマ）」を表記する

Wish といえども「真逆の思い」が交錯することは誰にもあります。本心・本音を言いたくても、元々の性格やそれまでの体験や立場、その時の体調・体力、家族内の力関係、人間関係が影響して「悩ましい葛藤」が生まれます。それも大切な Wish です。その状況を併記することで「葛藤の深さ」を伝えることができます。

〈例文〉

・要約表記：自宅での生活について矛盾した思いがあり葛藤している

・両面表記：思い出のつまった自宅で亡くなりたい思いと看取りで家族に苦労をかけたくない思いとで、葛藤している

使う言葉は「願い・思い」のレベルで選ぶ

Wish の願いや思いのレベルごとに、次のような表記から選んで使いましょう。

・願い：～をしたい、～をしたいと願っている、～を望んでいる、～を期待している、～を夢見ている

・祈り：～になればと祈る気持ちである、～になればと祈っている、～になればと願をかけている・念じている

▶ ケアプラン文例

タネコさん（79歳、要介護2）

✕ ケアプランNG例

■家族の意向（Kさん：夫、80歳）

元バスガイドの妻は要介護２で認知症だが、旅行を話題にすると笑顔になる。還暦記念で行った北海道の礼文島にもう一度夫婦で旅行したい。私のがんは再発したけど今ならなんとか行けると思う。

海外旅行か、国内旅行か。どのような話題？

なぜ今なら行けると思うのか、根拠がわからない

なぜ還暦記念で北海道の礼文島なのか、エピソードがあれば追記する

がんの再発部位がわからない

○ ケアプランOK例

■家族の意向（Kさん：夫、80歳）

元バスガイドの妻は５年前から要介護２で今は認知症です。ぼんやりしていても旅行番組や二人で行った国内旅行を話題にすると懐かしそうに笑顔になるのが正直うれしい。還暦記念で行った北海道の礼文島で利尻富士を背景に２人で記念写真を撮るのが願いです。私の膀胱がんは再発したけど、体力と気力があるうちに一生の思い出として、どうしても今年中に行けることを祈っています。

感情の表現が効果的

「祈るほどの気持ち」が伝わってくる

「国内旅行」と表記された

再発部位が表記された

具体的に力強くWishが伝わってくる

✕ ケアプランNG例

■家族の意向（Hさん：長女、53歳）

母はバスガイド、父は添乗員で知り合い、結婚しました。北海道の礼文島への旅行はできればいいですが、父もがんが再発して心配です。娘としてなんとかしてあげたい。

がんの再発部位がわからない

反対はしていないけれど「諸手を挙げて賛成」ではない気持ちが伝わりにくい

○ ケアプランOK例

■家族の意向（Hさん：長女、53歳）

母はバスガイド、父は添乗員で知り合い、結婚したと聞いています。還暦記念で行った北海道の礼文島旅行は、認知症の母にとっても思い出深いようです。長女として旅行ができればいいという思いはありますが、父に膀胱がんが再発したのでとっても心配です。本音としては、行かせてあげたいと思っている。

感情あふれる言動があった場合、表記すると具体的に伝わる

「認知症の母」への思いが含まれている

立場と願い・本音から葛藤が伝わる

▶【Wish】書き方テンプレート

テンプレート文に自由に記入してみましょう。

①願い

・世話：右手の（＿＿＿）がよくなって、犬の〇〇のシャンプーをしてやりたい。

・関係：シニア食堂でまたみんなから「(＿＿＿)」と褒めてもらいたい。

・役割：〇〇の神社の祭礼で氏子代表として（＿＿＿）をするのが願いです。

②本音

・家族：(＿＿＿）では嫌いだった姑が、今はとても愛おしく思えます。

・役割：ときどき「(＿＿＿）私が？」とほかのきょうだいに腹が立ちます。

・夢：(＿＿＿）な気持ち、まだ〇〇に行く夢は諦めきれていません。

③意向

・観戦：体調は確かに不安だが、家族全員で〇〇での野球観戦を（＿＿＿）。

・参加：６か月先、歌舞伎を楽しめることを目標に（＿＿＿）ことにした。

・披露：手先や握力のリハビリテーションを続け、フラワーアレンジメントを（＿＿）する。

④感情行動

・プラス：孫の結婚はとても嬉しかったのでいっぱい（＿＿＿）をした。

・マイナス：父はとても恥ずかしいと（＿＿＿）ことがあります。

・マイナス：〇〇さんは（＿＿＿）気持ちがこみ上げるとデイサービスでも大声で泣き出してしまうことがあります。

⑤葛藤

・揺れ：長男の介護は（＿＿＿）のだが、出勤が早いので（＿＿＿）。

・矛盾：長女は「母は陽気な性格」というが、次男は「母は（＿＿＿）な性格」とのこと。デイサービスでかかわり方に混乱が生じている。

・軋轢：長男と次男に軋轢があり介護の方針が（＿＿＿）のに時間がかかる。

書き方ポイント

- ■ Wishは「3つのレベル（意思、意志、意向）」を区別して表記する
- ■ Wishには「リアルな言葉」を表記する
- ■ 感情行動表記を加えて思いの深さを伝える

How（どのように、どのような様子で）

「How」で「どのように（手段、段取り）」を表記する

ケアプランや支援経過記録の表記で重要なのが「How」です。「どのように行うか（手段、プロセス、状況）」といってよいでしょう。

「How」でよく行いがちな表記に次のものがあります。

・ゆっくり　・しっかり　・きっちり　・丁寧に　・ちゃんと　・きちんと
・すぐに　・かなり　・割と　・完全に　・適切に　など

これらは日常会話でよく使われますが、とても抽象的な表記です。「How」には「認知行為とひとくくりの生活行為」があり、表記にあたってはそれぞれを「**細分化**」して表記しましょう。

認知行為（動作）は「五感＋思考＋感情・感情行動」で表記する

認知行為とは「認識（意識）する行為」です。認識するステップには「五感＋思考＋感情・感情行動」があります。ステップごとに具体的に表記するとわかりやすく伝わります。

五感の種類

私たちは五感（知覚）で物事を認識します。この五感レベルは、加齢や疾患、障害、知識・生育歴、さらに住環境や周囲の環境、時間帯、季節・気温・湿度などで個人差や環境差があることを考慮しなければいけません。

・視覚：見える、にじむ、ぼやける、まぶしい、かすむ、見えない など
・聴覚：聞こえる、聞きづらい、大きい・小さい、響く、雑音がする、聞こえない など
・味覚：味がある（薄い・濃い）、まずい、甘い、渋い、しょっぱい、酸っぱい、苦い、辛い など
・触覚：熱い、冷たい、つるつる、ざらざら、痛い、ひりひり、ぬるぬる、べとべと など
・嗅覚：臭い、生臭い、嫌な・ひどい臭い、尿臭、便臭、汗臭、香り など

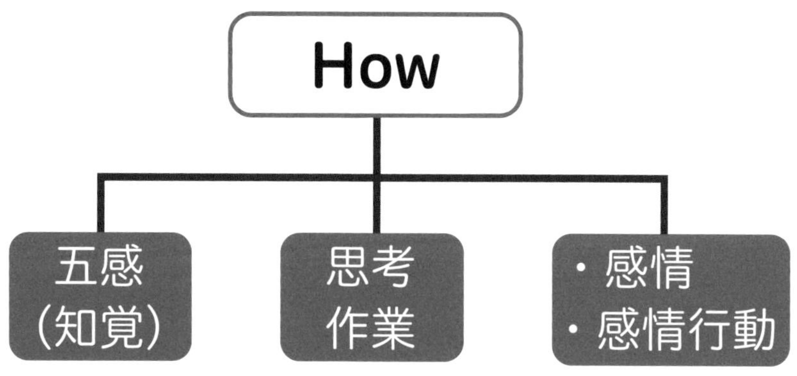

思考の種類

五感で認識した内容について脳では瞬時に「思考作業」が行われます。その思考作業には5つの領域があります。記載する際には「○○」の部分を具体的にします。

・理解・解釈：○○と理解する、○○だと解釈する
・評価・判定：○○と評価する、○○と判定する
・予感・予測：○○の予感がする、○○と予測する
・推測・思慮：○○と推測する、○○と考えられる
・判断・決断：○○と判断する、○○と決断する

感情・感情行動

感情には前向きな「プラス（ポジティブ）の感情」と後ろ向きな「マイナス（ネガティブ）の感情」があり、その感情は感情行動となって表情や態度、動作に表れます。

・プラス感情：うれしい、楽しい、ワクワク、気持ちいい、爽やか、愉快だ、面白い など
　感情行動：笑う、はしゃぐ、ほほえむ、手を叩く、手を振る など
・マイナス感情：悲しい、苦しい、寂しい、ためらう、迷う、みじめ、うっとうしい、憂鬱、萎える、落ち込む、怒る、いらつく、恥ずかしい、情けない、憎い、嫌い など
　感情行動：泣く、怒鳴る、にらむ、罵る、叫ぶ、わめく、顔が歪む、舌打ちする など

▶ケアプラン文例

ヤエコさん（83歳、要介護3）

× ケアプランNG例

■意向

指にちゃんと力が入らないし、目もぼやけて編み物ができない。手のリハビリを頑張って、５歳の孫にかわいいマフラーだけでもクリスマスにプレゼントしたいわ。

「ちゃんと」だけではニュアンスは伝わっても、程度がわからない

「手のリハビリ」では抽象的

どのようにぼやけているのかがわからない

どう「かわいい」のかわからない

○ ケアプランOK例

■意向

握力が弱くなってかぎ針を持つ指に力が入らないし、目の疲れでかぎ針の先がぼやけて編み物ができない。雑巾を使った握力のリハビリを頑張って、５歳の孫の優ちゃんに真っ赤なマフラーをクリスマスにプレゼントしたいわ。

ここまで聴き取って表記すると、利用者・家族、他職種にもよく伝わる

リハビリの内容が具体的にわかる

「かわいい」のイメージが具体的になる

× ケアプランNG例

■課題、目標

・課題：孫にマフラーをプレゼントする

・長期目標：しっかり編めるようになる

・短期目標：頑張ってかぎ針を使えるようになる

「しっかり」は人によって解釈が異なる

どう「頑張るか」がわからない

○ ケアプランOK例

■課題、目標

・課題：クリスマスに５歳の孫の優ちゃんに手編みの真っ赤なマフラーをプレゼントする

・長期目標：編み目を正確に編めるようになる

・短期目標：握力○kgアップを目指し、雑巾絞りトレーニング（朝夕10回×３セット）に取り組む。

どのように編めるようになるかが具体的

具体的で評価しやすい

▶【How】書き方テンプレート

テンプレート文に自由に記入してみましょう

①五感

・視覚：視力は（＿＿＿）だけど孫の（＿＿＿）のために絵本を読んでやりたい。
・聴覚：（＿＿＿）の曲を聴きながら○○作の（＿＿＿）を読みたい。
・味覚：なじみの中華料理店の（＿＿＿）の天津飯を（＿＿＿）と食べたい。
・触覚：（＿＿＿）した肌触りで（＿＿＿）毛布を買いに行きたい。
・嗅覚：（＿＿＿）な香りのセイロン紅茶を週１回は飲みたい。

②思考

・理解・解釈：衣服から（＿＿＿）尿臭がするのは尿漏れが原因だ。
・評価・判定：○○駅まで（＿＿＿）で歩けたと評価できる。
・予感・予測：この冬は（＿＿＿）で、かなり冷え込むことが予測される。
・推測・思慮：脱水と推測され、（＿＿＿）と考えられる。
・判断・決断：この夕立ちは（＿＿＿）と判断したので濡れて帰ろうと決断した。

③感情・感情行動

・プラス感情：孫と５年ぶりに会い（＿＿＿）気分がこみ上げ、５分間（＿＿＿）続けた。
・マイナス感情：長男に叱られても（＿＿＿）しか湧いてこなくて、つい（＿＿＿）ことしかできなかった。

④ひとくくりの生活行為（ADL）を身体動作に分解

・散歩する：ベッドから降りる→廊下を（＿＿＿）する→玄関の（＿＿＿）をつかむ→玄関に降りる→靴を履く→（＿＿＿）を開ける→敷石を歩く→門扉を開ける→（＿＿＿）からシルバーカーを引き出す→道路の左端を歩く。

⑤ひとくくりの生活行為（CADL）を身体動作に分解

・ハンドベルで演奏する：曲が聴こえる→ハンドベルを（＿＿＿）→楽譜を確認する→ハンドベルを（＿＿＿）→ハンドベルを軽く（＿＿＿）→ハンドベルを（＿＿＿）を描くように振る。

書き方ポイント

■ Howは「認知行為」と「ひとくくりの生活行為」でそれぞれ細分化する
■ 認知行為は「五感＋思考＋感情・感情行動」で表記する
■ 思考は５つの領域で書き分ける

第9節

How long・How many・How much・How large(big)

「How」にはさらに「4つのH」がある

ケアプランや支援経過記録のHow 表記には「どのような（手段）」だけでは十分ではありません。プラスして「どのくらいの長さ（How long)、どのくらいの数（How many)、どのくらいの費用（How much)、どのくらいの大きさ（How large (big))」の「4つのH」があります。

How を表記するときに「4つのH」を常に意識して文中に盛り込むことで文章がより具体的になり、伝わりやすい文章となります。

特にアセスメントシート、ケアプラン第1表・第2表、支援経過記録などでは根拠（エビデンス）やアウトカムの表記がとても重要となります。

How Long(どのくらいの時間、期間、長さ)

「How Long」には「どのくらいの時間、期間、長さ」があり、それぞれ正確に使いこなしましょう。

・どのくらいの時間、期間：時間軸では時間（ある時刻からある時刻まで）と期間（ある期日からある期日まで）があります。これらを表記する場合に「数時間、数日、数か月、数年」という表現を使うと解釈に幅があるため誤解が生まれます。必ず「数字表記」を基本とします。

(例)時間：8時間、3時間～5時間、5分～10分
　　期間：12日間、令和5年10月1日～令和6年3月31日

・どのくらいの長さ：長さ（寸法）を表記する場合に「かなり長い、短い、ちょっと」などの書き方をしがちです。これは誤解を生む元です。「長さの単位：mm、cm、m、km」で具体的に表記しましょう。手元に寸法を測る道具がなければ、自分の手の平を開いたときの寸法や両手を開いたときの左右の指先の幅（ほぼ身長と同じ)、歩幅（約1m）などでおおよその寸法を測るのもよいでしょう。メジャーを使うのが確実です。

■ How many（どのくらいの人数、個数）

「人数、個数」を表記するときに「たくさん、多い・少ない、多め・少なめ、多少・少々」などの書き方がありますが、抽象的で伝わりません。具体的に数字で表記することで、読み手は具体的にイメージできます。

（例）「柿を鞄に10個入れた」

■ How much（どのくらいの費用）

How much にはいくつかの意味・解釈がありますが、ここでは「どのくらいの費用（コスト）」とします。介護サービスの利用にあたってはニーズだけでなく「自己負担できる金額」が大いに影響します。家計状況を「日々の生活はかなり厳しい、ほぼ赤字である」と表記しても伝わりません。「経済的に大丈夫、割と使える、少し使える、あまり使えない、大してかからなかった」などの表記でもまったく伝わりません。ここでも数字で表記すると伝わりやすくなります。

（例）「月々の自己負担が可能なのは2万円までです」
「月々の年金収入は10万円程度です」

金額を確定できないこともあるので、その場合は「約、ほぼ、おおよそ、前後、程度」などを数字の前か後ろに追記するとよいでしょう。

※なお「How much weight」とすると「どのくらいの重さ」となります。身体が「重い・軽い、太った・痩せた」では抽象的です。数値で表記します。

■ How large（big）（どのくらいの大きさ）

利用者の居室や住まいを「居室（敷地）はかなり広い・狭い、割と広い・狭い、介護スペースは狭い・ほとんどない」などと表記しても、その場所に行ったことのない人にはまったくイメージできません。

とりわけ在宅支援では居住環境の広さは大切な情報です。居室ならば「○○㎡、○畳」、敷地や農地ならば「○○坪、○反」などで数字表記しましょう。

（例）Aさんの居室は10畳、リビングは12畳の広さである
Bさんの居室は８㎡程度しかない
Cさんの自宅面積は約60坪である

▶ ケアプラン文例

タカシさん（85歳、要介護1）

✕ ケアプランNG例

■意向

数年後は近くのなじみのスーパーで秋にはたくさんの富有柿を買って帰り家族と食べたい。生活費はあまりかけず、近所では割と広めの庭の手入れを日課に頑張りたい。

何年後かが具体的にわからない。「近く」とはどれくらいかがわからない

広さのイメージが湧かない

「たくさん」とは何個くらいかがわからない

「あまりかけない」では金額がわからない

○ ケアプランOK例

■意向

3～4年後は1㎞先にあるなじみの○○スーパーで秋には10個ほどの富有柿を買って帰り、家族と食べたい。生活費は月々10万円ほどで暮らし、近所では割と広めの50坪程度の庭の手入れを日課に頑張りたい。

数字で具体的に示してわかりやすい

広さが具体的になる

✕ ケアプランNG例

■課題、目標

・課題：数年後は近くのなじみのスーパーで買い物ができる。

・長期目標：重いものを下げて遠くまで歩けるようになる。

・短期目標：重いものを下げて外でできるだけ歩ける。

何年後かが具体的にわからない。「近く」とはどれくらいかがわからない

どれくらいの「重さ」なのかがわからない

「遠く」とはどれくらいの距離かわからない

どのくらい改善したかの評価ができない

○ ケアプランOK例

■課題、目標

・課題：3～4年後は1km先にあるなじみの○○スーパーで富有柿などを買い物して持って帰れる。

・長期目標：2kg程度のモノを持って300m歩けるようになる。

・短期目標：2kg程度のモノを持って50m程度歩けるようになる。

期間と距離が具体的に表記される

重さと距離が具体的に示される

店名が具体的になる

「買い物」の中身が具体的になる

▶【How long・How many・How much・How large（big）】書き方テンプレート

テンプレート文に自由に数字を入れてみましょう。

①「How Long（時間、期間、長さ）

・時間：夜の（＿＿＿）時には就寝し、早朝の（＿＿＿）時には起床する。

・期間：秋の（＿＿＿）月から（＿＿＿）月は妻と週１回はヤマシタ公園を散歩する。

・長さ：〇〇スーパー前の（＿＿＿）mの横断歩道を30秒で渡れるようになる。

②「How many（人数、個数）」

・人数：６か月先の５月にはゲートボールを仲間の（＿＿）人で楽しむ。

・個数：（＿＿＿）個の姫毬を手づくりし、ひ孫たちの誕生日に贈る。

③「How much（費用、重さ）」

・費用：１か月間で介護にかけられる費用は（＿＿＿）万円くらいです。

・価格：Cさんが購入した杖の価格は（＿＿）万円以上しました。

・お金：デイサービスの昼食代は（＿＿＿）円となっている、と伝える。

・重さ：１年後には再び道の駅△△の朝市にピーマンを（＿＿）kg出荷したい。

④「How large（big）（大きさ）」

・居室：〇〇さんの居室の広さは（＿＿＿）畳である。

・敷地：〇〇さんの家の敷地は倉庫を入れると（＿＿＿）坪ある。

・農地：「50年前は田んぼを（＿＿＿）反ほど耕していた」と話される。

書き方ポイント

- **■ 期間・長さ・人数・個数・費用・重さ・大きさは「数字表記」で正確に伝える**
- **■ 期間・長さ・人数・個数・費用・重さ・大きさの「数字表記」は「単位」を正確につける**
- **■ 明確でない数値には前後に「約・おおよそ・程度・くらい」をつける**

メモ

Result（結果・結論、予知予見・予後予測、行動・感情行動）

Resultに「文章の方向性」があらわれる

結果（Result）とは「行為・動作・変化によって生じた事柄・事象・出来事・結論」です。文章では「述語」の部分にあたります。述語は必ず文末にくるので、文章全体の意味にも影響します。

ケアマネジメントにおいては専門的視点からの予知予見、予後予測を表記することが多くあります。その場合は明確な結果・結論ではなく、「推測・期待（方向性）」として記載し、結果・結論表記の前に必ずエビデンス（根拠）を示すようにします。

「結果・結論」を表記する

結果・結論は読み手が最も興味をもつところです。「それでどうなったのか（結果）、何が言いたいのか（結論）」は文章の「述語」部分で決まります。表記があいまい・抽象的で言い回しが長い（冗長）と「ぼやけた表現」となるので注意しましょう。また、難解な熟語や行政用語を使うとわかりにくくなるので注意しましょう。

以下が結果・結論を示す文末の述語の例です。

- 行動：～を行う・行わない、～をやる・やらない、～をしている・していない、～をはじめる・やめる、～を続ける・終える
- 評価：～ができる・できない、～に達する・達しない、～が可能である、～が困難である
- 結論：～である、～と思う、～と考える、～だ、～と判断した
- 期待（方向性）：～を目指す、～を願う、～を念じる、～を望む、～を期待する

※わかりにくい熟語はできるだけ平易な表現で記しましょう。
（例）実行する（→行う）、検討する（→考える）

「予知予見・予後予測」を表記する

「あらかじめ」を「予め」と書くように、「予」は事前に行っておく行為（例：予算を立てる）を言います。ここでの予知予見とは、このまま推移することで予測される状況や状態のこ

Resultの全体像

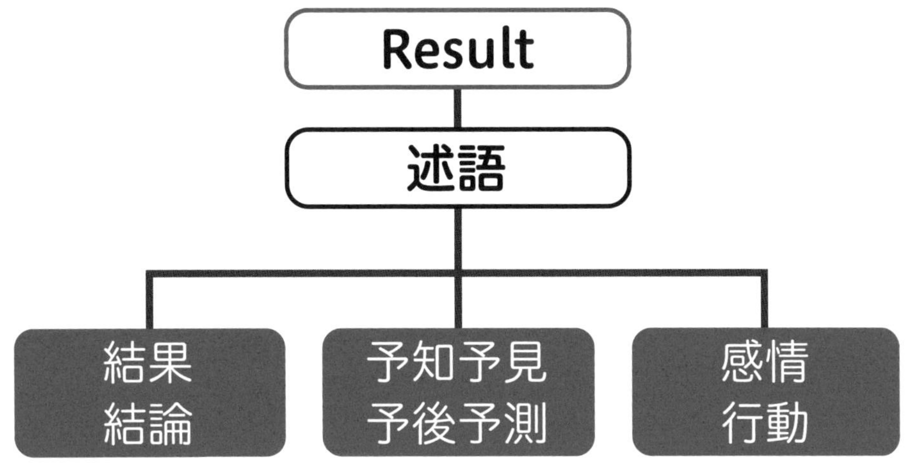

とです。予後予測は何らかのかかわり（例：治療、介護）や助言・サポートにより変化が予測される状況や状態のことです。医療においては予後予測を「しかるべき治療・かかわりを行った後の予測・見通し」として使っているので参考にするとわかりやすいでしょう。

記録を書く際の語尾の例文は次のようになります。

- 予知予見：～～という根拠から～だと推測される、～と考えられる
- 予後予測：～～という根拠から～を行うことで、～になることが予測される

「エビデンス（根拠）」は具体的な表記を心がけ、数値などが入ると説得力が増します。

「感情行動」を表記する

結果の表記を「感情行動」でまとめることがあります。感情は6W 5H 1R のなかでは心の状態（How）にあたります。感情行動とはその感情を原因に「本人がとった行動」（結果）のことです。次の例文のように、感情を先に表記したうえで、感情行動を表記するとわかりやすいでしょう。

- 楽しかった（感情）ので、歌を口ずさんだ（感情行動）
- 懐かしかった（感情）ので、涙を流して泣いた（感情行動）
- 恥ずかしかった（感情）ので、風呂に入るのを嫌がった（感情行動）
- 腹が立った（感情）ので、大きな声でわめいた（感情行動）
- 情けなかった（感情）ので、ベッドでしょげていた（感情行動）
- 悔しかった（感情）ので、デイ職員を怒鳴った（感情行動）

▶ ケアプラン文例

トシオさん（84歳、要介護2）

ケアプランNG例

■支援経過記録【行動・評価・結論】

Aさんは自分なりに1か月はリハビリ体操を頑張ったが、体調が悪いといつも面倒くさくて横になっていた。「続ける自信はあるけど、1人ではダメだ」と言う。

- 「自分なり」では伝わらない
- 揺れる気持ちを適切に表現できていない
- 「頑張った」はよく使う抽象的な表記
- Aさんは何を求めているのかがわからない

○ ケアプランOK例

■支援経過記録【行動・評価・結論】

Aさんは1か月間、朝夕10分間のリハビリ体操に取り組んだ。しかし、体調がダルイと面倒臭くなって介護ベッドに横になることが習慣になった。続けたい気持ちはあるが、体調次第では気持ちが揺れる。「1人ではダメだ」とサポートを依頼される。

- 「自分なり」の内容が具体的でわかりやすい
- Aさんの心情を客観的に記載している
- より具体的になる
- 継続性のある表記となる
- 本人の意図を正確に記載している

✕ ケアプランNG例

■課題分析の結果【予知予見・予後予測】

・予知予見：継続的に外出をしないと認知機能が低下する。

・予後予測：デイサービスを定期的に利用することで認知機能は維持できる。

- 「継続的」では具体的な期間がわからない
- 「低下する」と決めつけられない
- 「できる」と言い切ってよいか、慎重な判断が必要

○ ケアプランOK例

■課題分析の結果【予知予見・予後予測】

・予知予見：2日に1回（約1時間）以上は外出をしないと、視力・聴力の刺激も減り、認知機能の低下が予見される。

・予後予測：デイサービスを隔日で利用すれば、会話する機会が生まれ、認知機能の低下予防の効果も期待できる。

- 根拠が示される
- 根拠が示される
- 「予後予測」を場面に応じて使い分けできるのがベスト

▶【Result】書き方テンプレート

テンプレート文に自由に記入してみましょう。

①行動・評価・結論

・行動：約10mの横断歩道を30秒で渡れるようになることを（＿＿＿）。

・評価：１年前と比べ、週１回小金井公園を30分間散歩できるように（＿＿＿）。

・結論：妻と話し合い、来月から週３回はデイサービスに通うことに（＿＿＿）。

②予知予見

・機能低下：座りっぱなしが続くと足腰の筋力低下が（＿＿＿）される。

・リスク：下半身の筋力低下が続くと玄関での（＿＿＿）のリスクがある。

・体調変化：水分不足が続くと脱水症状から熱中症に（＿＿＿）なる。

③予後予測

・運動改善：1日15分の下肢の体操で歩行距離を（＿＿＿）ことは期待できる。

・食事改善：炭水化物の調整で３か月後に体重３kgの減量が（＿＿＿）。

・服薬管理：お薬カレンダーの食前チェックで飲み忘れを（＿＿＿）できる。

④感情行動（プラス）

・笑う：大好きな芸人の漫才がおかしくて、いつも（＿＿＿）される。

・拍手：軽快な音楽とともに行うリハビリ体操が楽しくて、大きく（＿＿＿）をされる。

・万歳：チーム優勝するとうれしくて、万歳三唱を（＿＿＿）でされる。

⑤感情行動（マイナス）

・泣く：10歳で亡くなったお子さんの話題になると（＿＿＿）泣かれる。

・わめく：認知症のＥさんは深夜に（＿＿＿）から大きな声でわめく。

・叩く：娘の顔を思い出せないのが（＿＿＿）と、「このバカ！」と頭を叩く。

書き方ポイント

■「述語」の表記で文章の意味が決まる

■仮説で結論を書くなら「予知予見、予後予測」の文体で記載する

■「感情行動」（結果）は原因となる「感情」を先に書く

メモ

第1章 「6W5H1R」で伝わる書き方　書き方テンプレート記入例

※記入例はあくまでもイメージです。

【Who】書き方テンプレート記入例　p.7

①長男　43　夏美　②祐子　花　4　美月　6　③次男　56　次女　51　節子　82
④山本　中田　緑山　大木　⑤京子　氷川きよし　チーズ

【When】書き方テンプレート記入例　p.11

①5　4　20　②7　午後1　午後2　20　③20　30　3　④2　1　3
⑤1　2　1

【Where】書き方テンプレート記入例 p.15

①玄関の段差　8　15　②桜川　パンダ食堂　坂平　③山手区立　川広　ワールド
④2　10　500　⑤徒歩　四点杖　車いす

【What】書き方テンプレート記入例　p.19

①長女の夢子　カルボナーラ　一点杖　甥の優作　入浴剤　②手料理　写真　両腕
③パズル　編み物教室　次女　交流イベント　友人の田中さん
④ワンピース　銀座　孫の愛子　メイク道具　髪　⑤お祝い　リバーサイド　囲碁

【Why】書き方テンプレート記入例　p.23

①不安　白内障　ぼんやりと　難聴　聴き取り　②○○公園　初志貫徹　ハリ
③パーキンソン病　歩行困難　元気体操　倦怠感　④握力　ふらつき　急
⑤吐き気　睡眠　折檻（厳しい躾）

【Wish】書き方テンプレート記入例　p.27

①動き　うまい・おいしい　あいさつ　②本音　どうして　正直　③決めた　頑張る・努力する　披露・展示・出品　④拍手　ごまかす　悲しい
⑤助かる・ありがたい　申し訳ない　陰気　決まる

【How】書き方テンプレート記入例　p.31

①0.01　舞ちゃん　クラシック　絵本　辛め　長女　フワフワ　あったかい　リンゴのようなフルーティー　②ひどい　10分　厳冬　水分補給が必要　止まない
③懐かしい　泣き　怒り　怒鳴る　④伝い歩き　縦手すり　玄関ドア　駐車場
⑤握る　支える　振る　円

【How long・How many・How much・How large（big）】書き方テンプレート記入例　p.35

①10　5　10　11　10　②5　10　③2　1　600　10　④12　300　5

【Result】書き方テンプレート記入例　p.39

①目指すことにする　なる　する（決める）②予測　転倒　なりやすく　③伸ばす　目指せる　予防　④大笑い　拍手　大声　⑤悲しくて　恐怖心　悔しい・情けない

利用者基本情報の書き方

第1節

「利用者の全体像」を俯瞰する

利用者基本情報は「利用者支援のカルテ」

利用者基本情報（フェイスシート）は「利用者の今の状況を俯瞰したシート（全体像)」であり、支援するための「カルテ」です。利用者の基本情報を聴き、表記する（書き取る）行為はアセスメントではなく、あくまで「利用者の現在とこれまでの情報」の把握です。

聴き取りのプロセスで「なぜそうなっているのか」を原因分析（アセスメント）したくなることもあるかもしれませんが、基本情報が中途半端なままにアセスメントに移行してしまうと「聞き漏れ・聞き忘れ」が生じることになります。

注意したいのは、利用者（家族）から基本情報以外のことが詳しく語られたり、質問されたりするときです。その際には落ち着いた声で「それについては後ほど詳しく伺います（お話しします)」と伝え、情報の把握に集中します。

なお、「利用者基本情報」の様式は事業所が使用しているケアマネジメントソフトによって微妙に異なります。本書では厚生労働省が介護予防ケアマネジメントの関連様式として示している利用者基本情報に準じています（p.198参照）。

利用者基本情報のなかで、文章で示す主な項目

利用者基本情報の多くは、介護認定の区分、障害高齢者の日常生活自立度、認知症高齢者の日常生活自立度、障害等認定、本人の住居環境、経済状況、緊急連絡先、現病歴・既往歴と経過などをチェックする仕様となっています。一方、以下の項目は、文章で表記することとなっています。

- 今までの生活（生育歴、家族歴、性格・価値観、職業歴）
- 家族構成（ジェノグラム）
- 1日の生活・過ごし方
- 趣味・楽しみ・特技（得意）・役割
- 友人・地域との関係

利用者基本情報の全体像

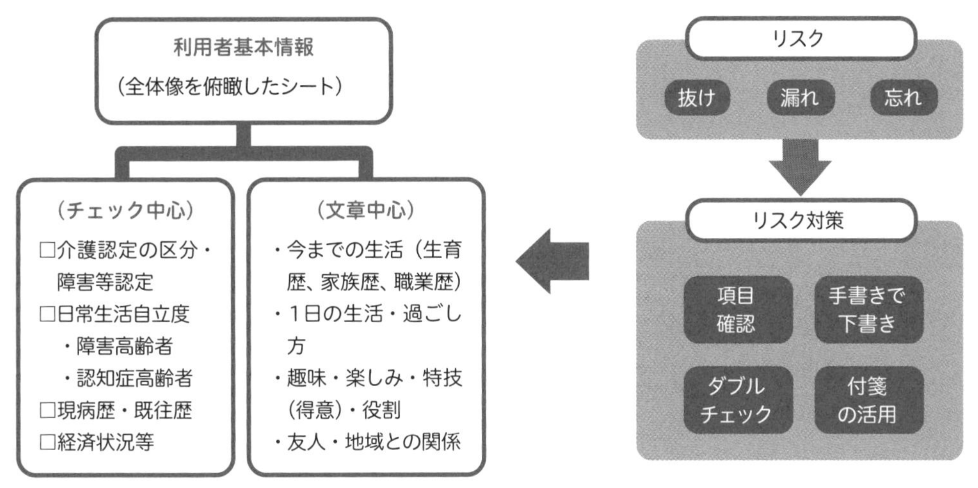

「抜け・漏れ・忘れ」はチームケアの「トラブル、クレーム」の種になる

利用者基本情報に「未記入（抜け・漏れ・忘れ）」があると、情報伝達に「未連絡（脱落）」が生じて、利用者の要望やこだわり、個別性が伝わらず、苦情やトラブルを誘引することになります。また、内容が1年以上更新されていないと、ケアチームに「読まなくてよい」と軽視され、「利用者本位のケア」は形骸化します。次の手順で改善を目指します。

1）項目ごとに内容の確認を行う
2）基本情報は「手書きで下書き（箇条書きでOK）」し、パソコンで入力（清書）する
3）ダブルチェックは管理者や作成者以外の人が行う
4）修正内容は「付箋」で追記し、後日まとめてパソコンで入力する
5）抜け・漏れを発見したら即「原因」を話し合い、「やり直し仕事」を減らす

複数回で「聴き取り」、1年に1回の「ブラッシュアップ」をスケジュール化

新規ケースの初回訪問の時間内で利用者基本情報をすべて聴き取ることは厳しいでしょう。初回訪問時は介護認定の区分や障害等認定の有無など比較的回答しやすいものだけにし、「今までの生活、1日の生活・過ごし方」などは2回目訪問時に行ってもよいでしょう。また、「趣味・楽しみ・特技」は「意欲・動機づけシート」（p.203参照）などに記入してもらい、後日に聴き取る方法もあります。

利用者基本情報は1年に1回（例：認定更新月）はブラッシュアップとして必要な箇所の「書き直し」を行い、事業所全体で確認する時間を確保します。

生育歴

生育歴とは？

生育歴とは「育ち方・育てられ方の歴史」です。生活の歴史（生活歴、生活史）や家族史とも重なります。どのような「育ち方」をしたのか、どのような「育てられ方」をしたのかは、本人らしさを紐解く「かけがえのない情報」です。生育歴が利用者の「生き方・考え方」や「こだわり（価値観）」「困難になったときの行動」などに影響するので基本情報に表記することは重要です。

一般的にどこの家庭も「つつがない毎日を送っている」ものと思いがちですが、それは思い込みです。明治時代の教育勅語は日本の家族像に「家族とは仲良く支え合うもの」という道徳観（家族神話）を刷り込みました。それにより、日本では家族内・身内の恥ずかしいことは隠す・触れないという文化につながっています。生育歴の聴き取りは、利用者（家族）にとって隠したい・知られたくない「家族の恥・闇」に迫ることになる場合もあります。そのため、「配慮ある聴き取りと表記」を心がけます。

生育歴は「場所、時期、家族構成、家柄、家業など」を具体的に

生育歴の表記にあたり、どのような生活環境、家族・親族環境で育ったかを具体的に表記することで読み手に伝わりやすくなります。

- 場所：都道府県、市町村（平成の合併前の旧町村名も明記）、町・丁名、地名などは「固有名詞」（滞在していた時期）を表記する
- 家族構成：大家族、核家族、きょうだいの人数、親戚との付き合い（正月・お盆、墓参り）
- 家系・家筋：本家・分家など
- 資産・財産：プラスの資産（土地・建物・現預金など）、マイナスの資産（借金・債務など）
- 家業：農業、漁業、自営業（建設系、商売系）、自営業、サービス業、製造業など
- 結婚：見合い結婚（仲人：地元有力者、親族・身内、職場上司など）、恋愛結婚（きっかけ：幼なじみ、友人、青年団、消防団、職場仲間など）

生育歴の全体像

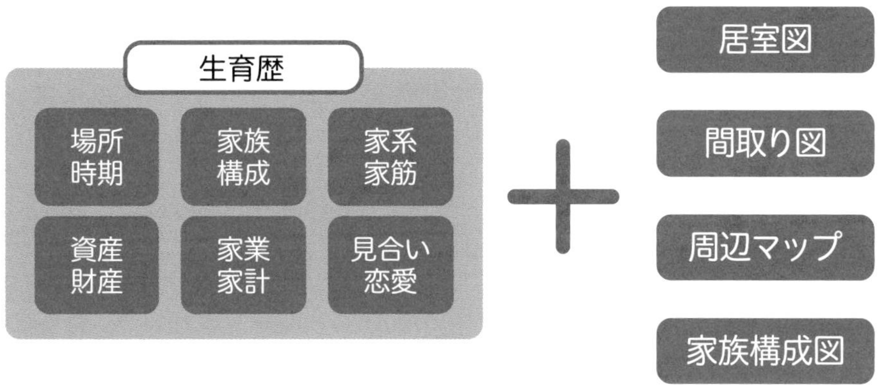

これらの条件は本人だけでなく「一家がおかれた環境」に大きく影響します。手元のノートに手書きした「居室図・間取り図」「周辺マップ」を見てもらい、話を広げましょう。

どのような生活環境のなかで育ってきたのか

日本列島の多くは中山間地です。明治時代から林業が国策として進められてきた歴史があり、そのなかのわずかな盆地に典型的な米づくり主体の農村地帯がありました。戦後の高度経済成長で石炭産業と鉄鋼業、石油化学工業が急成長します。かつての農村の次男・三男たちは「分家」で地元に残るのでなく、新たな労働人口（例：中卒は「金の卵」、農閑期は「出稼ぎ」）として全国の農村部から都会に吸い込まれました。そして男女が出会い「新しい家庭（核家族）」を築くことになります。

これらの生活環境の情報を家族構成図（ジェノグラム）として、書き込むと「家族史」としても貴重な情報源となります。

どのような地域環境（近所、近隣、地元、人間関係等）で育ってきたのか

他者との信頼関係、お世話意識などの基本感情は「育てられ方・しつけられ方」と幼少期から思春期の地域の人々との「ふれ合いの度合い」が影響するといわれます。自宅にどのような人（近所、親戚、仕事関係者など）の出入りがあったのか、その職種や人数などを具体的に表記するとわかりやすいでしょう。また、災害時（地震、水害、土砂崩れ、雪害など）に「地域コミュニティ」で助け合った事実があるなら、狭いスペースでも「時期・場所・内容・関係者等」を具体的に表記するとよいでしょう。

▶利用者基本情報文例

Y男さん（86歳、要介護2）

✕ 生育歴　NG例

生家は寺。６人きょうだいの長男。寺の継承者として厳しく育てられ、本人は大学に進学するつもりだったが、生活が貧しかったため、中学卒業後に専門学校に進み、18歳で貨物船の船乗りとなる。妹・弟たちの教育費と生活費を仕送りする。

宗派がわからない。場所はどのあたり？

中学校名を表記するとより具体的に

どういう大学？　学部は？

何の専門学校かがわからない

〇 生育歴　OK例

生家は○○県○○市（旧△△町）にある△△宗のお寺。６人きょうだいの長男として生まれる。○○寺の後継ぎとして厳しく育てられ、本人も仏教系大学に進学予定だった。しかし、檀家が少なく、生活が貧しかったため、○○中学卒業後に船舶関連の専門学校に進み、18歳で国際航路の貨物船の船員となる。妹・弟たちの教育費と生活費を仕送りする。

宗派と場所（旧町名）まで表記できている

専門学校の種類が表記される

大学の種類も表記

「貨物船の船乗り」より具体的

R子さん（82歳、要介護3）

✕ 生育歴　NG例

元々は老舗の呉服屋が実家。5人きょうだいの末っ子。使用人たちから可愛がられて育った。小・中・高の成績はよかった。卒業後は父親のコネで地元銀行に就職する。「男性にはモテた」とのこと。

どれくらいの歴史と規模の呉服屋？

高卒？　大卒？

これはスラング。ほかの言葉で言い換えるなら？

モテた理由は何？

〇 生育歴　OK例

元々は江戸時代から300年続く老舗の呉服屋○○が実家。5人きょうだいの末っ子。使用人10人程度が住み込みで働き、みんなから「お嬢」と可愛がられて育った。小・中・高の成績は学年で５番以内だった。Ｗ短期大学卒業後は父親の人脈で地元銀行に就職する。職場では明るく、「男性にはモテた」とのこと。

数字が入り、具体的である

このエピソードは人柄を知るうえで貴重

このエピソードは本人の成功体験

▶【生育歴】書き方テンプレート

テンプレートに自由に記入してみましょう。

①時期（幼少期、10代～20代、30代～60代、70代～など）
・（_________）の頃の実家の風呂は五右衛門風呂だった。
・商社に在籍した（_____）の頃は海外赴任で5年間、ドイツにいた。
・（_______）になってもオシャレして銀座を親友と歩きたいと思っている。

②なじみの場所（実家、生家、建物、店、学校、会社、神社、寺など）
・（_____）は現在の岐阜県Y市（元K郡S町）である。
・社員旅行でよく使った（_______）のT旅館にまた行ってみたい。
・30年来、正月には家族で△△（___）に参詣に行くことを続けている。

③人物（祖父・祖母、父・母、きょうだいなど）と立場（家系・家筋、跡取り、後継者、養子など）
・明治20年生まれの（_____）は厳しく、殴られながらしつけられた。
・9人（_______）の長男・次男は戦死したので（_____）として育てられた。
・3歳のときに母が病死。叔父夫婦に引き取られ（_____）として育てられる。

④生活環境（家屋、生家、周辺環境、人間関係、ご近所など）
・築150年の（_____）は茅葺き屋根で2階に蚕（かいこ）棚があった。
・父は一階で自転車修理店を営み、（_______）とはかなり濃い関係だった。
・働いた大田区の（_____）は中小の町工場がひしめくようなところだった。

⑤地域環境（近所・近隣、町内会、集会所・公民館など）
・昭和30年代は、まだご近所同士の（_________）は当たり前だった。
・地元の祭りになれば（_______）で神輿を出して競い合った。
・昭和40年代、地域の（_____）は住民の集いの場だった。

書き方ポイント

- **時期、世代は「数字」で表記する**
- **エピソードは例を示すと伝わりやすい**
- **家族のなかでの「立場」を書くと立ち位置が鮮明になる**

家族歴

ファミリーヒストリーを見える化

家族歴を把握することは、利用者がどのような家族のもとで育ち、結婚してどのような家族と暮らしてきたのか、「家族の歴史そのもの」を知ることです。どの時代に育ち、どの時代の人に育てられたのか。本人の価値観や家族観に大きく影響しています。

80代の高齢者はまだ日本に大家族制度が残っていた時代に育ちました。家柄が家業や家督、親族間のポジション（本家と分家）、地域社会での影響力などにも関係していました。5～8人きょうだいという例も多く、三世代同居が当たり前でした。多くは明治時代後半生まれの親に育てられています。「どのようなご両親でしたか？　どのようなご家族でしたか？」と尋ねることも参考になるでしょう。

これらの情報をただ聴き取りながらメモしても煩雑になるばかりです。手書きでよいので手元に家族構成図（ジェノグラム）を書いて、利用者に見てもらいながら質問すると、より具体的な情報が得られます。

家族構成図（ジェノグラム）の書き方のポイント

家族構成図は基本的には「当事者：◎で表記、配偶者は（□男性、○女性、死亡なら■●）、キーパーソンは☆、主たる介護者は主、副たる介護者は副、同居なら○で囲む」とされています。ただし、家族構成図の書き方はいくつかの方法があります。注意しなければいけないのは、これらの多くは核家族を前提にした家族構成図であるということです。「利用者を育てた両親」や「利用者の幼少期を知っているきょうだい」まで表記されることはありません。

家族構成図は、育てた家族だけでなく「育った家族」（きょうだいの順位など）にも広げて記載することで、親族のなかでの「立ち位置（ポジション）」を見える化できます。当時の居住地（市町村名）も具体的に付記するとよりわかりやすいでしょう。

家族関係等のとらえ方

家族構成図で「☆キーパーソン、主・副の介護者」などが表記されても、「なぜそうな

家族歴の全体像

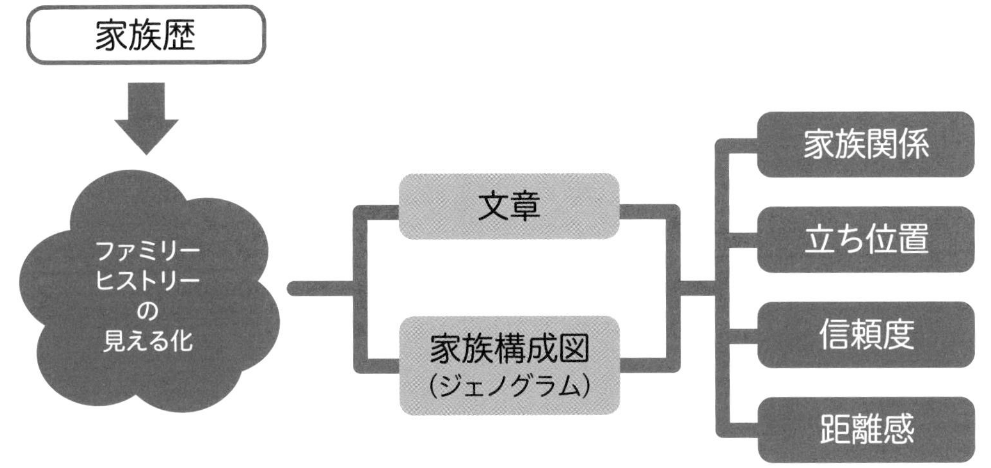

のか、どのような家族関係・きょうだい関係なのか」までは伝わりません。

介護保険制度創設前は長男・長女がキーパーソンであることがお決まりのパターンで、介護は「長男の嫁の役割」とされることが多かったのですが、令和の時代では次男・次女等が担っている例も増えてきています。また、直接の介護は次男・次女が担っていても決定権者は長男・長女のケースもあります。さらに地方の親を遠距離介護・別居介護で支えているというケースも増えるなど、家族の事情により「多様化」しています。

家族構成を聴き取りながら、きょうだい間における「立ち位置」、きょうだい同士の「信頼度や距離感」、「過度な介護ストレス」「経済的な負担」がかかっていないかなどを聴き取り、必要に応じて表記しましょう。

家族関係とこれまでの生活

家族関係を聴き取ると「つつがない家族」は実は少なく、それぞれに「家族の物語」があり、何らかの「痛みや歪み」「葛藤」を抱えていることが多いことを知っておくべきです。こういった葛藤がこれまでの生活や現在の暮らしぶり、介護ストレスに深刻な影響を与えていることも少なくありません。どのような両親に育てられたか、どのような経緯と背景で仕事に就き、どのように出会い、結婚（お見合い、恋愛）し、子どもを育てたのか、高齢期となった現在の暮らしへの思いなども距離感に配慮しながら聞き取り、記載します。

緊急連絡先は「e-mailアドレス、住所、移動手段・時間・費用」も記載！

緊急連絡先は子どもが多いですが、今後は「きょうだい、甥・姪、成年後見人ほか」も増えるでしょう。記載する内容は「住所、電話番号、Fax 番号」ですが、必要に応じて「e-mail アドレス、SNS アカウント」を追記しましょう。利用者の居住地への移動手段（例：自動車、電車、バス、飛行機）とおおよその移動時間と移動費用も大切な情報です。

▶ 利用者基本情報文例

O太さん（87歳、要介護3、同居介護）

✕ 家族歴　NG例

長女と次男は関東エリアに在住。キーパーソンの長男（独身）が同居で介護している。仕事がコンビニ勤務でかなりの負担だが、きょうだい間での分担は想定していない。なお、長女はO太さんの介護に拒否的である。

- 関東エリアでは大雑把すぎる
- いつから同居しているのか？
- 原因は何か？解決の可能性はあるのか？
- 抽象的。何が負担なのかがわからない
- 分担を想定しない理由がわからない

○ 家族歴　OK例

長女は千葉、次男は東京。キーパーソンの長男（独身）は父の介護をきっかけに3年前に同居。勤務シフトが不規則であることや慣れない介護により負担が増加。きょうだい間の分担については、「長男がやる」という意識からアテにできないとのこと。なお、長女はO太さんに結婚を反対されてから仲が悪く、介護に拒否的である。

- 関東エリアが具体的になる。家族構成図の下に付記するのもOK
- 同居時期を記載
- 負担の内容が具体的になる
- 長男の葛藤が表記されている
- 長女が介護に拒否的な理由が表記される

N子さん（82歳、要介護2、認知症、近距離介護）

✕ 家族歴　NG例

主たる介護者は次女Mさん。長女は隣県在住（月1回程度の介護は可）。長男は東京に在住（年1回程度の帰省）。きょうだい関係は良好。

- 「月1回程度の介護」の具体的な内容がわからない
- 「隣県」では抽象的。県名を示す
- 具体的なエピソードは？

○ 家族歴　OK例

主たる介護者は次女Mさん。長女はY県に在住（月1回程度の家事・話し相手は可）。長男は東京都豊島区に在住（年1回程度の帰省）。きょうだいは仲がよくLINEグループをつくり、情報を共有している。

- 県名が入る
- 区名が入る
- 介護の内容が具体的になってわかりやすい
- 頻度を具体的に記載
- きょうだい仲のよさが伝わるエピソード

▶【家族歴】書き方テンプレート

テンプレートに自由に記入してみましょう。

①育った家族～父親・母親～

・父親：私の父は明治生まれで年長者への（_____）には特に厳しかった。

・母親：私の母からは着つけや（_____）を厳しく教え込まれた。

・家業：家業は何代も続く和菓子屋だったので、今も（_____）は大好き。

②育った家族～きょうだい～

・立ち位置：長男なので両親からは（_____）を継いでほしいと期待された。

・役割：両親の介護は長男の（_____）と腹を括っていた。

・本音：長男でなければ東京の美大に進学して（___）になりたかった。

③育てた家族～配偶者、子どもなど～

・見合い：20歳のとき、近所の（___）の世話でこの家に嫁いできた。

・住居：上司の紹介で社内結婚。10年間は（_____）に住んでいた。

・子育て：モーレツ社員だったので子育てはすべて（_____）任せだった。

④家族関係等

・葛藤：慣れない介護のため、認知症の父を（_____）ことも多いと相談がある。

・苦労：長男は東京在住なので、週末に鹿児島のＴ町まで（_____）するのが経済的にも体力的にも負担となっている。

・支障：幼少期に父親からきつい（_____）を受けたので介護には拒否的である。

⑤緊急連絡先

・連絡先：身寄りがない方なので連絡先は（______）となる。

・距離：実家まではおおよそ（_____）の距離である。

・時間：新幹線と電車、タクシーを乗り継ぐとドアtoドアで約（_____）時間かかる。

書き方ポイント

- ■ 家族構成図は「育った家族」と「育てた家族」を描く
- ■ 家族等の状況はきょうだい間の関係も含めて表記する
- ■ 緊急連絡先は「移動手段、移動時間、移動費用」を表記する

職業歴

職業歴は「仕事や職業の経験の歴史」がポイント

職業歴とは「利用者が働いた仕事や職業の経験の歴史」です。職業歴はその人の人生に大きな影響を与えています。人生設計や価値観、考え方、心身の健康（例：健康被害、ストレス）、生活習慣などを知るうえでも貴重な情報です。また、認知症になって行う動作や言動を理解するときの参考になります。

職業歴には「職種・職業」だけでなく、「所属した法人・団体等名、肩書・職位、勤続年数」などが含まれます。かつては終身雇用制が一般的でした。一方でいろいろな事情から転職を重ねる、自営業で独立する人もいます。これらの情報から家計収入や年金収入（例：厚生年金、共済年金、国民年金）を概算することもできます。

かつては、女性は就職しても「結婚退職（寿退職）→専業主婦」が一般的でした。さらに就職せずに実家の家事手伝いをしながら「お見合い」を待つ「花嫁修業」と称する期間を過ごす人もいました。配偶者の夫の職業歴から家計や子育ての苦労（例：社宅内の付き合い、転勤による引越し、子どもの転校）などの家族歴の話題に広げるのもよいでしょう。

人生の選択　―― 仕事、会社を選んだ理由

職業選択は人生のなかでも大きな決断の一つです。選択理由はさまざまで、それぞれの事情と何らかの「基準」に合わせて職業・勤務先を決めています。選んだ理由について、ワンエピソードを入れると伝わりやすくなります。

- 立場：きょうだい間のポジションで決める（例：長男なので家業を継ぐ）
- 推薦：向いている・勧められたので決める（例：親・親戚や先生の推薦）
- 能力：好き・得意だから選ぶ（例：楽しい、夢中になれる、周囲の高い評価）
- 条件：条件に合って決める（例：職種、給料、業務、勤務地、勤務時間、親の納得）
- 将来性：人生設計や価値観で選ぶ（例：出世、肩書、高給、勝ち組、学歴、地元貢献）
- 義務：家業や結婚によって決められている（例：婿入り・嫁入りで家業を継ぐ）

職業歴の全体像

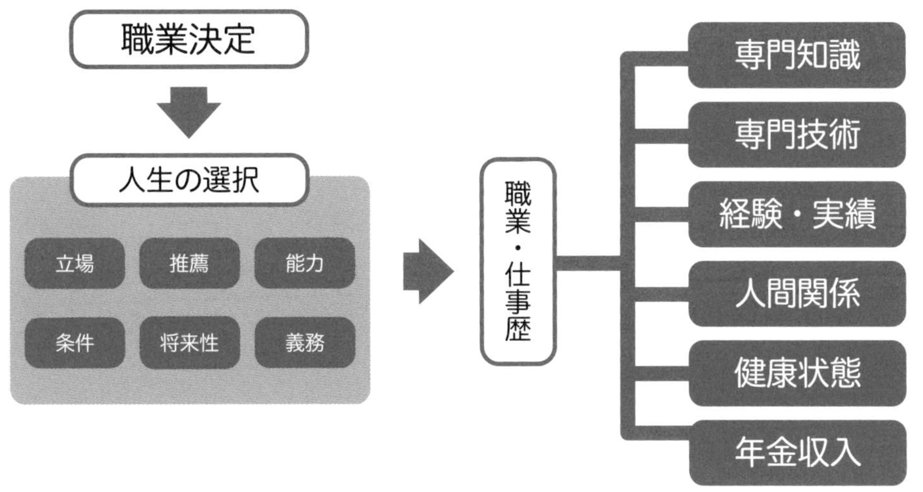

職業歴というパフォーマンス――専門知識、専門技術、経験・実績、人間関係

職業歴は、その人がどのようなパフォーマンス（専門知識、専門技術、経験・実績、人間関係）をもっているかを示しています。例えば、元大工なら建築の知識と施工技術、元調理師なら料理の知識と技術やこだわり、元保育士なら幼児のあやし方や遊び方はお手の物でしょう。元職場のOB・OG人脈も大切な支え手になることもあります。転職も「専門知識や技術の習得、能力・人脈の幅広さ」ととらえます。職業（仕事）を通してどのように苦労・成長し、失敗・成功してきたのか、その後の人間関係などを聴き取ることは利用者（家族）の「承認欲求と自己肯定感」を満たすことにつながります。

身体とこころの「健康状態」

職業は高齢期となった本人の「身体とこころ」に深刻な影響を残していることがあります。具体的には呼吸器疾患（例：坑内作業、鉱石加工）、末梢循環障害（例：削岩機、チェーンソー）、重い腰痛（例：長距離運転手）などがあり、既往症や手術・入院歴と併せて、因果関係の有無について聴き取りをしましょう。

職業歴の聴き取りで配慮するポイント

配慮しなければいけないのは「本人が話したいことか」です。公務員・会社員・自営業で社会的評価は微妙に異なります。会社員なら勤務先、規模・歴史、業務・肩書によって収入は異なります。はじめに細かく聴き取る必要はなく、半年くらいの時間をかけて聴くのがよいでしょう。質問する前の「クッション言葉」（例：お話しいただける範囲で結構ですので……）はおすすめです。

▶ 利用者基本情報文例

Y男さん（86歳、要介護2）

✕ 職業歴　NG例

船舶関係の専門学校卒業後、就職。航海士となる。30歳で運送会社に転職し、トラック運転手に。42歳で病気が原因で本社勤務に。55歳で定年、関連会社の役員を５年する。

- 退職したきっかけは？　どういう縁で転職できたか？
- 現在の健康状態との因果関係は？
- 就職した会社名は？　規模は？
- どのような業種の関連会社なのか？

○ 職業歴　OK例

船舶関係の専門学校を卒業後、㈱国際運航（社員1500人）に就職。約10年間、航海士としてタンカーに乗り、世界を航行する。30歳の結婚を機に妻から請われ、船を降りる。関連会社の国内輸送部門の長距離トラック運転手となる。42歳で腰痛とエコノミー症候群で心不全となり入院。退院後、本社勤務となる。50歳で部長職、55歳で定年となる。グループの燃料卸会社の役員を５年務める。

- 「結婚を機に」「妻から請われ」は家族歴とも関連する
- グループ会社の業務が表記される
- 就職した会社名と規模を表記
- 現在の健康状態との因果関係がたどれる
- キャリアアップが具体的に伝わる

R子さん（82歳、要介護3）

✕ 職業歴　NG例

短期大学卒業後、銀行に就職。主に窓口業務。24歳で銀行員の夫と結婚し、寿退職。３人の子どもを育てながら地元百貨店でパート勤務。60歳から道の駅で10年間働く。

- 大学名は？　銀行はどこ？
- 夫が銀行員なのになぜ働くのか？
- 道の駅の正式名称は？　業務内容がわからない

○ 職業歴　OK例

W短期大学を卒業後、M銀行に就職。窓口業務に就く。22歳のとき、銀行の合唱サークルのリーダーと恋愛。2年後に結婚・寿退職。３人の女の子を社宅で育てる。35歳で新築を建て、翌年からローン返済と教育費のために地元Y百貨店の化粧品売り場（パート）で55歳まで働く。60歳から10年間、道の駅○○でレジ打ちをする。

- 大学名を具体的に表記
- 固有名詞が入り、業務内容も具体的にわかる
- 銀行名を具体的に表記
- 寿退社の経緯が具体的にわかる
- パートを始めた理由が明確に

▶【職業歴】書き方テンプレート

テンプレートに自由に記入してみましょう(○○の部分なども自由に設定してみましょう)。

①憧れ・夢見る職業（幼少期～10代）

・A さんが子どもの頃に（________）仕事は○○だった。

・B さんが子どもの頃に（________）のは○○だった。

・C さんは家が貧しかったので早く自分は（______）ようになりたいと思っていた。

②職業の選択（きっかけ、職種、規模、場所、給与など）

・○○の仕事を選んだ（________）は学校の先生の推薦だった。

・○○の仕事を選んだ決め手は（__________）だった。

・○○の仕事を選ぶときに（________）ことは△△だった。

③仕事内容（販売、営業、製造、流通、事務など）

・上司から褒められてとても（________）のは○○の業務だった。

・失敗続きで（________）したのは○○の業務だった。

・落ち込んで（________）と思ったのは○○の業務だった。

④専門知識や専門技術、経験・実績

・○○の仕事をしたおかげで△△の知識はかなり（______）した。

・○○の会社で身につけた技術は今でも（______）にしみついている。

・妻として嬉しかったのは夫の（______）が部長までいったことだ。

⑤退職・転職（自己都合、介護離職など）

・18歳から６年間、地元の信用金庫で働いた後（________）で主婦になる。

・Y 会社を50歳で希望退職したけど、実際は（________）だった。

・本当は定年まで頑張りたかったけど、（________）で退職した。

書き方ポイント

- ■ 仕事や職業の経験の歴史を具体的に書く
- ■ 選んだ基準(複数ＯＫ)はワンエピソード入れて表記する
- ■ 職業はプライバシー情報。表記した内容の取り扱いは特段の配慮が必要

メモ

性格・価値観

性格を、まずは「２種類」で整理する

利用者基本情報やフェイスシートで未記入になりがちなのが「性格・価値観」です。初対面の話しぶりや見た目の印象だけで把握するのは難しいでしょう。しかし、工夫した質問や複数回の面接を通じて把握することは可能です。

性格とはその人の「心・感情の状態、考え方の性質や傾向および特徴」です。100種類以上あるとされますが、ポジティブな性格とネガティブな性格の２種類に整理してみます。

■ポジティブな性格

明るい、朗らか、優しい、楽しい、行動的、活発、努力家、ひたむき、謙虚、控えめ、気が利く、テキパキしている、正直、筋を通す、真面目　など

■ネガティブな性格

暗い、冷たい、神経質、気難しい、つまらない、ケチ・貧乏性、飽きっぽい、地味、恥ずかしがり、クヨクヨ、ねちねち（粘着性、執着性）、頑固、卑猥　など

性格の把握――聴き取り質問法・第三者質問法・観察質問法

性格は「１つ」とは限りません。ＴＰＯ（時間・場所・目的）によって「周囲に見せる外面的性格」と「見せない内面的性格」があります。「気難しいが筋を通す性格」「プライベートではクヨクヨするが仕事では行動的で決断力がある性格」など、場面や立場、相手によって「性格の見せ方・出し方」が変わるものです。また、自分の性格を考えたことがない・知られたくないと話そうとしない・気取られたくない人もいます。

まずは、次の３つの質問法を使ってみましょう。ただし、信頼関係が築けていない場合などは、急がずに時間をかけて把握します。

■聴き取り質問法（自己評価・自己認識を聴き取る）

・「ご自分はどういう性格だと思われますか？」

性格・価値観の全体像

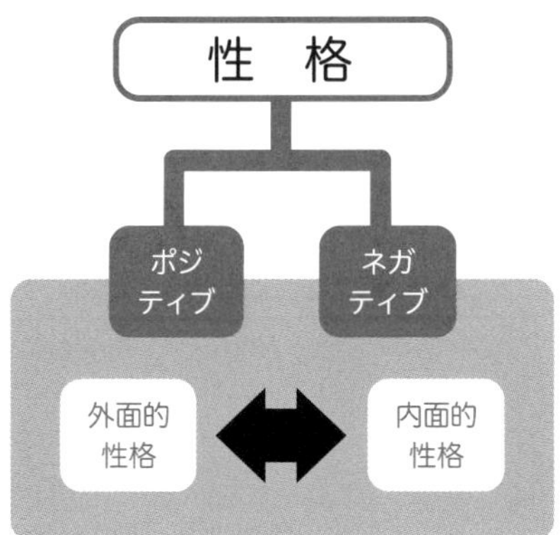

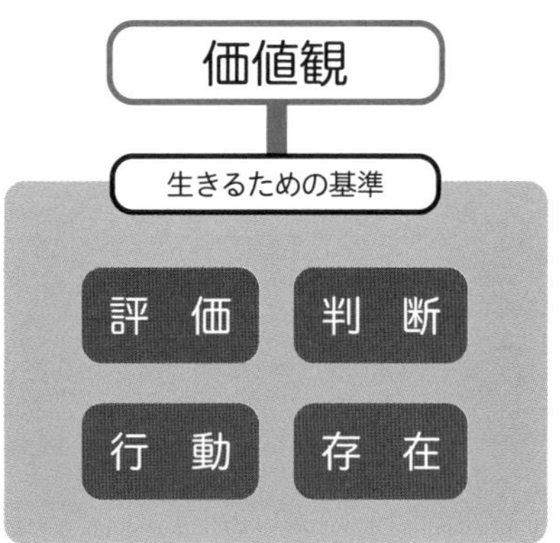

・「性格は明るいほうですか？　静かなほうですか？」

■第三者質問法(第三者への見せ方と本音を聴き取る)

・「ごきょうだいやご家族からはどういう性格だと思われていますか？」

・「学校や職場ではどういう性格だと思われていましたか？」

■観察質問法(見た目の印象から性格を示唆的に質問する)

・「大きな声でよく笑われますが、性格は明るいほうと言われますか？」

・「お会いした印象ですが、○○さんはおとなしい性格ですか？」

「価値観」は「評価基準・判断基準・行動基準・存在基準」

価値観は生育歴や家族環境、教育環境が影響し、本人の挫折体験・成功体験などを通じて学び・身につけた「生きるための基準」です。自己肯定感や自尊心にも関係する概念です。具体的には「正直、協調、礼儀、貢献、信用、愛情、努力、自由、成長、安定、挑戦」など70～80種類あるとされます。その基準は主に4つあります。

・評価基準：何をどのように評価するか　・判断基準：何をどのように判断するか

・行動基準：何をどのように行動するか　・存在基準：どこでどのようにありたいか

これらには「一貫性」があり、その総体が「自分らしさ（私らしさ）」であり、「本人のライフスタイル（CADL）」の大切な部分を占めています。表記にあたってはエピソードを含めることでよりわかりやすく伝えることができます。

・礼儀→誰にも敬語で話す　・正直→嘘はつかない

▶ 利用者基本情報文例

O太さん（87歳、要介護3、同居介護）

✕ 性格・価値観　NG例

O太さんは朗らかで明るい性格。会社では盛り上げ役で後輩から慕われていた。最近、再び心不全で救急搬送されてからはふさぎ込むことが増える。大切な価値観は「努力」。

- どのように慕われていたのかがわかるとよりよい
- より具体的な様子がわかるとなおよい
- エピソードがあるとよりわかりやすい
- 具体的な時期がわからない

〇 性格・価値観　OK例

O太さんはもともと朗らかで明るい性格。家族との食事時も子どもたちをよく笑わせた。会社では盛り上げ役。会社の後輩たちと飲むのが大好きだった。令和〇年〇月に心不全を再発して救急搬送されたことをきっかけにため息が増え、不機嫌にふさぎ込むことが多い。座右の銘は「努力を楽しめ」。コツコツ頑張ることを大切にしているとのこと。

- 具体的な年月がわかる
- ふさぎ込む様子が具体的になる
- 微笑ましく、伝わりやすいエピソード
- 価値観を「座右の銘」で言い換え

N子さん（82歳、要介護2、軽度認知障害、近距離介護）

✕ 性格・価値観　NG例

N子さんは負けん気が強くはっきりした性格と言われて育つ。本人によると「表向きと内面は違うの」とのこと。自分で決めたことには熱中でき、そうでないとやる気をなくす。おしゃれが好きで、いいものを大切にするタイプ。趣味も10年は続く。

- 具体的にはイメージしづらい書き方
- 人が決めたことは苦手ということ？
- 誰から言われて育った？
- エピソードがあるとよりわかりやすい

〇 性格・価値観　OK例

N子さんは親から「負けん気の強いはっきりした性格」と言われて育つ。表向きはテキパキしているが、内面はクヨクヨしてしまう面もある。自分で何事も決めたい性格なのであれこれと周囲から言われると不機嫌になる。

若い頃からおしゃれへの関心は高い。いいものにこだわり、30年使っているバッグもある。趣味も凝ると10年は続く。

- 親からのイメージだとわかる
- 本人のリアクションが表記された
- 表と内の「違い」を具体的に表記
- エピソードが入り、わかりやすい

▶【性格・価値観】書き方テンプレート

テンプレートに自由に記入してみましょう。

①性格

・聴き取り：Hさんは自分の性格を（　　　）だと言う。

・第３者：おとなしいNさんは職場では（　　　）だと思われていたらしい。

・観察：明るい印象のＹさんだが、家族の話題になると表情が（　　　）なる。

②ポジティブな性格

・努力家のMさんは口腔ケア体操を３年間、毎朝（　　）分間、続けている。

・Nさんは明るい性格で、いつも大きな声で（　　　　）をする。

・Bさんはポツンとしている人がいると（　　　　）声で話しかける人だ。

③ネガティブな性格

・Yさんは怒りっぽい性格でいつも（　　　　）している。

・Oさんは抑えきれずに気難しい（　　　）で家族にきつく当たる。

・Gさんは神経質なので介護スタッフの（　　　）が気になって不機嫌になる。

④価値観～評価基準、判断基準、行動基準、存在基準～

・評価：Nさんは相手を（　　　）でいつも評価する人だ。

・判断：Mさんは付き合い方で迷ったら（　　　）できる人か、を軸に決めるという。

・行動：Sさんは何事も（　　　）を基準に計画を決めるタイプだ。

・存在：Tさんは、町内会では（　　　）存在でありたいと頑張ってきた。

⑤価値観～生活習慣、人間関係、楽しみ～

・生活習慣：Uさんの朝の生活習慣は毎朝の15分間の（　　　　）だ。

・人間関係：Hさんが人付き合いで配慮しているのは（　　　）である。

・楽しみ：KさんがN祭りに行くのは（　　　　）が楽しみだからだ。

書き方ポイント

■ 性格はわかりやすいエピソードを具体的に含めて書く

■「外面的性格」と「内面的性格」を表記すると文章に「幅」が出る

■ 価値観は４つの基準と本人らしさに着目してエピソードを入れて書く

1日の生活・過ごし方

1日の生活行動は「3つの領域」で表記する

高齢者の1日の「生活行動」は主に3つに分類できます。どの生活行動をどのように24時間のなかで使っているのかは家族構成（夫婦同居、独居）やライフスタイル、身体に染み込んだ生活習慣、心身の状態や生活環境、生活価値によって「個人差」があります。

一般的に高齢者は1次活動（生きるための基本的な活動：ADL：睡眠・食事・排泄・更衣・入浴）の時間が一番長く、次が3次活動（人生の充実・社会参加のための活動：CADL：楽しみ、趣味、交流、ボランティア、役割、仕事など）が長く、少ないのは2次活動（暮らしのための活動：IADL：買い物、掃除、洗濯、料理など）となっています。

1次活動、3次活動の時間は高齢になるほど長くなり、家事代行サービスや家族・ほかの人に頼める2次活動の時間は減っていきます。

聴き取りのポイントは「これまで」と「現在」の暮らしぶり

「1日の生活・過ごし方」の聴き取りと表記は「現在」が主になりますが、その前に「これまでの暮らしぶり」を聴き取り、記録しましょう。

要介護状態になる前と後でどのように「暮らしぶり（生活）」が変化したのかを確認し、「3年前までは～」と表記します。一般的に、心身機能の低下や体調の不具合で1次活動（ADL）にかかる時間はどうしても増えます。そして、自分で行えない2次活動（IADL）は家族や民間の家事代行、介護サービスに委ねることが多くなります。また、意欲の低下や友人・仲間の減少により、外出する機会や交流する場に足を向けることが減ると3次活動（CADL）も減ることになります。

これまでの暮らしぶりを紐解くと、老人大学や地域ボランティア、スポーツなどに励んできたアクティブシニアもいれば、生活費のために80代まで働いてきた人（ワーキングシニア）、90代の親や配偶者の介護を頑張ってきた人（シニアケアラー）までさまざまです。これまでの暮らしが、現在の暮らしに抱く葛藤やジレンマにつながっていることもあります。「望む暮らし」（これから）を聴き取るプロセスで希望を引き出せたらケアプラン第1表の「利用者及び家族の生活に対する意向を踏まえた課題分析の結果」欄に表記します。

1日の生活・過ごし方の全体像

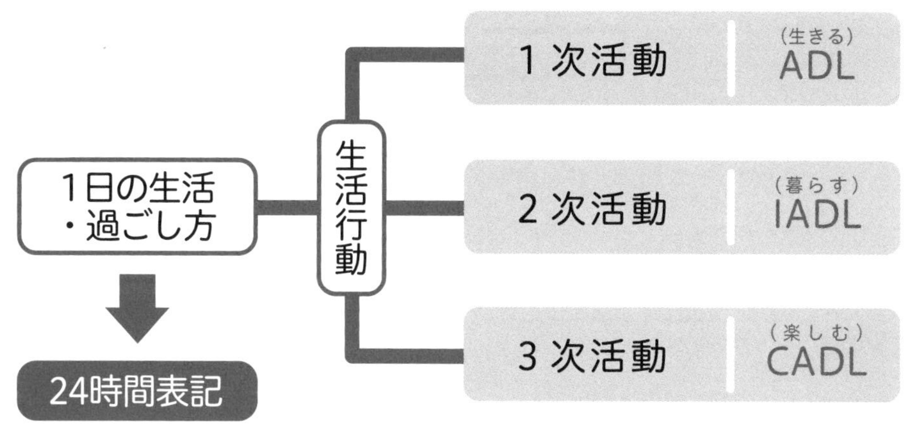

「1日の生活・過ごし方」は「体言止め」でシンプルに表記

「1日の生活・過ごし方」は本人なりに「ルーティンになっている平均的な過ごし方」を聴き取り、表記します。とかくADL・IADLや健康管理中心になりがちですが、本人の「心地よい暮らし」を支える3次活動の内容も聞き取り、バランスよく表記します。

スペースが狭いので、文末を「です・ます」や「だ・である」などの用言止めでなく、名詞・代名詞で終える体言止めにすると読みやすくシンプルになります。

・生活習慣：「朝に体操をする→朝の体操」「ペットの世話をする→ペットの世話」
・外出を伴う過ごし方：「友人・仲間とおしゃべりする→友人・仲間とのおしゃべり」

「24時間の流れ」は「項目」+「時間」で表記

「1日の流れ」として、ADL・IADL・CADLの重要な項目（起床、服薬、食事、散歩、掃除、洗濯、趣味、就寝）と行う時間を「数値」（午前・午後○時、AM・PM○時、0：00～24：00）で表記します。「介護者・家族」は「家族、息子、娘、子ども」などの大雑把な表記でなく、利用者にとってどのポジションなのかを意識して具体的に明記します。日常的に利用している介護保険サービスがあれば、表記します。

・1日の流れ：起床→「午前7時、AM7:00、7:00」、就寝→「午後10時、PM10:00、22:00」
・家族：夫、妻、長男、次男、長女、次女、嫁、婿、孫、甥、姪　など
・介護保険サービス：訪問介護、通所介護　など

▶ 利用者基本情報文例

Y男さん（86歳、要介護2）

✕ 1日の生活・過ごし方　NG例

・朝６時に起床、血圧測定。７時から朝食、８時に長男が出勤する。

・午前中は掃除と洗濯、趣味時間にあてる。天気がよければ近所を散歩する。

・12時に昼食を時間をかけて食べる。

・午後は気ままに過ごす。必要に応じてスーパーで買い物をする。

・夜７時から夕食。８時に長男が帰宅する。

同居の長男の出勤時間の表記があるのがよい

趣味の内容がわからない

晴れのときのこと？

どのくらいの時間をかけるのかがわからない

具体的にどういうときかがわからない

○ 1日の生活・過ごし方　OK例

・朝６時に起床、血圧測定。７時に長男と朝食、８時に長男出勤。

・午前中は趣味の木彫り細工をしながら室内の掃除と洗濯。雨の日以外は30分ほど近所を散歩して、たまに近所の人と立ち話。

・12時に昼食。１時間かけてよく噛んで食べる。

・午後は基本的に自由時間。長男に頼まれれば○○スーパー（300m先）に買い物。重いものは配達サービスを手配。

・夜７時からニュースを見ながら夕食。８時に長男帰宅。

趣味の内容を具体的に表記

時間が表記された。近所の人との交流の様子も伝わる

「雨の日以外」と限定的な表記でわかりやすい

具体的に買い物に行くタイミングがわかる

かける時間が具体的になる

アセスメントの参考になる情報

具体的に伝わる

メモ

▶ 利用者基本情報文例

R子さん（82歳、要介護3）

✕ 1日の生活・過ごし方　NG例

・起床は7時。それから体操と洗面を行う。8時に朝食を食べる。午前中は猫の相手をしながら過ごす。

・昼食後は約1時間の昼寝を行うのが習慣。午後は近所の散歩かやりたいことをやる。午後6時に夕食を食べる。週末は長女と一緒に夕食をとることもある。

エピソードがあるとより伝わる

「猫の相手」は抽象的。具体的に何をするのか？

○ 1日の生活・過ごし方　OK例

・目覚めは7時。ベッドで自己流の体操をして洗面。8時に朝食（長女がつくり置きしたもの）を食べる。午前9時から12時まで猫のトイレの世話などしながらゆっくりと過ごす。

・昼食（配食サービス）後は約1時間の昼寝。その後は、近所の散歩や家庭菜園、音楽鑑賞などしてくつろぐ。

・午後6時に夕食。週末は長女と7時から夕食。不定期で一緒に外食することもあり。

本人らしさがわかるエピソード

介護者の支援内容がわかる

「トイレの世話」と表記すると動作がイメージできる

具体的な活動内容がわかる表記

長女と一緒に過ごす様子がわかりやすい

メモ

▶【1日の生活・過ごし方】書き方テンプレート

テンプレートに自由に記入してみましょう（○○の部分も自由に設定してみましょう）。

①「これまで」の1日の生活・過ごし方
・習慣：食事前に元気体操を（＿＿＿）分間行うのが習慣。
・外出：週に2回は○○公園のお堀の鯉に（＿＿＿＿）を行う。
・趣味：朝夕は庭の家庭菜園に（＿＿＿）するのが習慣。

②「現在」の1日の生活・過ごし方（ADL）
・食事：元々料理は面倒なので栄養価が表示された（＿＿＿）を食べる。
・散歩：晴れた日は△△神社にお参りを兼ねて、1時間かけて（＿＿＿）。
・入浴：若い頃からの習慣で朝の7時から（＿＿＿）。

③「現在」の1日の生活・過ごし方（IADL）
・料理：ガスの火が怖いので（＿＿＿＿）を使った調理で工夫。
・掃除：腰痛なので立って使える（＿＿＿＿）を重宝。
・洗濯：乾燥機付きの洗濯機は（＿＿＿＿）なので毎日洗濯をする。

④「現在」の1日の生活・過ごし方（CADL）
・趣味：手先のリハビリのつもりで（＿＿＿＿）を行う。
・役割：○○公園の清掃ボランティアを（＿＿＿）されるので週1回実施。
・交流：14時頃にサークルの友達と電話で（＿＿＿）。

⑤「現在」の1日の生活・過ごし方（健康管理）
・服薬：服薬後、お薬カレンダーの（＿＿＿）を撮って長女にLINE。
・通院：月1回は○○クリニックで（＿＿＿）。
・測定：起床時と就寝時に（＿＿＿）を測定。

書き方ポイント

- 1日の生活は1次活動（ADL）・2次活動（IADL）・3次活動（CADL）の3領域で表記する
- 表記は「固有名詞、頻度、数値」を意識して書く
- 文末に「体言止め」を効果的に使う

趣味・楽しみ・特技

「趣味・楽しみ・特技」は「自分らしさ」そのもの

「趣味・楽しみ・特技」はもっとも「自分らしさ」があらわれ、CADL 領域とも広く重なります。具体的には、鑑賞系（芸術、演劇、エンタメ、雑学など）、創作系（文芸、工作、手芸、演奏、合唱など）、おしゃれ系（服装、化粧、髪型、アクセサリー、小物など）、巡り系（温泉、名所旧跡、記念碑、記念館など）、収集系（小物、置物、絵画、グッズなど）、調査系（化石、遺跡、旧家、地元史など）、育成・お世話系（野菜づくり、ガーデニング、ペットなど）などに細分化できます。

CADL を人生の要素として取り入れている人のなかでも「楽しみ・趣味・特技」に取り組む濃度や熱量はバラバラです。また、趣味・楽しみ・特技は年齢で変わります。「どういうきっかけで、いつ頃から始め、どれくらいの期間続け、いつやめたのか（理由・原因）」は大切な情報になります。さらに、やってはいないけれど「やってみたい趣味・楽しみ」なども「なぜそう思うのか、どういう条件がそろえばいつ頃から始めたいか」を話し合うと、明確な意向やニーズにもつながっていきます。

注目すべきは、初対面同士でも「趣味・楽しみ・特技」が共通していれば「仲良くなれる」ことです。利用者間の「つながりづくり」のために、共通の話題で盛り上がれる人間関係をつくる勘所として表記しましょう。

「趣味」の書き方

趣味は「ジャンル」だけでなく、「始めた時期ときっかけ、楽しさ・思い出、表彰経験、続けた・やめた理由」や「所属グループ名、参加した大会・展示会・演奏会、参加頻度」など固有名詞を含めて書き込むとぐっと伝わりやすくなります。

趣味にはおおむね「真剣派」と「カジュアル（楽しむ）派」があります。

真剣派の人の趣味の表記は「正確さ」を心がけます。始めたきっかけや続ける苦労、生きがいと思えた瞬間、表彰の経験、師匠・弟子関係などのエピソードも書くとよいでしょう。カジュアル派の人は多趣味なことが多いので「時期、種類、魅力、楽しさ」に着目した表記をします。趣味仲間とのエピソードも人柄が伝わってよいでしょう。

趣味・楽しみの全体像

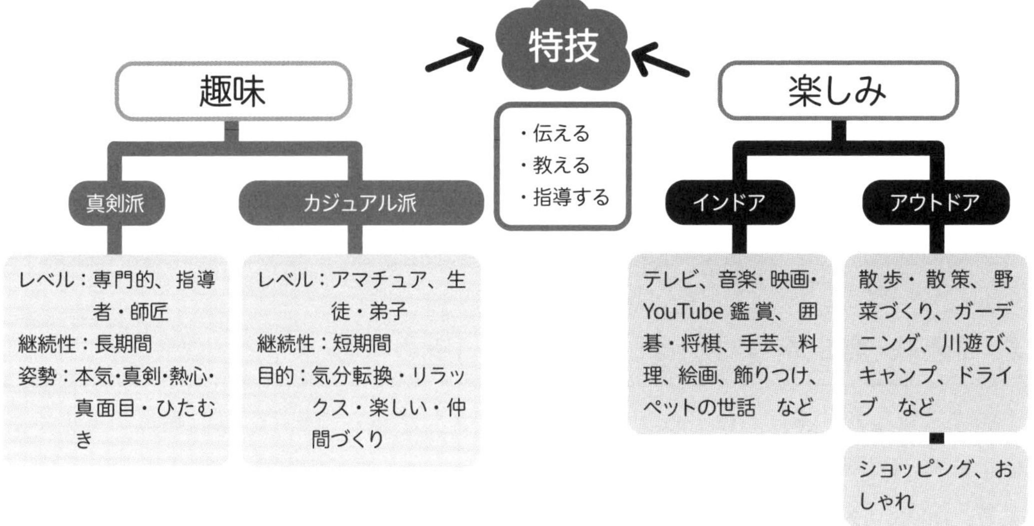

「楽しみ」の書き方

「趣味は特にありません」という人がいても「楽しみ」がない人はいません。「楽しみ」とは、「夢中になる、ワクワクする、おもしろい」こと。思うだけで「待ち遠しくなる、嫌なことも忘れられる」ものです。**心のサプリメント**であり、パワーになるものです。

楽しみ方には「インドア」と「アウトドア」があります。インドアにはテレビ視聴や音楽・映画・YouTube鑑賞、囲碁・将棋、手芸や料理、絵画、部屋の飾りつけ、ペットの世話などがあります。アウトドアには散歩・散策、野菜づくり、ガーデニング、川遊び、キャンプ、ドライブがあります。また、お出かけやショッピング、おしゃれも大切な楽しみです。

表記の勘所は具体的であること。カラオケならジャンル・歌手名・曲名、ペットの世話なら種類・名前、ショッピングなら行先・店名、おしゃれなら服装・髪型・アクセサリーなどを記載すると「自分らしさ」あふれる表記になるでしょう。

「特技」の書き方

特技は趣味や楽しみの延長線上にあるものが多く、「周囲からの評価と期待、成果（実績）」が基本です。「誰から、どの時期に、どのような場面で、どのように評価されたか」「順位にするとどのレベルか」「表彰経験の有無」を聴き取り、具体的に表記します。

「県内でトップクラス」「○○市○○名中の１人」「テレビ番組で取材された」などの相対的な表記があるとわかりやすいでしょう。表彰や評判、苦労体験や成功体験をエピソードとともに記載すると、共感的に伝わります。「特技」を本人のモチベーションの維持や向上のために活用しましょう。自分で行うだけでなく、知識やノウハウを「伝える・教える・指導する」ことを第２表の課題に位置づけることも有効な手段です。

▶ 利用者基本情報文例

Y男さん（86歳、要介護2）

✕ 趣味・楽しみ・特技　NG例

・20代の航海士の頃に木彫りに凝る。作品のアルバムが残っている。今は動物などの木彫り作品が居間に飾ってある。

・長距離トラック運転手の頃はカラオケに熱中。もっぱら歌謡曲や演歌を歌っていた。好きな歌手は加山雄三など。

・定年を機に尺八教室に通う。リーダー役を引き受ける。

なぜ凝ったのか？
きっかけがあれば、記載する

動物では抽象的

きっかけがあれば記載する

作品にはどのようなものがあるのか具体的に記載する

曲名がわかれば記載する

○ 趣味・楽しみ・特技　OK例

・20代は航海中の暇つぶしにイルカや熱帯魚の「木彫り」を始める。オウムやハイビスカスなどの木彫りを撮った写真がアルバムになっている。今は天狗や般若、猪、鹿の木彫りが居間に20体ほど飾ってある。

・長距離トラック運転手の頃にカラオケを始める。菅原文太の真似で運転席で歌謡曲や演歌を唸る。得意なのは加山雄三、宮史郎、鶴田浩二などの曲。

・定年を機に会社のOB会で友人から尺八を勧められ、教室に通う。筋がよいと褒められ40人ほどのリーダー役も引き受けていた。

趣味のきっかけが具体的に表記された

人間関係を知るうえでは貴重な表記

人柄の理解に役立つエピソード

航海士らしい具体的な作品がイメージできる

作品の変化もわかる

人柄が浮かぶエピソード

メモ

▶ 利用者基本情報文例

R子さん（82歳、要介護3）

✕ 趣味・楽しみ・特技　NG例

夫婦でよくコンサートに出かける。ママさんコーラスに参加することもあった。お菓子づくりが好きでインストラクターになる。百貨店のパート時代はヨガ教室に通う。その縁でインドツアーにも参加。

女子高の同窓会幹事を引き受けてきた。今は昭和や平成の流行歌を部屋で流して楽しんでいる。

どのジャンルのコンサートかがわからない

エピソードがあるとよい

かなりアクティブな性格であることは伝わる

やや抽象的。これでは音楽の好みは伝わらない

○ 趣味・楽しみ・特技　OK例

銀行のＯＬ時代に夫と合唱サークルで出会ったので夫婦でコンサートによく行った。好きなのはハイ・ファイ・セット。子どもつながりでママさんコーラス「うりん子」に参加して親子で舞台に立った。

お菓子づくりが好きで教室に通い、５年後にはインストラクターになるほどに上達。百貨店の化粧品売り場のパート時代はダイエットを兼ねてヨガ教室にも通っていた。凝り性なのでインドツアーにも参加した。

女子高の同窓会の幹事を50代から引き受けてきたが、さすがに降りる予定。今は昭和と平成のＪポップをYouTubeで楽しんでいる。

好きなアーティストがわかる

固有名詞があると親しみが湧く

家族との話題にもできるエピソード

真剣に趣味に向き合うタイプだとわかる

きっかけが表記された

お世話好きな性格が伺えるエピソード

YouTubeという媒体まで表記されていてわかりやすい

メモ

▶【趣味・楽しみ・特技】書き方テンプレート

テンプレートに自由に記入してみましょう。

①楽しみ（日常生活）
- テレビ：楽しみは30年来ファンの△△の主演ドラマを（＿＿＿）すること。
- 音楽：部屋で映画音楽の（＿＿＿）アルバムを流しているだけで楽しい気分になる。
- 読書：文字を読むのがつらいのでラジオで名作の（＿＿＿）を聴いている。

②楽しみ（創作、観戦、鑑賞）
- 創作：毎日、散歩しながら写真を撮り、（＿＿＿）にしている。
- 観戦：元気な頃は試合があれば家族と（＿＿＿）観戦が生きがいだった。
- 鑑賞：年末の第九コンサートは家族の（＿＿＿）行事だったのでまた行きたい。

③趣味（カジュアル派）
- 種類：Kさんは好奇心が旺盛で（＿＿＿＿）を自慢する。
- 魅力：グランドゴルフが5年間も続いたのは予想以上に（＿＿＿）からだった。
- 仲間：麻雀仲間と1年後にはまた（＿＿＿）したい。

④趣味（真剣派）
- 期間：生け花の趣味に打ち込んで（＿＿＿）になる。
- 苦労：社会人野球の試合で優勝するために（＿＿＿）を犠牲にしたこともあった。
- 成果：実力が認められ、20年目でようやく（＿＿＿）になる。

⑤特技
- 表彰：小中高はY県のコンクールでいつも（＿＿＿）する腕前だった。
- 評価：高校の美術部顧問からM美大への（＿＿＿）の提案があった。
- 役割：高校ブラスバンド全国大会で（＿＿＿）を任命された。

書き方ポイント

- ■「趣味」は始めた時期ときっかけ、楽しさ・思い出、表彰経験などのエピソードを加えて具体的に表記する
- ■「楽しみ」は「夢中・ワクワク・おもしろいこと」を表記する
- ■「特技」は「評価・期待・成果（実績）」を表記する

友人・地域との関係など

人間関係にはさまざまな「距離感」がある

私たちはさまざまな人たちと「関係づくり」をしています。それは、幼少期・学齢期から続く成長過程での関係（幼なじみ、親友、友人、部活動の仲間）、子育てによるつながり（保護者会、PTA、ママ友）、職場・仕事先での関係（同僚、上司、部下、取引先）、そのほか、地元サークルや町内会などの地縁団体、近所・近隣、なじみの店などがあります。

関係性によって、「距離感」は変わります。相性が合う（例：親近感がある、共通の話題や体験をした）、付き合いが長い（例：小中高、部活動、地元仲間）、同じ所属（例：会社、団体、サークル）などによって距離感が変わります。本書では利用者の人間関係を「親友・友人、会社やサークルの仲間、地域の関係者、遊び友達・飲み友達・おしゃべり友達、知人・知り合い」で分類します。

人は距離感によって「見せる顔」を変えている

私たちは立場や相手との相性で「距離感」を意図的に変えています。一般的に、男性は**タテの関係**（年上・年下、先輩・後輩、ベテラン・新人）、女性は**ヨコの関係**（相性、共感、つながり、所属、立場、環境）が影響するとされています。それらが人間関係にどう影響しているか、という視点で聴き取りをすると、表記するときにより具体的に書けます。

利用者基本情報やフェイスシートに表記するのは、利用者の「顔」を知っている限定された人であり、「話し相手・心の支え手」になってくれる候補者です。「特に親しい人は？なかでも頼れる人は？」と制限をした質問で聴き取るのもよいでしょう。「どの時期に出会った人といつから（期間）、どの程度（深さ）で、どれくらいの頻度で、どのような手段（対面、電話、メール、LINEなど）」で連絡をとる付き合いなのか、が表記するときのポイントです。象徴的な思い出などエピソードを表記するのもよいでしょう。

なお、これまではリアルな対面関係が中心でした。これからはSNSなどを通じた「デジタルな関係」の親友・友人・知人・仲間・フォロワーも増えることになります。「ネットコミュニティ」という表記があってもよいでしょう。

親友・友人の書き方（学校、地元、その他）

一般的に親友レベルになれるのは10代までと言われます。その関係のなかでもプライベートな悩みなどを赤裸々に相談できる・支え合える関係が「**親友レベル**」です。「**友人レベル**」は日常的な会話を楽しめる関係です。「○○小学校時代のクラスメート」「○○クラブ、サークルの仲間」のように所属などを表記します。地元の友人なら市町村や居住地の地名、お互いを呼び合う「あだ名」を表記するのもよいでしょう。

同僚、先輩・後輩、上司・部下の書き方（会社、職場など）

「同僚」とは会社や職場などの入社時期が同期もしくは近い人、共通する業務や肩書、職場での立場が近い人との関係の総称です。職場では、10代のように「相性、好き嫌い」で付き合い方を選べるわけではありません。初対面は「嫌い・苦手」でも仕事を通じて「唯一無二の信頼関係」が結ばれることもよくあります。昭和世代なら、先輩・後輩、上司・部下の関係が退職後も続いていることがあります。現在もどのような付き合い（年賀状含む）が続いているのか、その理由などを聴き取って表記しましょう。

地域の関係者や仲間の書き方（ボランティア、趣味サークル、○○グループ）

趣味サークルや○○グループは「やりたいことが共通」していることが前提です。わかりやすいのがスポーツです。また、「思い」が同じグループのメンバーも仲間です。地域の関係者なら駅前の美化活動や子ども食堂などの「ボランティア仲間」がわかりやすいでしょう。また年に１回程度の旅行仲間、信仰を通じた仲間も含まれます。

所属する団体名、参加歴、活動内容、参加頻度とともに「そのなかでも仲のいい人」がいれば、その人は「心の支え手の予備軍」ですので聴き取りましょう。

遊び友達・飲み友達・おしゃべり友達の書き方

遊び友達や飲み友達・おしゃべり友達は「楽しい関係」が前提です。年上・年下など縦の関係でなく、「横（フラット）の関係」です。特に男性は遊び友達や飲み友達との関係を続け、女性は、場面別（例：職場、サークル、ご近所）に複数のおしゃべり友達をもっていることが多いです。表記にあたって、遊びやおしゃべりの中身、付き合い歴、友達の数と顔ぶれ、集まる（飲む）場所などを聴き取り、なかでも話し相手・支え手候補になりそうな人（できれば名前：仮名 OK）を表記します。

知人・知り合いの書き方

世間で「広く薄く付き合う」のが知人・知り合いレベルです。「顔を知っている、あいさつ程度はする、どこの誰かは知っている」ようなレベルでもいざとなれば見守り役などの支え手候補になってもらえます。地域や所属を必ず表記しましょう。

▶ 利用者基本情報の文例

Y男さん（86歳、要介護2）

✕ 友人・地域との関係　NG例

船舶の専門学校の同級会は50年続いている。幹事をやったこともある。会社の同僚たちとは今も付き合いがある。シルバー大学の付き合いもあり。尺八教室の人とは定期的に食事会とカラオケで集まり、やりとりもある。町内会は回覧板を回す程度とのこと。近所との関係はある。

- どういう集まり方をしてきたのか？
- どういう付き合いかがわからない
- どういう付き合いかがわからない
- 頻度がわからない
- 手段がわからない

〇 友人・地域との関係　OK例

船舶関係の専門学校の同級会では３年に１回は旅行するのが慣例で、50年続いている。50代のときに幹事を10年ほどやる。30代で船を降りたが、グループ会社なので同僚や上司とはゴルフや飲み会で定年まで付き合いは続き、今も連絡は取り合っている。シルバー大学の郷土史ゼミの仲間とも付き合いがある。尺八教室の仲間とは３か月に１回、食事会とカラオケを楽しんできた。今はLINEでやりとりもしている。町内会のつきあいは回覧板をまわす程度だが、玄関前で立ち話はしている。

- 具体的な同級会がイメージできる
- 周囲の友人からの信頼度が伺える
- サラリーマンの王道の付き合い方をしてきたことがわかる
- 学習意欲が高いのも伝わる
- 「定期的」が具体的になる
- 連絡手段が明確になる
- 近所付き合いの様子が伝わる

メモ

▶ **利用者基本情報の文例**

R子さん（82歳、要介護3）

✕ 友人・地域との関係　NG例

　幼なじみと１年前から観劇や映画に一緒に行っている。女子高の同窓会は５年前から欠席。OL 時代の合唱サークル仲間と年１回会えるのが楽しみ。ヨガ教室にはできるときは参加する。近所のペット仲間と散歩中に話をするのが楽しみ。

- はじめたきっかけは？
- 欠席の原因がわからない
- ペットの種類が知りたい
- エピソードがあるとよりよい
- 要介護３でどうやって散歩するのかがわからない

〇 友人・地域との関係　OK例

　幼なじみとは60代になって隣町に住んでいることがわかり、関係が復活。１年前から観劇や映画の付き添いをしてくれる。女子高の同窓会は電車の乗り換えがつらくなったので５年前から欠席。OL 時代の合唱サークル仲間が年１回は会いに来てくれるのが楽しみ。ヨガ教室には仲間が送迎してくれるときは参加（主に見学）し、帰りに食事会をしてくる。長女が押してくれる車いすでする犬の散歩中に近所のペット仲間と話をするのが楽しみになっている。

- 関係が復活した経緯がわかる。物理的な距離が近いことは重要
- 認知症と下肢筋力の低下との関連が伺える表記
- 介護をしている長女にとって安心できる関係を明記
- ペット仲間はペットの話題で盛り上がることができ、声かけ・見守り機能もある

メモ

▶【友人・地域との関係】書き方テンプレート

テンプレートに自由に記入してみましょう。

①親友・友人（幼少期～ 10代）

・幼なじみ：「中学校時代、友人Ｈとは（＿＿＿＿）として張り合った」とのこと。

・同級生：Ｋさんとは M 中学の（＿＿＿＿）で年賀状の付き合いを続けている。

・親友：Ｏさんは親友で、（＿＿＿）話など打ち解け合った仲である。

②サークル（先輩、同輩、後輩など）

・先輩：Ｆさんの（＿＿＿＿）の支えがＮ先輩。付き合いは続いている。

・同期：「同期のＭとは（＿＿＿＿）争いで張り合った」とのこと。

・後輩：「１歳下の後輩のＢの（＿＿＿＿＿）ので今も慕ってくれる」とのこと。

③職場（同僚、先輩・後輩、上司・部下など）

・同僚：「会社に入社したときにＦは（＿＿＿）だったので切磋琢磨した」とのこと。

・上司：上司のＵさんとは性格が合わなくて（＿＿＿）を空けていたようです。

・部下：部下のＯさんとは（＿＿＿）友達だったので今も付き合いがある。

④地域の関係者や仲間

・町内会：３年ごとに町内会の（＿＿＿）が回ってくる。

・地域：ボランティアグループで特に（＿＿＿）が合うのがＳさんだった。

・団体：Ｄ地区ライオンズクラブ会長を（＿＿＿）年間頑張って表彰された。

⑤遊び友達・飲み友達・おしゃべり友達

・遊び：Ｒさんとは地元の（＿＿＿＿）でよく遊んだので今も仲がいいとのこと。

・飲み：「Ｔさんとよく飲んだのは駅前の（＿＿＿）でこれからも一緒に行きたい」。

・会話：サークルの後、ファミレスで（＿＿＿＿）するのがお決まりだったようです。

書き方ポイント

■ 友人は「出会った時期、所属、付き合い度、エピソード」を添えて書く

■ 会社関係は「時期、規模、肩書（立場）、エピソード」を添えて書く

■ 遊び友達は「心の支え手」候補。付き合い歴などエピソードを添えて書く

第２章　利用者基本情報の書き方　書き方テンプレート記入例

※記入例はあくまでもイメージです。

【生育歴】書き方テンプレート記入例　p.47

①幼少期　30代　70代　②実家・生家　なじみ　神社 ③祖父　きょうだい　跡取り　養子 ④生家　ご近所　周辺環境　⑤おすそ分け　町内会　公民館

【家族歴】書き方テンプレート記入例　p.51

①敬語・言葉づかい　和裁　大福　②実家・家督　責任　美術教師 ③仲人　社宅・団地　妻・女房　④怒鳴る　遠距離介護　折檻・暴力・叱責 ⑤成年後見人　300km　５時間

【職業歴】書き方テンプレート記入例　p.55

①憧れていた・夢見ていた　なりたかった　稼げる・働ける ②きっかけ　規模・給料・自宅からの距離・興味・将来性　悩んだ ③頑張った・やる気になった・おもしろかった　苦労　やりたくない ④習得　身体　肩書 ⑤寿退社・結婚退職　リストラ　親の介護・健康上の理由・一身上の都合

【性格・価値観】書き方テンプレート記入例　p.59

①飽きっぽい　活発な性格　暗く　②15　あいさつ　優しい・明るい ③イライラ　表情　話し方　④年齢　信頼　効率性　頼られる ⑤ラジオ体操　距離感　神輿

【1日の生活・過ごし方】書き方テンプレート記入例　p.64

①15　餌やり　水やり　②レトルト食品　散歩　朝風呂 ③電子レンジ　掃除機　便利 ④刺繍・ジグソーパズルなど　感謝　おしゃべり（会話） ⑤写真　定期検診　血圧

【趣味・楽しみ・特技】書き方テンプレート記入例　p.69

①録画　ＣＤ　朗読　②アルバム　サッカー・野球　恒例・年中 ③多趣味　楽しかった・のめり込んだ　再会 ④30年・40年　仕事・家族・余暇・夢　指導者・家元・師匠 ⑤入賞　推薦入学　指揮者

【友人・地域との関係】書き方テンプレート記入例　p.74

①恋敵・ライバル　クラスメート　失恋・恋愛
②心・人生　ポジション　面倒をみた・世話をした・尻ぬぐいをした
③同期　距離　遊び・飲み　④役員　波長・気・センス　5
⑤ボウリング場　居酒屋・バー　おしゃべり

Column 「読解力アップ」の勘所

文章力はアウトプット、読解力はインプットです。さまざまな文章を「読みこなす」ことで「書く力」は確実に向上します。

- **幅広い読書**：介護や福祉、ケアマネジメント分野にかかわらず、新聞記事、小説、コラム、エッセイから、各種の制度にかかわる資料にふれることで「さまざまな文体」に慣れることができ、理解力を高めることができます。
- **要約の練習**：読む前に内容の予測をしてから読み始める、読了後に内容の要件を箇条書きでまとめる（短い文章で要約化）は読解力アップにとても有効な練習方法です。
- **アクティブリーディングのススメ**：一方的に受け身で読むのでなく、読み進めながら自分の考えや質問を直接書き込む、メモに書くなどして文章に積極的に関与します。重要な情報や論点を見逃さず深く読むことができます。
- **予測・推測を立てて読む**：文章には「文脈」があります。前後の文脈や言い回し、使っている単語を推測しながら読めば、予測力を鍛えられます。

アセスメントの書き方

第1節

アセスメント情報の考え方・書き方

アセスメントは「これから」の支援のための「見立て作業」

ケアマネジメントにおいて利用者基本情報（フェイスシート）による情報収集とアセスメントが混同されています。

利用者基本情報とは「これまで（過去）」と「いま（現在）」で構成されています。これまでの情報には、「生育歴、生活歴、家族歴、職業歴、学歴、生活習慣、価値観・こだわり、性格、楽しみ・趣味、友人・地域との関係など」があります。

アセスメントでは、現在の心身の状況と生活状況を踏まえ、本人が望む「これからの暮らし」（未来形）をどのようにサポートしていけばよいかを「見立て」ます。つまり、現状の困り事の阻害要因（原因・要因、影響など）と本人がもつ促進要因（性格、価値観、体験、強さ・影響）を両面から分析し、ケアプラン第２表の「生活全般の解決すべき課題」や「長期目標・短期目標」を設定するための一連の作業です。

本章では次の７項目のアセスメント情報とその書き方のポイントを押さえます。

- ＡＤＬ（日常生活行為）
- ＣＡＤＬ（文化的日常生活行為）
- コミュニケーション
- 家族支援（介護力、家事力、就労・学業）
- ＩＡＤＬ（手段的日常生活行為）
- 健康状態（身体など）
- 精神・心理状態と認知症の症状

「阻害要因」（利用者の目指す暮らしを妨げる要因）とは

アセスメントでは阻害要因と促進要因を押さえることが重要です。阻害要因は、なぜそうなってしまうのか、その阻害する内容と影響を表記しなければ伝わりません。

アセスメント情報で、よくやりがちなのは次の例文のように表面的な状況や状態像の表記です。

・状態（心身に関すること）…右半身が片麻痺

・状況（客観的な事実）…屋内はゴミ屋敷で足の踏み場もない

このような状態や状況は「事実表記」であり、分析的要素はありません。阻害要因とは目的ある行為を前提としています。例えば、「掃除」という行為の阻害要因として「片麻

アセスメント情報の全体像

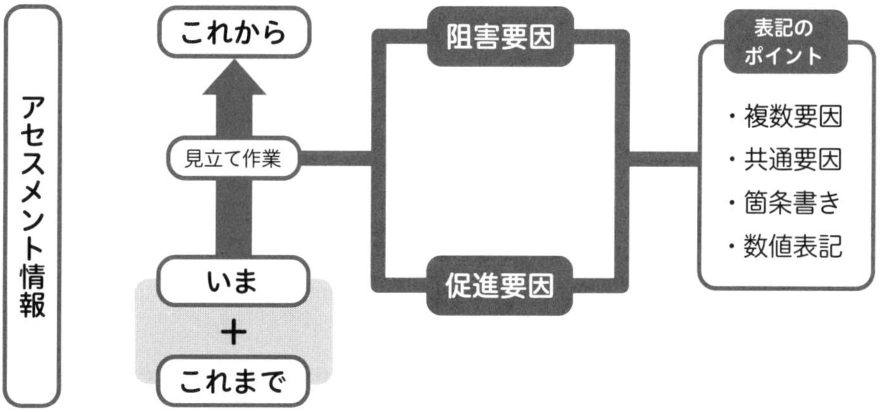

痺」だけでは疾患の表記でしかありません。「箒や掃除機のホースが握れない・持てない」は事実の表記にしかなりません。「利き腕の右半身が片麻痺で握力がない」ことが阻害要因となります。

利用者が「できない・行えない」生活行為に**複数の阻害要因**や**共通の阻害要因**が影響していることがあります。「握力の回復・改善」が掃除だけでなく料理（例：包丁を握る、鍋を持つ）、更衣（例：上着のボタンを留める）、移動（例：四点杖の持ち手を握る）などを可能にすることにつながるのです。

なお、阻害要因の表記は**箇条書き**で列挙します。

「促進要因」の書き方

アセスメントは「できない原因」を分析するだけでなく、**どうしたらできるようになるのか（可能性）**を考え、そのためにどのような「促進要因」があり、どのようなサポートが効果的なのかを分析します。

今は「料理ができない」状態でも、過去の料理経験、料理への思い（情熱）、元々の能力や才能・スキル、サポートしてくれる人間関係や資源などの「**可能にしてくれる手立て**」に着目し、ケアプランの第２表に反映させる（表記する）ことが大切です。

アセスメントは、モニタリングで更新していくもの

アセスメントは新規や更新のときだけではありません。「毎月の訪問時やサービス提供時」に行うことで、リアルタイムに総合的に把握・判断・評価ができます。モニタリングシートや支援経過記録に適宜（随時）、アセスメント情報を記録します。手元のミニノートや付せんにメモを書き留めておく以外にも利用者に了承を得たうえで、ボイスレコーダーに音声で記録を残しておく、画像（写真）を撮っておくと効率的に記録できます。表記は「変化がわかりやすい」という意味で「**数値**」などを積極的に利用します。

第2節

ADL（日常生活行為）

「ADL」は「生きるための生命活動」

ADLは「日常生活行為（Activities of Daily Living）」を意味し、本書では①生命活動としての生活行為と②快適さのための生活行為ととらえます。これらはどれも日常生活を送るために必要な行為です。具体的には次のような行為となります。

■生命活動　・起居　・移乗　・移動　・睡眠（寝返り）　・食事　・排泄
■快適活動　・入浴　・整容　・更衣（着替え）

ポイントは、これらの行為には心身の機能低下や認知機能の低下、体力・体調、住環境が直接影響することです。ADLのどの項目に、どのように支障が生じるのか、どのようなサポート（一部介助、全介助）が必要かを聴き取り（観察含む）、備考欄に具体的な状況を表記します。そして、それを起こしている阻害要因（疾患による症状や障害の状況など）を具体的に表記します（複数あるなら列挙します）。

また、備考欄には阻害要因の表記だけでなく、改善の見込み（見通し）と手立てまで表記するとよいでしょう。

<備考欄の記入例>

（排泄に一部介助が必要）

- ×トイレまでの移動中に尿失禁する ➡ ○ 膝関節の痛みで10mも歩けず移動中に尿失禁する
- ×便器にしゃがめない ➡ ○ 利き手が麻痺のため、縦手すりが握れず便器にしゃがめない

（改善の見込み・見通し）

- 廊下の移動の際に歩行器を使い膝関節の負担を減らし、痛みを緩和することで尿失禁の回数を減らすことが見込める
- 立ち上がり機能付きの便座に交換し、立ち座りに負担がかからないようになれば、一人で排泄できる可能性がある

「ＡＤＬ」はすべて「自分流・自己流」

ＡＤＬは幼児期に親からやり方をしつけられますが、それ以降は特に誰かから教えられるものでもありません。私たちは日常的な生活行為としてほぼ無意識に行っています。そのほとんどは本人にとってやりやすい「自分流・自己流」という点がポイントです。つまり自分流のやり方が尊重されることが「本人の満足度」に大きく影響します。日常生活行為における「自分らしさ（本人らしさ）」に着目し、ケアプランやアセスメントシートに表記しましょう。

(例)食事：好みの箸・フォーク、メニュー別の食べる順番と食べ方、噛む回数、飲み方、調味料の使い方、好みの味(濃い・薄い、甘い・辛い、酸っぱい・しょっぱいなど)、食器・什器の持ち方と扱い方　など

ＡＤＬのアセスメントは「聴き取り」と「観察」

聴き取り

ＡＤＬは無意識だからこそ質問をしても本人からすぐに返事が戻ってくるわけではありません。聴き取りはより細かく行います。ひとくくりの生活行為を「身体行為（動作)」に細分化して、どこがつらいのか、どこはできるのかを聴き取って阻害要因を特定し、表記しましょう。

観察

あまり細かく質問すると本人も混乱します。その際のもう一つのアセスメント手法が「観察」です。実際に生活動作を行ってもらい、それを「観察」して、動作に合わせてその都度、聴き取りをすれば、本人にとっても気づきと発見があります。また「○○はやりづらいな」という気づきが先々のリスクマネジメントに役立つことになります。

食事動作は台所やリビング、入浴動作は脱衣所と風呂場、整容の動作は洗面所など、実際の生活の場で行ってもらうと、より具体的な表記が可能となります。ケアチームに情報提供するため、利用者本人の許可を得たうえで、動画撮影するのもよいでしょう。

観察の着目点の例：ベッドからトイレに移動し、排泄する
ベッドで起き上がる→ベッドから降りる→杖を握る→廊下の照明スイッチを押す→廊下を杖で歩く(10m)→トイレのドアを引く→衣服を下げる→縦手すりを握って便器にしゃがむ→排泄をする→処理をする

▶アセスメントシート文例

C介さん（83歳、要介護2）

✕ アセスメントシートNG例

C介さんは移動動作に困難があり、夜間、廊下で尿失禁することが多い。妻Mさんにとって夫の移動介助は大変なので、夜間は福祉用具を使い、Mさんの負担を減らす。

「福祉用具」は具体的でない

どのように大変なのかが伝わらない

何の負担を減らすかが、明確でない

○ アセスメントシートOK例

C介さんは脊柱管狭窄症のため、廊下（15m）の杖移動にも時間がかかり、夜間、間に合わずに尿失禁することがある。軽度認知障害のM子さん（妻：83歳）は背が低く（150cm程度）、180cmの夫の移動介助はつらい。夜間に2～3回ある排尿にはポータブルトイレを使い、M子さんの身体的負担を減らし睡眠時間を確保する。

疾患名を具体的に表記

数値化されているのでわかりやすい

介護負担軽減の目的を表記

数値で表記できている

具体的な負担がわかる

福祉用具が具体的になる

Y子さん（78歳、要介護3）

✕ アセスメントシートNG例

上着は座った状態でなんとか着ることができるが右半身に麻痺があり、時間がかかる。家族が衣服を準備するが、立位が不安定なため、ズボンの上げ下げのときには介助が必要である。

上着だけではイメージできない

どのくらい時間がかかるかわからない

「なんとか」では具体的にイメージできない

「不安定」な原因と状況がわかりにくい

○ アセスメントシートOK例

セーターなどの上着は座った状態ならば、1人で着衣できるが右半身に麻痺があり右腕が上がりづらいので10分程度かかる。E美さん（長女：45歳）が本人の左脇に衣服を準備しなければいけない。立位ではふらつくため、ズボンの上げ下げのときには介助が必要である。

具体的でイメージが湧きやすい

右半身の麻痺から生じる「困っていること」を明確にできている

時間を具体的に表記できている

より具体的でわかりやすい

不安定を「ふらつき」と言い換えた

▶【ADL(日常生活行為)】書き方テンプレート

テンプレートに自由に記入してみましょう。

①起居動作・移乗動作
・予防：N さんは起立性低血圧のため、（＿＿＿＿）後はベッドで30分は横になる。
・危険：N さんはベッドから車いすへの移乗時に（＿＿＿＿）しやすい。
・着目：K さんの車いすへの移乗時は本人に（＿＿＿＿）を確認する。

②移動動作
・状態：N さんは歩行時に（＿＿＿＿）ので、外出時はシルバーカーを使う。
・予防：O さんは室内移動で（＿＿＿＿）ように四点杖を使っている。
・用具：G さんにとって玄関の上がり框は高いので（＿＿＿＿）を使っている。

③食事動作
・順番：N さんは食事のはじめに（＿＿＿＿）を一口飲む。
・道具：M さんはスプーンより（＿＿＿＿）で食べることにこだわりがある。
・身体：S さんはお椀を持つにも（＿＿＿＿）が弱っていて持ち上げられない。

④排泄動作
・握力：U さんは（＿＿＿＿）のためにズボンと下着の上げ下げに手間取る。
・尿意：H さんは（＿＿＿＿）のため、夜間に失禁をする。
・漏れ：N さんは認知症のため（＿＿＿＿）がわからずズボンに漏れている。

⑤整容・更衣動作
・化粧：H さんは（＿＿＿＿）低下で鏡に映る表情がよく見えないため時間がかかる。
・髪型：N さんは（＿＿＿＿）にこだわりがあるのでセットに30分をかける。
・口腔ケア：Y さんは口腔内を清潔に保つために1日3回、（＿＿＿＿）を行っている。

書き方ポイント

- ■ ADLの阻害要因は疾患による症状や障害状況を具体的に書く
- ■ ひとくくりの生活行為を「身体行為」に細分化して表記する
- ■「自分流・自己流」を意識して、エピソードも含めて表記する

第3節 ＩＡＤＬ（手段的日常生活行為）

「ＩＡＤＬ」は「暮らしのための生活行為」

IADL は「手段的日常生活行為（Instrumental Activities of Daily Living）」です。これらはどれも日常生活を送るために必要な「暮らしの生活行為」です。具体的には次のような行為となります。

・料理・食事の準備　・掃除・整頓　・洗濯　・買い物　・金銭管理　・服薬管理
・電話・スマホ利用　・公共交通の利用　など

ポイントは、これらの暮らしの行為はいずれも「何らかの道具」を使うという点です。道具を使いこなすための**心身の機能**や認識するための**知覚機能**、段取りを考える**認知機能**、使いこなす**体力・体調**、使用する**環境**といった視点でアセスメントを行います。どのような阻害要因で道具類が使いこなせなくなり、どのような支援があれば自立した暮らしが可能となるか、をアセスメントし、表記します。

ADL と異なるのは、使用する道具が、テクノロジーの進化（例：IoT 技術、ICT 技術、AI の活用）によって、使い勝手が改善され、便利になっていくということです。道具類を変えることで、今まで「できなかったこと」がどのようにしたら「できるようになる」のか（自立支援）、それらを意識・想定したアセスメントと改善の手立てを表記します。

例：〈料理ができない〉
・失火の危険があり煮物ができない　➡　IHクッキングヒーターで煮物をつくる
・料理の段取りが混乱してつくれない　➡　電子レンジでつくりおきのおかずを温める
・ガスの火が見えないので火傷をする　➡　電気ポットで湯を沸かす

また、IADL は「ほかの人に頼める」ことばかりです。「本人が不得手である」「やりたい意欲が湧かない」場合、行為そのものをほかに託すこと（例：配食弁当の利用など）もよいでしょう。IADL を支援する人や事業所、地域の民間資源につないだり、調整したりすることによって問題を解決できるので、その手立てを表記します。

「ＩＡＤＬ」は「生育歴・生活歴」が影響する

ADLの多くは「自分流・自己流」ですが、IADLは**育った家庭の影響や本人なりの体験、家族の生活習慣**などが影響します。

アセスメントの聴き取りでは「いつ頃からそのようにやっているか」「誰に教わったか」を質問することで生育歴や生活歴、生活習慣をより丁寧に引き出すことができます。

- 育った家庭の影響（例：料理のつくり方、掃除の仕方、洗濯の方法など）
- 本人なりの体験（例：調理やホテル清掃のアルバイト経験、職業体験）
- 家族の生活習慣（例：洗濯物の干し方、食器の整理、料理の段取りや味つけ）

「ＩＡＤＬ」の「好き・嫌い、得意・苦手」は個人差が大きい

料理や掃除などのIADLを「女性は好き・得意、男性は嫌い・苦手」というジェンダー的な社会的解釈で判断するのは要注意です。例えば、料理が苦手・嫌いな要介護認定を受けた女性利用者に「課題として料理を設定」してしまうと意欲を削ぐこともあります。しかし、料理は苦手だけど掃除・片づけは得意という人もいます。どのような課題なら取り組めるか（例：CADL（p.88参照）の活用）を意識して聴き取りを進めましょう。

- 好き・得意な理由：おもしろい、楽しい、集中できる、褒められた、喜んでもらえる、感謝される、自分らしい、のびのびできる　など
- 嫌い・苦手な理由：段取りや手順でパニック、考えるだけで面倒・イライラ、時間がもったいない、手先が不器用　など

「ＩＡＤＬ」は「目的」があれば頑張れる

IADLが「嫌い・苦手」な人でも、自分のためにはやらなくても、「家族や友人のため」（役割を意識する）なら頑張るという人がいます。IADLが苦手な原因ばかりを掘り下げるのでなく、「どうやったら気分よくできるか、誰のためなら頑張れるか」を聴き取り、表記しましょう。

また、調理器具や掃除用具を実際に使ってもらい、どこに阻害要因があるのかを観察します。心身機能の改善、福祉用具や自助具の活用、声かけや見守りなど、どのようなサポートがあればうまくできるのかを抽出し、表記します。

▶アセスメントシート文例

C介さん（83歳、要介護2）

✕ アセスメントシートNG例

C介さんは脊柱管狭窄症のため屋内の掃除ができない。整理整頓ができず室内にゴミが散らかり、転倒の危険があるため、定期的に訪問介護で屋内の清掃を行い、快適な生活の実現を目指す。

「室内のゴミ」の例示がないためイメージできない

「定期的」では頻度を示したことにならない

「屋内」の具体的な場所を特定できていない

ワンパターン表記の典型例。具体性がない

〇 アセスメントシートOK例

C介さんは脊柱管狭窄症のため５分間も立位ができず、掃除機の操作も困難なため、屋内の掃除ができない。膝を曲げることも痛みで難しく、整理整頓ができず、古新聞や菓子袋などが室内に散乱し、滑って転ぶ危険がある。週２回は訪問介護で居室の清掃を行い、整理整頓された清潔な環境での生活を目指す。

「膝曲げ」できない原因の表記

「室内のゴミ」を具体的に表記。転倒の危険も納得。清掃場所も表記

「掃除ができない理由」を具体的に表記

「頻度」を数値化できている

S美さん（81歳、要介護3）

✕ アセスメントシートNG例

元々、料理は苦手でコンビニやスーパーの総菜にも抵抗がない。カロリー過多になるので医師から控えるように指示がある。独居のため簡単な調理は本人が行おうとはするが認知症が進み料理で失敗することが多く、訪問介護で支援が必要と考えられる。

どのくらいかわからない。数値で表す

「料理での失敗」の具体的な様子がわからない

「抵抗がない」のニュアンスがわかりにくい

支援も多様な方法がある。あいまいだと誤解が生じる

〇 アセスメントシートOK例

元々、料理は苦手でコンビニやスーパーの総菜を買って食卓で食べることが多かった。そのため、炭水化物が多く糖尿病にはカロリー過多（1日約3000kcal）になるので医師から控えるように指示がある。

一人暮らしのため簡単な調理は本人が行おうとする。しかし、認知症が進み料理の手順を間違えたり、水加減や味つけなどを失敗したりすることが多い。訪問介護で料理時の見守りの支援が必要と考えられる。

女性だから「料理が好き・得意」の思い込みはセクハラの一つ

「料理の失敗」が具体的に表記されている

「食習慣」を表記するとニュアンスが伝わる

カロリー過多の根拠と医師の指示理由を表記

「見守り」と表記を明確にすることで支援方法がブレない

▶【IADL（手段的日常生活行為）】書き方テンプレート

テンプレートに自由に記入してみましょう。

①料理

・腕力：30cm の中鍋で料理するには右手の握力が（＿＿＿）ので握れない。

・得意：料理は（＿＿＿）な N さんだが、孫娘（5 歳）のためなら田舎の家庭料理をつくってごちそうしたいと話す。

・好み：K さんがつくるお正月の（＿＿＿）のお餅は四角形で焼くのが習慣とのこと。

②掃除

・掃除機：10年前の掃除機は右半身麻痺の身体では（＿＿＿＿）操作できない。

・片づけ：居間は（＿＿＿＿）で散らかっていて、滑って転倒の危険がある。

・ゴミ出し：月・木の生ゴミ収集前の（＿＿＿＿）ができないために台所に溜めてしまい、異臭がする。

③洗濯

・操作：認知症が進み、（＿＿＿）の操作で脱水だけを押してしまう。

・洗剤：視力が落ちてしまい、洗剤の（＿＿＿）を間違うことが多い。

・干す：リウマチで（＿＿＿）程度しか立位がとれないので庭に洗濯物が干せない。

④買い物

・脚力：膝関節症なので買い物カートがあれば（＿＿＿）もなく安全である。

・視力：老眼のため商品の（＿＿＿）シールが読めず、多めに買ってしまう。

・レジ：手先が震えるので財布の（＿＿）がつかめずお札で支払う習慣だ。

⑤公共交通の利用

・視力：文字盤が読めず切符の購入ができないので（＿＿＿）を使っている。

・聴力：聴力が落ち、交差点の（＿＿＿）が聞こえず、渡り切れないことがある。

・行先：見当識障害が進み、迷子になることもあり、靴先に（＿＿＿）を装着した。

書き方ポイント

- ■「好き・嫌い、得意・苦手」の影響を考慮して記載する
- ■道具を使いこなせない阻害要因を観察し、どのようにすればできるのかを表記する
- ■道具を使いこなすための「心身の機能や環境」に着目して表記する

CADL（文化的日常生活行為）

「CADL」は「自分らしさ」に着目した「文化的日常生活行為」

CADLの対象項目

CADLは「文化的日常生活行為（Cultural activities of daily living）」です。これまでのアセスメント領域（支援領域）は「個人」が生きていくために必要な７つの領域（ADL、IADL、健康、コミュニケーション、認知機能、精神・心理状態）が中心でした。

CADLは人生を生きるために必要な心理的衝動（意欲・動機・満足・充足）に着目したものです。本人の「主観的幸福度（充足度）」と「レジリエンス（心の回復力）」によい影響を及ぼします。CADLの対象領域はいずれも「本人（自分）らしさ」そのものです。

楽しみ　趣味　役割　人間関係　交流

参加　学び・成長　こだわり　仕事

「Culture（文化）」と「Cultivate（耕す、磨く）」

CADLの「Culture（文化）」とは、国別・地域別・年代別に特徴があり、「個人」の生活様式や生活習慣・価値観、考え方、生活行動（例：食事、身なり、話し方）に「個別性（本人らしさ・自分らしさ）」を与えています。さらに所属する集団・共同体のアイデンティティ形成に重要な役割を果たします。

そしてもう一つの意味に「Cultivate（耕す、磨く）」があります。要介護になっても「学びたい・成長したい」という意向はレジリエンス（回復力）として重要な要素になります。

「CADL」は本人とケアチームの「やる気スイッチ」に火をつける

CADLをケアプランに課題として設定すると、その阻害要因（促進要因）であるADL、IADL、健康、心身機能、コミュニケーション、精神・心理状態と認知症の症状、家族・地域の支援などを洗い出し、それらを「長期目標・短期目標、援助内容」に位置づけます。

CADLに着目することにより、本人なりの「心理的衝動（意欲・動機・満足・充足：

事例：T代さん（89歳、要介護2、肺疾患、脊柱管狭窄症、軽度認知障害）

生活全般の解決すべき課題（ニーズ）	目標		援助内容	
	長期目標	短期目標	サービス内容	サービス種別
90歳の誕生日会に長女K子さんのピアノ演奏で「にっぽん昔ばなし」を合唱サークルの仲間と歌い上げる。	「にっぽん昔ばなし」の歌詞を5番まで歌えるようになる。	「にっぽん昔ばなし」の歌詞を毎日手書きして覚える。	①呼吸器改善を兼ねた週3回のボイストレーニング。 ②滑舌の改善と認知症予防のための口腔ケア。 ③立位を確保するために○○体操（1日5分）を朝夕行う。 ④「にっぽん昔ばなし」の1番から5番の歌詞カードを書き出す。	①言語聴覚士 ②デイサービス職員 ③本人 ④本人 長女K子 合唱サークルの仲間

やる気スイッチ）」を応援するチームケアマネジメントが可能となります。

CADLは「人間としての尊厳領域（生きて在ることの肯定）」として位置づけられます。心身機能が低下し、寝たきり期や認知症期、看取り期までも含めて、「本人らしく生きる」ことを支える基本要素です。第1表の「利用者及び家族の生活に対する意向」と「意向を踏まえた課題分析の結果」、第2表の「生活全般の解決すべき課題（ニーズ）・目標・援助内容」では上記のように「本人らしさ」あふれる表記を試みましょう。

「CADL」表記は「本人らしさ（個別性）」と「6W5H1R」を深堀り質問

CADLのポイントは「個別性」です。「6W5H1R」を参考に、固有名詞（場所、建物、エリアなど）、家族の続柄（父・母、長男・長女など）、人間関係（友人・先輩・仲間など）、名前（旧姓含む）、所属・肩書き、数値（距離、時間、頻度など）、目的（交流、健康、運動、会話など）を深掘り質問し、語られた「本人（自分）らしい言葉」を表記します。

例：(N子さん)「また○○に行ってみたい」
➡会話を聴き取り、次に「どなたと？　いつ頃？　どのように？」と深堀り質問をする。

※質問フレーズは「意欲・動機づけシート」（高室成幸作成）を活用するとより広い聴き取りが可能です。68項目のなかで「やっていた・やってみたい」にチェックが入る項目はさらに深掘り質問をします（p.203参照）。

▶ アセスメントシート、ケアプラン文例

C介さん（83歳、要介護2）

✕ アセスメントシートNG例（本人の意向）

「楽しいこと」とは何かがわからない

旅行先がわからない

１日が長い。楽しいことをしたい。陶芸教室の再開を待たせているので、リハビリを頑張りたい。プロ野球観戦に友人たちと行ってみたい。家族旅行にも行きたい。

陶芸教室の名称やどのくらいの期間やっているのかがわからない

球団名が入るとさらに具体的になる

意欲・動機づけシートで再聴き取りを行う

○ アセスメントシートOK例（本人の意向）

外出できない理由が表記されている

球団名、応援団名などはやる気スイッチにとても大切な要素

足腰が痛く、外出が億劫で１日が長い。ペットの犬のゴンタとの散歩や友人（Ｙ君）とのカラオケなど、楽しいことを始めたい。定年後始めた陶芸教室「千寿窯」の20人の生徒さんも待っている。リハビリを頑張って、１年後には再開したい。阪神対巨人戦に年３回は○○応援団のみんなと行きたい。今年の秋には○○温泉に家族と行きたい。

２つの「楽しいこと」が明確にわかる

陶芸教室の名称が入った

数字が表記されている

時期と旅行先が表記された

Y子さん（78歳、要介護3）

✕ ケアプランNG例（総合的な援助の方針）

具体的でなく、押しつけの印象

「新しい趣味」では抽象的

今後、楽しさを日々の生活のなかに見つけ、毎日を意欲的に送れるように新しい趣味に取り組みましょう。デイサービスの機能訓練で発声を改善し、近所の友達と定期的に集まる交流の場に参加しましょう。

どのような機能訓練を行うのかわからない

交流の場所や頻度、規模、活動内容がわからない

意欲・動機づけシートで再聴き取りを行う

○ ケアプランOK例（総合的な援助の方針）

主語を「私たちケアチーム」と明記

趣味が具体的

私たちケアチームは、○○さんがチャレンジする新しい趣味（絵手紙）を通じて楽しさを見つけられることを応援します。デイサービスでの口腔ケアと呼吸器の改善の機能訓練で心と身体が健康になり、元ママ友のみなさんと月１回集まる「絵本朗読会：花いちもんめ」の読み聞かせ会への参加を応援します。

口腔ケアと呼吸器の改善がリハビリの目標になる

頻度や活動内容が具体的にわかる

▶【ＣＡＤＬ（文化的日常生活行為）】書き方テンプレート

テンプレートに自由に記入してみましょう。

①楽しみ

・世話：５歳になる犬のゴンタと松陰神社までの（＿＿＿）がＡさんの楽しみです。

・日課：Ｂさんは朝・夕にＮＨＫのテレビ体操を（＿＿＿）と一緒にやるのが楽しい。

・行事：Ｃさんは坂上地区の恒例行事に（＿＿＿）たちと参加するのが楽しみだ。

②趣味　～創作・鑑賞～

・手芸：要介護２のＹさんが夢中になる趣味は手芸では（＿＿＿）です。

・文芸：地元のＷ新聞の俳句コーナーに投稿するのがＤさんの（＿＿＿）です。

・鑑賞：「演歌歌手K.Iのコンサートで（＿＿＿）を振って応援したい」とのこと。

③趣味　～運動・観戦～

・運動：リハビリを頑張り、15年間続けてきた（＿＿＿＿）を再開したい希望がある。

・応援：下肢筋力の低下を改善し、孫のダンスサークルの（＿＿＿）に長女と応援に行くのがＣさんの目標です。

・観戦：巨人と阪神の試合を孫のＴと（＿＿＿＿）で観戦するのがＤさんの趣味でした。

④役割・仕事

・家族：1年後、孫たちのために毎朝、（＿＿）をつくってやれるようになるのがＦさんの目標です。

・地域：Ｅさんは体調を改善し、坂上町内会の（＿＿）当番が行えるようになりたい。

・仕事：Ｆさんには、50年続けてきた染織の仕事の素晴らしさを（＿＿）に伝えたいという希望がある。

⑤交流・関係づくり

・集い：Ｇさんは市民センターでの子ども会の集いで戦争中の（＿＿＿）を伝えたい。

・話題：Ｈさんは神宮小学校の（＿＿＿）と再会し、悪さした話題で盛り上がりたい。

・つながり：Ｉさんは「駅前清掃の（＿＿＿）を通して知り合いをさらに広げたい」とのこと。

書き方ポイント

■ CADLは「本人らしさ・自分らしさ・私らしさ」で表記する

■ 意欲・動機づけシートで見つけた「やる気スイッチ」に着目して表記する

■ CADLは「６W5H１R」の深堀り質問で具体的に表記する

医療・健康

「医療情報」の表記の勘所

アセスメントの情報収集で重要なのが医療情報（過去〜現在）と現在の健康状態・健康情報です。

医療情報は「幼少期（必要に応じて）〜これまで」を時系列で聴き取り、本人にとってトピックス的な過去の病気・入院歴、手術歴だけでなく事故歴（例：家庭内・屋外でのケガ、交通事故、スポーツ事故、労働災害など）も聴き取り、表記します。

医療情報は主たる病名だけでなく、通院している診療科（眼科・皮膚科・歯科など）の専門医も総合的に聴き取り、病状について具体的に表記します。病状は「嚥下困難、関節可動域の低下、誤嚥」といった医療・看護・介護の専門用語はわかりやすい表記に言い換えます。さらに通院歴と服薬歴、服薬管理の方法、健康食品やサプリメント、室内運動や各種療法（民間療法含む）なども表記します。

・既往症　・治療歴　・感染症　・アレルギー　・ケガ歴　・事故歴
・現病名　・病状　・医療的処置　・服薬状況　・服薬管理

「健康情報」は「症状と程度」を具体的に表記する

疾患名（病状）とともに重要なのが健康状態の「症状と程度」の表記です。疾患名を診断・特定することはできませんが、「症状と程度」の情報は医療チームにとって貴重な「生の情報」です。症状と程度を具体的に表記することで「新たな疾患」が見つかることもあります。

一般的に症状や体調を「調子がいい／悪い」「具合がいい／悪い」と表現しますが、とても主観的で抽象的です。厄介なのは症状の感じ方・あらわれ方にはかなりの「個人差（個体差）」があり、症状が「検査数値に正確にあらわれる」ものではないことです。症状を聴き取り、それを「具体的にわかりやすい表現」に言い換えをします。「程度を表す言葉」が語られたら、その場で「伝わる表現・数値」に言い換えをしましょう。

※医療現場における「患者に聞く主観的評価法」
例：「痛みナシを0、最大の痛みを10としたら、今の痛みはどのレベルですか？」と主観的な痛みのレベルを聴き取る

症状は環境（例：気温・温度、湿度・湿気、換気・密閉性、照度、時間帯）などの影響を大きく受けます。表記にあたっては症状があらわれたときの「**環境特性**」も必ず書くようにします。また、症状はエピソードや具体例を書き加えるとわかりやすくなります。

程度や頻度はできるだけ数値化（p.9参照）します。

・症状（痛み、しびれ、むくみ、ほてり、だるさ・重さ、かゆみ、湿疹、凝り・張り、嘔気・嘔吐、ふらつき、立ちくらみ、便秘・下痢、眠気、拘縮・変形、咳・痰、発熱、口臭・体臭、肌の乾燥　など）
・程度・頻度（かなり、すごく、とっても、ずいぶん、非常に、少し、ちょっと、割と、ときどき、普通に、まあまあ、ぼちぼち、全然、大丈夫、まったく　など）

「方言表現」や「オノマトペ表現」を具体的に表記する

利用者（家族）によっては不快感の症状を「地元ならではの方言（例：しんどい／つらい／えらい／きつい／こわい）」や日常会話でよく使うオノマトペで説明することがあります。しかし、そのまま表記しても読み手には正確に伝わりません。具体的な症状と程度、話している利用者の表情や動作、言葉から受けるニュアンス、体温・血圧、症状の持続時間、頻度などの数値を表記しましょう。

※オノマトペ：人や出来事の音や動作、その様子を簡略的に表し、見た目の印象、抱いた感覚のイメージやニュアンスを伝える感覚系の言葉。カタカナ表記が多い。

・方言表現：こわい（北海道・東北：疲れた、だるい）、ゆるくない（北海道：大変だ）、じんじん（関東：痺れる）、ぞわぞわ（東海：痛い）、しんどい（関西：疲れた）、はしる（山陰：痛い、痺れる）　など
・オノマトペ表現：キリキリ、シクシク、ムカムカ、モヤモヤ、ガンガン、ズキズキ、ズキンズキン、イガイガ、ピリピリ、ヒリヒリ、ジンジン、ギシギシ、ボォー、ズーン、ガーン、ゴリゴリ、ネバネバ、ネットリ　など

▶アセスメントシート文例

G郎さん（83歳、要介護1）

✕ アセスメントシートNG例（医療情報）

印刷会社で定年まで働く。趣味は登山と合唱。定年前にひどい腰痛。65歳で糖尿病を発症。以降、インスリン投与は毎日。最近では膝の痛みがあまりにつらい。

担当の職務・業務がわからない

「ひどい」では抽象的すぎて伝わらない

診断名があれば具体的に示す

「投与」の方法（服薬か注射か）がわからない

「あまりにつらい」が抽象的で伝わらない

○ アセスメントシートOK例（医療情報）

印刷会社の活版印刷部門で定年まで働く。20代からの趣味は登山と合唱。40代から15年で「日本百名山」を征服。長年の登山も影響し、定年前（59歳のとき）に腰痛になり、2023年現在は、下肢の痛み・しびれで立位をとれない。初期の腰椎椎間板ヘルニアと診断。65歳で糖尿病を発症。以降、インスリン注射を就寝時１回打つ。６か月前から変形性膝関節症の痛みで30mも歩けず、「買い物にも行けない」とのこと。

立ちっぱなしの業務が多い部署

具体的な表記でわかりやすい

「」で括ることでセリフ化

この表記だけで趣味歴の期間がわかる

「投与」の内容が明確になる

具体的に表記されている

U枝さん（80歳、要介護2）

✕ アセスメントシートNG例（医療情報）

64歳で胸椎骨折。71歳で脳梗塞となり右下肢不全麻痺のため、移動困難。74歳で腰椎圧迫骨折。痛みがひどく、廃用性筋萎縮と診断。逆流性食道炎でムカムカするとのこと。低気圧の日の体調は「かなりしんどい」と訴えあり。

骨折場所が具体的に示されていない

「しんどい」は方言。具体的な症状がわかりにくい

骨折の原因が未記載

どの程度の痛みや症状かがわからない

○ アセスメントシートOK例（医療情報）

骨粗鬆症があり、64歳のときに強い咳で胸椎圧迫骨折となる。71歳で脳梗塞となり右下肢不全麻痺のため、ふらつきと転倒のおそれあり。74歳で再び腰椎圧迫骨折。寝返りが打てないときがあるほど痛みがひどく、廃用性筋萎縮と診断。逆流性食道炎のため食後は１時間ほど胃が重く、動きづらい。低気圧の日は１日中だるさが抜けず「かなりしんどい」と訴える。

疾患名と骨折原因が表記され、わかりやすい

骨折した年齢を明記

痛みのエピソードを加筆

ムカムカする症状を具体的に表記

日常生活を具体的にイメージしやすい表記

胃が不調な時間を数値化

症状と時間が加筆され具体的になる

▶【医療・健康】書き方テンプレート

テンプレートに自由に記入してみましょう。

①医療看護用語

・嚥下困難：脳血管障害のために食べ物を噛めても（＿＿＿）ができない。

・腹臥位：体調が悪いと（＿＿＿）でいることが多い。

・体位変換：背中と腰に痛みがあり、自分で（＿＿＿）できない。

②症状

・痛み：膝の痛みがひどく、立ち上がるのに（＿＿＿）分間かかる。

・麻痺：利き手の右手が麻痺のため（＿＿＿）を持てず食事はスプーンだ。

・だるさ：夏場の日中はだるさでベッドから（＿＿＿＿）ことさえできない。

③症状

・嘔気：嘔気のため（＿＿）はなく、低栄養状態が気がかりと主治医からの伝言があり。

・立ちくらみ：起床時や日中に立ちくらみがするので（＿＿）に注意している。

・かゆみ：右脇のかゆみがつらいときは（＿＿＿）をタオルで包み、冷やしている。

④程度

・かなり：いったん咳き込むと（＿＿）分間くらい続くのでつらい。

・ちょっと：不眠気味のときは（＿＿）分間くらい仮眠をするようにしている。

・時々：1日（＿＿＿）回はお腹が痛くなりトイレに行くことがある。

⑤オノマトペ（➡言い換え）

・シクシク：空腹になると胃のあたりが（＿＿＿＿）痛いことがある。

・ズキンズキン：つらいときは（＿＿＿＿）テンポで片頭痛が響く。

・ピリピリ：手根管症候群で右手先がピリピリして（＿＿＿）がもてない。

書き方ポイント

- **医療・看護・介護の専門用語はわかりやすく言い換える**
- **症状の表記はエピソードや具体例を書き加える**
- **程度の表記やオノマトペはなるべく「数値化」する**

メモ

コミュニケーション

「コミュニケーション」には「11の方法」がある

コミュニケーションとは「意思や感情、情報を伝え合うこと」です。２種類の領域があり、第１が言語コミュニケーション、第２が非言語コミュニケーションです。

言語コミュニケーションでは言語（文字を含む）を使った「話す、聞く、書く、読む」が基本となります。声で行う言語コミュニケーション（話す・聞く）の特徴は「見えない・消える（残らない）」という点です。認知度と再現性を上げるためには「記録」（例：メモ、撮影、録音、録画）を必要とします。文字や画像、動画で「話す・聞く」をサポートすることはとても重要です。

非言語コミュニケーションでは「態度や姿勢、表情や顔色、身振り（動作、ジェスチャー）、身なり（服装、髪型、化粧）、手描きの絵・写真・画像」などが基本となります。

まとめると次の11の方法に整理できます。

言語系　・話す　・聞く（聞こえる）　・書く　・読む　・見る
非言語系　・表情　・身振り　・身なり　・描く　・見る（絵、写真など）　・感じる　・触る

「伝えるレベル」と「受け止めるレベル」をシミュレーション

コミュニケーション能力のアセスメントのポイントは、話し手の「伝えるレベル」と「受け止めるレベル」がどの程度かを評価するとともに、どのようなやりとりが日常的に行われているかをシミュレーションし、表記します。

例：老々介護で夫婦のコミュニケーションがうまくとれていないケース

老々介護を担う難聴気味の85歳の男性にとって、妻の声は、小さくしか聞こえません。妻は滑舌が悪く、余計に話が聴き取れません。妻は軽度認知障害により話した内容もすぐ忘れるので、男性は妻を怒鳴ってしまうことがあります。

コミュニケーションの表記のポイント

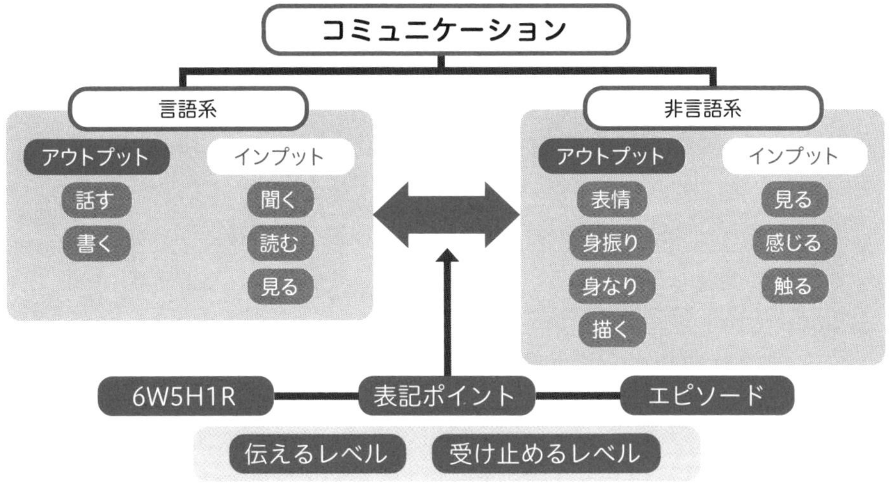

言語系・非言語系の「伝えるレベル」「受け止めるレベル」をアセスメントし、表記します。

〈言語系〉
- 話す：声の大小・高低、話す速度、滑舌、声質（例：ガラガラ声、ダミ声、かすれ声）　など
- 書く：筆記具の扱い、語彙・漢字の想起、キーボード操作　など
- 聞く：聞き取りレベル（声・音の大小・高低・速度）、補聴器の有無　など
- 読む・見る：語彙・漢字の想起、視力レベル、メガネの有無、目の疾患・障害の有無　など

〈非言語系〉
- 表情：表情筋の動き、麻痺の有無、感情のレベル、体調・体力レベル　など
- 身振り・手振り：上肢・手先・指先の動き、感情レベル、麻痺の有無　など

これらにエピソードや例を挙げて表記することでより正確に伝えることができます。

サポートツールとしての「ICT、AI」を活用する

これまでコミュニケーションのサポートは「聴き取り（傾聴）、代弁・代読、通訳（手話など）」などを専門職が行ってきました。**通信情報技術**（ICT：Information and Communication Technology）と**人工知能**（AI：Artificial Intelligence）の飛躍的進化で、音声の字幕化・文字化や文字の音声化、対話型 AI による会話のやりとりなどが可能となっています。要介護高齢者や障害者にとって新しいコミュニケーションツールとしての活用が想定されます。

本人の意向や掃除・料理などの複雑な生活動作、歩く・階段を昇る・降りるなどの心身機能の動作などを「文字で表記」するだけでなく、記録としてアップデートした動画データやバイタルデータ、GPS データなどは高い「伝える効果」が期待できます。

▶ アセスメントシート文例

J男さん(88歳、要介護2)

✕ アセスメントシートNG例(コミュニケーション)

職人気質で口下手。人見知り。親しくなると割と話すほう。釣りと野球の話題が好き。脳梗塞の後遺症で呂律が回らなく会話も面倒である。耳が遠く補聴器を検討中。字が下手なので筆談は好まない。

口下手で人見知りのエピソードなどがあるとよい

「釣りと野球」も、もう少し具体的にする

どの程度の「耳の遠さ」かがわからない

どのレベルの親しさかがわかりにくい。「割と話す」とはどのくらいかがわかりにくい

具体的なエピソードがあるとよい

○ アセスメントシートOK例(コミュニケーション)

職人気質で口下手、人見知りなので職場でのニックネームは「高倉健」。趣味が共通していると1時間近く話す。好きな話題は海釣りと野球の阪神。脳梗塞の後遺症で右顔面が麻痺しているため呂律が回らなくなり、釣り仲間との電話での会話も面倒になってきてやりとりはない。耳が遠いので補聴器を検討中。小学校卒で字が苦手なので筆談は好まない。

例示があるとイメージしやすい

好きな趣味と話題がわかれば、誰と話が合うかがわかりやすい

学歴が影響していることもわかる

応援している球団名、団体名などはとても大切な要素

呂律が回らない原因が具体的になっている

孤独になっている原因が表記されている

T美さん(77歳、要介護2)

✕ アセスメントシートNG例(コミュニケーション)

社交的でサークル仲間とのおしゃべりが楽しみだった。75歳でパーキンソン病。会話が不自由になる。難聴のため電話で聞き返すことが多い。家族やサークル仲間とはLINEが増えた。

エピソードがあるほうがわかりやすい

難聴のレベルがわかると伝わりやすい

「やりとり」の中身があるとなおよい

どれくらいの頻度かがわかるとよい

会話がどのように不自由になったのかがわからない

○ アセスメントシートOK例(コミュニケーション)

社交的な性格なので集まりがあると中心にいる。大正琴のサークル若駒のお稽古(月2回)後のおしゃべりが楽しみだった。75歳でパーキンソン病になり、口腔内が乾燥しやすく、発声も弱くなり表情に変化もなく、会話がとても負担になる。難聴が進行し、電話の声もほとんど聞こえないため、聞き返すことが多くなる。家族やサークル仲間とはLINEなら絵文字や食事、遊びの写真を送れるのが楽しく、やりとりが増えた。

社交的なエピソードが表記され、イメージしやすい

サークル名と頻度を追記

このエピソード表記があるおかげで支援の可能性が見えてくる

コミュニケーションの不自由さを具体的に表記

「聞き返し」の原因が表記される

▶【コミュニケーション】書き方テンプレート

テンプレートに自由に記入してみましょう。

①話す

・音声：脳梗塞の影響で（＿＿＿）が回らないのでゆっくりと話してもらう。
・感情：感情失禁の症状として、（＿＿＿）の感情が声にこもりがちになる。
・体調：神経性の疾患が進行し、声に（＿＿＿）がなく、倦怠感がひどい。

②聞く・聞こえる

・聴力：難聴気味で利用者同士の（＿＿＿）は実はほとんど聞こえていない。
・音量：耳元でかなりの（＿＿＿）で話さないと聞こえない。
・音程：K 子さんは（＿＿＿）の声でゆっくり話すと伝わるようだ。

③見る・読む

・視力：M 子さんは（＿＿＿）のために老眼鏡をかけて短歌をつくっている。
・色：C 恵さんは老眼で白内障のために看板が（＿＿＿）ぼやけて見える。
・認知症：認知症の中核症状のため（＿＿＿）が続かず、本が読めない。

④書く・描く

・文字：認知症の中核症状の（＿＿＿）のために、漢字が書けなくなった。
・絵（イラスト）：子ども時代の実家の周囲の（＿＿＿＿）を描くことができる。
・パソコン：ALS で人工呼吸器を装着しているので、（＿＿＿）変換をして、パソコンに文字を入力し、コミュニケーションをとっている。

⑤非言語コミュニケーション

・表情：脳腫瘍摘出で（＿＿＿）になり表情を読み取るのが難しい。
・身振り：感情が高ぶってくると（＿＿＿）も加わり、伝えようとする。
・身なり：アルツハイマー型認知症がかなり進み、身なりへの（＿＿＿）が減っている。

書き方ポイント

■ コミュニケーションは「伝えるレベル」（話す・書く・動作）を書く
■ コミュニケーションは「受け止めるレベル」（聞く・読む・見る）を書く
■「文字」だけでなく、音声・動作が共有できる動画記録も行う

第7節

精神・心理状態と認知症の症状

「精神・心理状態」の表記のポイント

高齢者は加齢による**心身機能の変化**（低下）やさまざまな**喪失体験**により、高齢期特有の「精神・心理状態」にあります。利用者がどのような症状で、どのような精神・心理状態におかれているか、その原因はどこにあるのか、どのような環境において、どのような影響があらわれているのかのアセスメント内容を、備考欄に6W5H1Rとエピソードで表記します。

- うつ症状：意欲・興味の低下、抑うつ、睡眠障害、食欲不振　など
- 不安症状：病気、生活費、人間関係、孤独、家族・親族、死の不安　など
- 心理状態：緊張、混乱、感情失禁、幻覚・妄想、原疾患の影響　など
- 社会的孤立：家族・友人との別れ、ひきこもり、社会的役割の喪失　など
- 身体的不安：行動力の低下、身体の不調、視覚・聴覚・知覚などの感覚の低下　など
- 認知機能への不安：短期記憶の低下、集中力・思考力の低下、判断力・見当識の低下　など

「認知症の中核症状（認知機能障害）」の表記のポイント

認知症高齢者の中核症状（認知機能障害等）の表記は、認知症の進行レベルや症状レベル（ある、時々ある、ない）だけでは不十分です。どのレベルで進行し、認知症の行動・心理症状（BPSD）にどのように影響しているのかを具体的に表記します。

- 記憶障害：本人が覚えている幼少期などの長期の記憶、覚えられない短期の記憶、繰り返す会話などをエピソードと逐語（セリフ）で表記する
- 見当識障害：本人が把握できていないこと（役割、立場、目的）。いつ（時間、年月日、季節）、どこで（場所）、何をするのかなどをエピソードを含め6W5H1Rで表記する
- 理解力・判断力の低下：理解できない抽象的な表現、一度に２つ以上のことを頼まれた

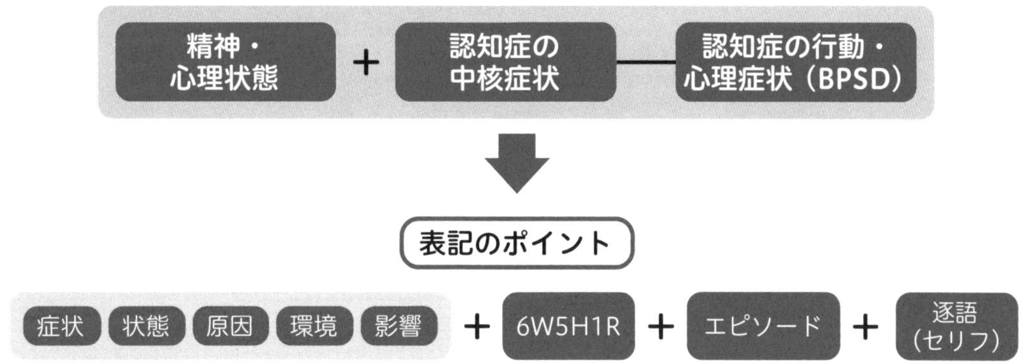

とき、早口で言われたときの反応を逐語（セリフ）などで表記する

・実行（遂行）機能障害：物事（料理、着替えなど）の計画（準備）が立てられない、順序（段どり）立てて行うのが難しくなるなどを具体的に表記する
・言語障害（失語）：相手の言葉が聞こえても「意味・内容」が理解できない、話したい言葉が浮かばない、伝わるように話せないなどをエピソードを含めて表記する
・失行：日常行為（例：お茶を入れる、着替える、箸やスプーンで食事する）、モノの操作（例：電話機・ATMやリモコンの操作）が行えない状況を細分化して表記する
・失認：見たもの（視覚）、触れたもの（触覚）、聞いたもの（聴覚）が「何か」わからない、モノの配置・距離感（視空間認識）がわからないなどは具体的に状況の描写を行う

認知症の行動・心理症状（BPSD）の表記のポイント

不穏なBPSDがみられたときは、本人の体調・気分・感情、環境（時間帯、場所、気温・室温・湿度）、家族や専門職のかかわり方（態度、表情、声かけ）を備考欄に表記します。

BPSDの表出（行動）は「個人的要因」（出身、生育歴、性格、価値観、こだわり、生活習慣、職業歴、結婚生活、各種の体験など）が大きく影響します。6W 5H 1R（第1章参照）に沿い、エピソードや本人の言葉は「」を使って逐語（セリフ）で、表記します。

〈不穏な行動・心理症状（BPSD）の例〉

・もの盗られ妄想　・作話　・幻聴　・幻覚　・人物誤認　・昼夜逆転　・暴言　・暴力
・大声　・奇声　・抵抗　・ひとり歩き　・迷子　・話の繰り返し　・収集癖　・帰宅願望
・不潔行為　・失火　・異食　・過食　・失禁　・弄便　・性的発言や行為
・衝動的発語や行為　・衣服の乱れや無頓着　など

▶ アセスメントシート文例

W助さん（85歳、要介護2、アルツハイマー型認知症）

アセスメントシートNG例
（認知症の中核症状）

短期記憶を忘れることが度々で、家族は同じ話を繰り返されるのでさえぎってしまい、W助さんが怒り出すこともある。長男を自分の兄と間違えることもあり、長男は「違う」と否定している。家からいなくなって外で発見されることもある。パジャマ姿のときもあり家族は恥ずかしい、やめてほしいと家に鍵をかける。

- 何を忘れがちなのかが不明。例示があるとよい
- 「繰り返す話」の例示がないので伝わりにくい
- 人物誤認をする背景の表記がない
- 「外」とはどこかがわからない
- 気になるのは衣服の乱れだけか。家族のストレスレベルを示すとよい

アセスメントシートOK例
（認知症の中核症状）

ひげ剃りや食事などの短期記憶を忘れることが多い。家族は町会議員時代の自慢話を繰り返されるのでさえぎってしまい、W助さんが怒り出すこともある。親戚が集まる席で長男を48歳で交通事故死した実兄と間違えることも多く、長男は「違う」と否定している。家からいなくなって、国道○○号線の歩道を歩いていることやホームセンター○○の資材売り場で見つかることがある。パジャマ姿のときもあり、元町会議員で地域では知られた存在だったので、家族は恥ずかしい、やめてと家に鍵をかけて閉じ込めることもある。

- 日常的な生活習慣を忘れていることが伝わる
- 華やかな時代の話題は自己肯定感を満たせる
- 実兄が事故死した年齢と長男の年齢がほぼ同じ。人物誤認の背景がわかる
- 道路名や店名などが具体的に表記されると捜索時に役立つ
- 家族のつらい立場と混乱ぶりが伝わる

メモ

▶ アセスメントシート文例

D子さん（78歳、要介護2、レビー小体型認知症）

アセスメントシートNG例
（認知症の行動・心理症状（BPSD））

時間認識があいまいになり、料理もやらなくなった。食事時、食べ方に混乱している様子。テレビの操作もできない。長女を泥棒扱いしたり、スーパーで万引き騒ぎを起こしたり問題行動が出てくる。実家に帰ると言って外に出ようとする。

- 例示がないため伝わらない
- 例示がないため伝わらない
- エピソードがあるとよい
- 料理をやらない理由がわからない。「テレビの操作」だけだと具体的でない
- どういう環境のときに問題行動が生じるのかを示すとよい

アセスメントシートOK例
（認知症の行動・心理症状（BPSD））

「今日は何月？」と尋ねることなどが増える。「料理の手順がわからないのでやらなくなった」と○○さん（長女）が話す。食事時、箸の使い方に混乱して、茶碗蒸しを箸で食べようとすることがある。テレビのリモコンの操作ができないとのこと。「財布を隠しただろう！」と長女を泥棒扱いしたり、○○スーパーで支払いをしないまま外に出て万引き騒ぎを起こしたり、BPSDが出てくる。3日に1回、夕方になると実家（旧○○町△△）に帰ると言い張って外に出かけようとすることがある。

- 時間の見当識障害が伝わる表記になった
- 失認の傾向が伝わる
- 典型的なもの盗られ妄想。本人の逐語表記がわかりやすい
- 頻度が数値表記されていると対策も考えやすい
- 手順の混乱が逐語表記してあると典型的な失行であることが伝わりやすい
- 「リモコンの操作」と具体的になる
- 万引きでなく「支払い忘れ」と事実が伝わる
- 帰宅願望は「どこに帰りたいか」を表記。「旧市町村」で表記すると伝わりやすい

メモ

▶【精神・心理状態と認知症の症状】書き方テンプレート

テンプレートに自由に記入してみましょう。

①精神・心理状態

・うつ症状：なにごとも（＿＿＿）になって居間はゴミが散乱している。
・社会的孤独：ご近所とトラブル続きで（＿＿＿）ことが多い。
・過食：満腹感を感じにくいので、過食が習慣化すると（＿＿＿・＿＿＿）などになりやすいと医師から注意される。

②認知症の中核症状

・見当識障害：スーパーで「なぜ私はここにいるの？」と（＿＿＿）ことが増えた。
・理解力低下：長男さんはぶっきらぼうに（＿＿＿）で話すので、認知症の父親のNさんには伝わらない。
・実行（遂行）機能障害：趣味が料理だったが（＿＿＿）が混乱して、失敗が増える。

③認知症の中核症状

・失語：元教師なので、言葉に詰まる・流暢に話せないことで（＿＿＿）を溜めてしまいがちである。
・失行：エアコンの（＿＿＿）操作ができないので夏でも汗だくで部屋にいる。
・失認：お膳の左側にご飯の（＿＿＿）を置いてもご飯とは認識できない。

④認知症の行動・心理症状（BPSD）

・妄想：「夫は浮気している」と（＿＿＿）話すことが1年前から増えた。
・幻視：夕方には床を指さし「（＿＿＿）が這っている！」と訴えることがある。
・徘徊：夕方になると「（＿＿）に帰らせていただきます」と外出の支度をする。

⑤認知症の行動・心理症状（BPSD）

・人物誤認：Fさんを20歳で病死した（＿＿＿）と誤認し「あや子」と呼ぶ。
・不潔行為：（＿＿＿）のする服装も気にせず、大便をタンスに隠そうとする。
・収集癖：粗大ごみを（＿＿＿＿＿）と拾ってきて庭に山積みにしている。

書き方ポイント

- 精神・心理状態は、「症状や状態、原因、環境、影響」を表記する
- 認知症の中核症状は「エピソード・逐語」を加え、「細分化」して書く
- BPSDは「本人の体調や感情、環境、家族や専門職のかかわり方」+「個人的要因」を6W5H1Rで表記する

家族支援（介護力、家事力、就労・子育て・学業）

「家族支援」の表記のポイント

家族（育った家族含む）は利用者の暮らしと心の「大切な支え手」です。家族アセスメントを表記する理由は、家族の健康や体力・体調、介護力や家事力、性格や価値観、心理状態、介護への考え方や向き合い方、働き方や経済状況、就学状況などが利用者の「生活の質」（人生の質）に大きく影響するからです。

家族一人ひとりに「人生の目的と希望」があります。親や配偶者の介護に深くかかわるあまり、その人のかけがえのない人生がないがしろにされてはいけません。家族自身の人生をどう支えていくか、という視点が重要です。

次の項目を参考にアセスメント情報を表記します。

- 介護スタイル（同居、通い、遠距離、居住系施設）
- 介護力（食事、排泄、入浴、移動など）
- 家事力（料理、掃除、洗濯など）
- 働き方（業務、立場、勤務時間、就業場所、通勤時間など）
- 学び（学校、塾、クラブ活動など）
- 移動コスト（利用者宅（入居施設含む）への移動時間、燃料費、交通費、手段など）

なお、家族は「名前（続柄：年齢）」で表記するようにします。

５つの家族介護支援

介護力支援

多くの家族は介護が始まる前に介護教室に通っているわけではありません。介護の専門職なら数十時間かけて学ぶ知識や技術を身につけずに、「見よう見まね」「自己流」で介護に向き合うことになってます。そのため、移乗や体位変換などの介助で腰を痛める、移動のときに本人が不安になり暴れる・転倒する事故も起きています。次の項目などを参考に聴き取り、家族介護のリアルな現状を6W5H1Rを基本に備考欄に具体的に表記します。

第3章 アセスメントの書き方

家族支援の表記のポイント

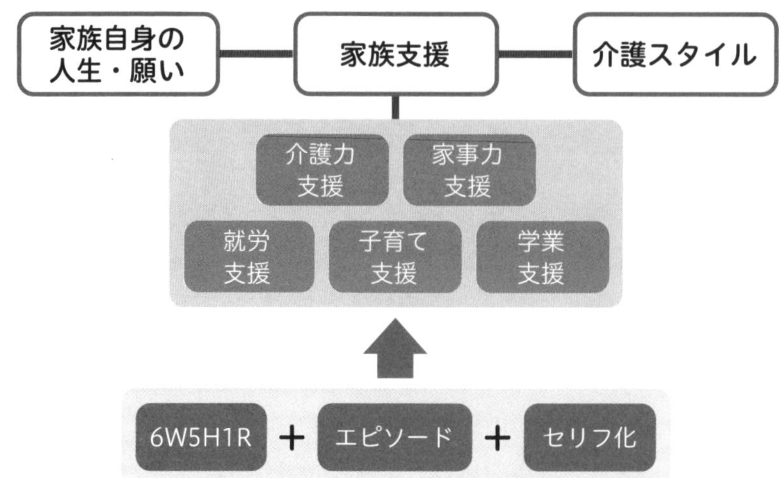

・家族介護者：介護の考え方、これからの方向性（在宅、施設、居住系など）
：体格（身長・体重含む）、健康状態、介護経験の有無　など
・介護の知識：介護保険制度、介護の知識と経験、疾患等の知識、薬・栄養・水分の知識、高齢者の特性の知識　など
・介護の技術：介護経験の有無、声かけ・見守り技術、移動・食事・排泄・入浴介助の技術、認知症の対応方法、会話　など

家事力支援

料理や洗濯、掃除、買い物、金銭管理などは身体介護でなく「家事」です。女性だからできて当たり前というのはジェンダー差別です。家事にも好き嫌いや得意・不得意があります。そのうえ、尿・便失禁で汚れた衣服の洗濯や居室の掃除となれば大きなストレスとなります。介護者の健康状態、仕事内容や勤務時間によっても負担度は異なります。家事の得意・不得意、家事スキル、上達への意思などを聴き取り、備考欄に表記します。

・家事レベル：家事経験の有無、得意・不得意（苦手）　など
・家事スキル：料理（品目数、制限食・治療食、調理道具、調理家電、調理時間）
掃除（トイレ、玄関、居室、浴室、台所、居間）、洗い物（食器・調理道具）、
整理整頓（居室、衣服、食器類、トイレ用品　など）・ゴミの分別、
洗濯（洗濯機・乾燥機の操作、部屋干し・外干し）、
買い物（食材、日用品、下着類、衛生用品）　など
※間取り図や居室の家具の配置図などに「家事動線」を記入し、見える化する

■ 就労支援・子育て支援・学業支援

介護サービスを利用者本人が拒否する、自己負担分が支払えない、受け入れ事業所がないなどの理由から利用が進まないと家族の介護負担は減りません。物価高による生活困窮や年金の減額で家族介護者の中心だった「専業主婦層」は激減しています。一方、介護をしながら収入を確保するために就業している人（ワークケアラー）、子育てをしている人（子育てケアラー）、小学校～大学に通学している人（ヤングケアラー）が増えています。

ケアマネジメントにも就労支援、子育て支援、学業支援が求められています。特に夜勤中心の勤務や一人親家庭、学校の理解と支援がない場合などは家族の介護負担は厳しくなります。これらの現状をケアチームで共通認識するためにリアルに伝えることが重要です。

次の項目を参考に聴き取り、連携する関係機関や担当部署は固有名詞で表記します。

- 就労支援：正規・非正規、就労先法人の規模、勤務場所・勤務時間・勤務シフト、出社時間・帰宅時間、介護休暇の有無、職場の理解と福利厚生 など
- 子育て支援：子どもの人数と健康状態、保育園の利用状況と介護への理解、配偶者の有無および家族などの協力体制 など
- 学業支援：学校の理解と支援、場所と通学時間、登下校時間、塾・居場所の有無 など

なお、個人情報およびプライバシー情報の保護との兼ね合いから、聴き取りの目的を伝え本人・家族の許可を得て、必要以上に情報を引き出さないようにします。ほかの機関（学校含む）や事業所などと情報を共有する際も表記には格段の配慮をします。

Column　ヤングケアラーへの支援は「悩みの声」を逐語化（セリフ化）する

ヤングケアラーは、「仕事や介護に忙しい親に代わり、家事を担っている」「目を離せない祖父母の見守りや声かけ・身の回りの世話を担っている」など状況はさまざまです。ヤングケアラーがどのような意向を抱いているか（学業、クラブ活動、進路、塾）、どのような悩みや困り事を抱えているかに丁寧に寄り添い、その声を「逐語化（セリフ化）」して、表記しましょう。連携する地域包括支援センターや子ども家庭支援センター、児童相談所、学校関係者に「どのような情報が必要か」を聴き取り、報告書を作成しましょう。

▶アセスメントシート文例

N治さん（84歳、要介護3、同居介護）

✕ アセスメントシートNG例
家族支援（介護力・家事力）

長男と二人暮らし。1人で外出できないため、長男が通院介助と買い物等を行っている。次男と長女は遠方に在住。年に数回訪れる程度。長男として次男・長女の介護はアテにしていない。認知症が進み出勤願望がひどい。国道脇の家なので特に危険とのこと。言い合いになることも多い。帰宅後の介護は本当にきついようだ。

- 通院先や買い物先が具体的でない
- 遠方とはどれくらいの距離かがわからない
- 「なぜアテにしない」のか、理由がわからない
- 「出勤願望」「特に危険」の内容がわかりづらい
- 言い合いになる原因が記載されていない
- 具体的に帰宅は何時か、どの介護がつらいのかがわからない

◯ アセスメントシートOK例
家族支援（介護力・家事力）

T郎さん（長男：57歳）と二人暮らし。1人で外出できないため、T郎さんが○○病院（隔週）と○○鍼灸院（週1）への通院介助と○○スーパーで買い物等を行っている。K太さん（弟：51歳）は東京都○○区、S子さん（妹：53歳）は○○区に在住。盆と正月に帰省する程度。親の介護は長男の責任と考え、弟・妹はアテにしないと決めている。認知症が進み「会社に行く」と外出しようとする。家の前は交通量が多い国道○号線△△交差点そばなので特に危険。止めると言い合いになることも多くどうしたらいいか、悩んでいる。帰宅後（19時）の介護は本当にきつく「食べさせるのと風呂に入れるのがつらい」とのこと。

- 病院と鍼灸院、スーパーの名称まで表記され、わかりやすい
- 課題の主役はT郎さんなので「弟・妹」表記でも可
- 長男としての考え方が表記されている
- 男性に多い出勤妄想のエピソードが具体的に表記された
- 国道○号線、△△交差点まで表記。危険度がリアルに伝わる
- 「止める」しか方法を知らないため悩んでいる、の記述は支援の方向性を示すことになる
- 帰宅時間、つらい介護の内容が具体的に表記

▶ アセスメントシート文例

W子さん（82歳、要介護3、同居介護）

✕ アセスメントシートNG例
就労支援・子育て支援・ヤングケアラー支援

同居する次女は５年前に離婚。孫娘（13歳）と実家に戻る。日中と夜に仕事をしているため、不登校の孫娘がＷ子さんを介護している。協力してくれる親戚もいない。夜に帰宅してからやる介護はつらいとのこと。怒りがたまに爆発することも。睡眠不足で就労にも影響が出てしまっている。長女は他県に在住している。

主たる介護者は孫娘で、家事や入浴、排泄など日常生活全般にわたって介護している。

- 不登校の原因がわからない
- 親戚がいないのか、協力できる親戚がいないのかを明確に
- エピソードや例示があると伝わりやすい。
- 以前はどこに住んでいたのかが不明
- どのような関係の仕事なのかがわからない
- どういう影響が出ているかがわからない

◯ アセスメントシートOK例
就労支援・子育て支援・ヤングケアラー支援

同居するＡ美さん（次女：42歳）は５年前に離婚し、○○県○○市からＥ奈ちゃん（孫娘：13歳）と実家に戻る。日中は経理事務、週に３日は夜に仕出し弁当の仕事をしている。Ｗ子さんの介護は、いじめが原因で３年前から不登校になった孫娘が担っている。○○県○○市に住むＦ美さん（長女：45歳）も要介護５の義父の介護があり協力できない。夜10時に帰宅してから食事の介助や失禁した衣服の洗濯はつらいとのこと。深夜に歩き回られるとたまに怒りが爆発することも。睡眠不足で集中力が落ちて計算ミスをするなど、就労に影響が出てしまっている。

主たる介護者は孫娘で、家事や入浴、排泄など日常生活全般にわたって介護している。そのため、勉強時間はほとんどとれず、成績も落ちているとのこと。

- 以前の住所地を表記
- 不登校の原因が表記され孫娘の状況が伝わる
- 介護の「つらさ」や怒りが爆発する根拠が具体的に伝わる
- この表記から「短期入所」による支援などの検討の根拠になる
- 名前と年齢が表記された
- 就労の内容が具体的に表記され、身体の負担と影響が伝わる
- 長女も介護負担で苦労している状況が伝わる
- 就労への悪影響が具体的に表記された

▶【家族支援】書き方テンプレート

テンプレートに自由に記入してみましょう。

①介護力

・食事介助：誤嚥に注意しているが急いでしまい（＿＿＿）を忘れがちである。

・移乗介助：ベッドから車いすの移乗を（＿＿＿）にやってしまうことがある。

・排泄介助：オムツ交換が上手にできないため、（＿＿＿＿）のトラブルで衣服やシーツ類が汚れてしまい、父親との口論が絶えない。

②家事力

・調理：料理と食事介助で疲れ果てシンクに（＿＿＿）が山積みになっている。

・洗濯：G 男さん（長男：62歳）の苦労は（＿＿＿）で汚れた衣服・下着の洗濯。

・掃除：H太さん（長男:71歳）も（＿＿＿）が面倒になりゴミ屋敷のようになっている。

③就労支援

・就労時間：週 3 回の早番が 8 時出勤なので送迎支援に（＿＿＿）を組み込む。

・業務負担：K 助さん（次男：55歳）が梱包業務で（＿＿＿＿）となり、入浴は通所介護で行うことを検討する。

・深夜シフト：月 3 回 3 日間の深夜シフト勤務で不在になる。（＿＿＿＿）を調整。

④ヤングケアラー支援

・学業：勉強時間確保のため訪問介護で（＿＿＿＿＿）ができるように検討する。

・介護技術：自己流になりがちな介護技術で無理されているので（＿＿＿＿）に介護技術のアドバイスを依頼することを検討する。

・傾聴： 3 か月以内を目途に信頼関係を築き、（＿＿＿＿）を聴き取る機会をつくる。

⑤ダブルケアラー支援（子育て＋介護、実親介護＋義親介護）

・送迎時支援：保育園の（＿＿＿＿）の調整を N 子さん（長女：46歳）が検討中。

・短時間勤務等の措置：就労時間を（＿＿＿＿）で対応できないか、勤務先の人事課に相談するよう、M 美さん（次女：50歳）に提案した。

・家族の会：家族の会でダブルケアラー同士が話せるように（＿＿＿）してもらった。

書き方ポイント

- 家族は「名前（続柄：年齢）」で表記する
- 介護力・家事力の「困り事」は6W5H1Rでエピソードを加えて表記する
- 連携する資源（関係機関）や担当部署は固有名詞で表記する

第3章　アセスメントの書き方　書き方テンプレート記入例

※記入例はあくまでもイメージです。

【ADL（日常生活行為）】書き方テンプレート記入例　p.83

①起床　転倒　フィッティング　②ふらつく　転ばない　踏み台
③日本茶　お箸　握力　④握力低下　頻尿　便失禁
⑤視力　髪型　歯磨き

【IADL（手段的日常生活行為）】書き方テンプレート記入例　p.87

①弱い・麻痺している　苦手・嫌い　お雑煮　②重くて・複雑で
プラスチック容器・新聞　ゴミの分別　③洗濯機　分量　5分
④ふらつき　値札　小銭　⑤交通系ICカード　点滅信号音　GPS装置

【CADL（文化的日常生活行為）】書き方テンプレート記入例　p.91

①散歩　孫　友人　②編み物　生きがい　ペンライト
③ゴルフ　発表会　東京ドーム　④お弁当　掃除・回覧板　子どもたち
⑤体験記　同級生　ボランティア

【医療・健康】書き方テンプレート記入例　p.95

①飲み込み　うつぶせ　寝返り　②3　箸　起き上がる
③食欲　脱水　保冷剤　④10　30　3～4
⑤針で刺すように　脈を打つ　重い荷物

【コミュニケーション】書き方テンプレート記入例　p.99

①呂律　怒り　ハリ・強さ　②会話　音量　高め・低め
③老眼　黄色く　集中力　④失語症　地図　音声
⑤顔面神経麻痺　手振り　関心

【精神・心理状態と認知症の症状】書き方テンプレート記入例　p.104

①おっくう　ひきこもる　高血圧・糖尿病　②尋ねる　早口　手順
③ストレス　リモコン　お椀　④嫉妬深く　蟻・虫　実家・家（うち）
⑤末娘　尿臭・便臭　もったいない・まだ使える

【家族支援】書き方テンプレート記入例　p.110

①声かけ　自己流・力まかせ　漏れ
②調理道具・食器類　尿や便・食べこぼし・嘔吐物　ゴミの分別
③訪問介護　腰痛　短期入所
④生活援助　訪問介護事業所　困っていること
⑤送迎時間　時差出勤・フレックスタイム・短時間勤務・リモートワーク　マッチング

Column 「語彙力アップ」の勘所

文章力にとって「豊富な語彙」は強力なツールです。利用者との会話などを言い換え、書き換えるときにとても役に立ちます。日常的な「ちょっとした行動」で語彙力をアップさせましょう。

・**多読・聴き取りのススメ**：専門書だけでなく地元新聞や高齢者向け雑誌、高齢者との会話や語りも含め、「新しい言葉」にふれる機会を増やします。

・**マイ単語帳にメモ**：初めて出会った言葉、難しい単語や言葉、初耳の方言などを集めた単語帳を作成し、声に出して読み上げましょう。会話のなかで即使うと脳にしっかりと記憶されます。

・**紐づけ言葉マップ**：新しい言葉や方言、言い回しを単語帳に記録したら、関連づけられる言葉の「紐づけ言葉マップ」を作成します。単語や言葉同士のつながりを可視化することで、意味や使い方をより深く理解できます。

・**書き取りの実践**：会話の音声や動画で語られる言葉の書き取り（ディクテーション）を行い、内容を正確に文字起こしする練習をしましょう。音声を「文字化する」意識がはたらき、語彙力アップに役立ちます。

・**単語の使い方の真似**：文章や記事を読んだ後に、使われている単語や表現を真似して使ってみましょう。言葉や単語のニュアンスや適切な使い方を体感で学ぶことができます。

・**マイ単語帳の復習のススメ**：新しい言葉や単語、方言、言い回しをメモするためのノートを定期的に見返すだけで「脳内記憶」は確かになります。

これらの６つのトレーニングを少しずつでもまず始めることで語彙力を向上させることができます。また、日常生活のなかで新しい単語や言葉、方言を実際に会話で使ってみましょう。語彙力アップには「小さな継続とちょっとした勇気ある実践」が欠かせません。楽しんで取り組みましょう。

ケアプランの書き方

ケアプランはチームケアの「マスタープラン」

ケアプランはチームケアの「マスタープラン」

ケアマネジメントにおいてケアプランは利用者（家族）を支援するためのチームケアの「マスタープラン」です。一方、サービス事業所が作成する個別サービス計画は実行するための「アクションプラン」です。

ケアプランは、チームケアの「連携シート」、「情報共有シート」、そして給付管理の「根拠書類」という3つの性質をもっています。

ケアプラン作成には、次のことが求められます。

- 読んでわかりやすい（理解できる）
- 読んでイメージが湧いてくる（シミュレーションできる）
- 読んで「何をやればよいか」がわかる（業務内容と役割がわかる）

ケアプラン作成に必須の「５つのポイント」

ケアプランは、ケアチームが円滑にコラボレーションするためのシートであり、効果的かつ信頼性のあるコミュニケーションツールであることが求められます。ケアプランをチームケアで最大限活かすためには、次の５点を意識して作成することが重要です。

①根拠が明確、イメージしやすい表記

ケアマネジメントでは複雑な情報や手続きを扱います。ケアプランに表記する文章は具体的でわかりやすく、根拠が明確でなければいけません。専門用語や省略語は適切に説明を加えましょう。適宜、エピソードを挙げ、利用者や家族の理解を助けるよう工夫します。利用できるサービスやリソースも具体的に表記します。

②事実の描写とデータの提示

ケアマネジメントやケアプランでは事実の描写（例：場所、生活行為、身体動作）やデータ（例：体温、血圧、体重）を表記することが重要です。具体的なバイタル数値や他職種からの評価・支援の結果、必要な医療情報や服薬情報などを表記します。

③利用者（家族）情報と取り組みのステップをケアチームに共有

利用者（家族）の「生活への意向や希望、不安や困り事、抱いているリスク」などや取り組みのステップとして「生活全般の解決すべき課題（ニーズ）や長期目標・短期目標・サービス内容・サービス種別」をケアプランを使ってケアチームに共有します。具体的かつ実現を目指す形で表記します。

④共同作業（チームケア）の確認

ケアプランはチームの共同作業をマネジメントする最重要のツールです。ケアチームの取り組みと役割・責任分担を明確に表記することで、連携と共同作業を円滑にします。

⑤評価しやすい表記

利用者の状態像とケアの実践には効果の「評価」が求められます。評価しやすい数値や生活と心身の状態の変化を具体的に示すことで、ケアの適切性や効果を客観的に伝えることができます。

ケアプランの文章力をアップさせる「3つの勘所」

ケアマネジメントでは「文章」は貴重なコミュニケーションツールです。仕事上のEメールやSNSのやりとりも「文章」です。文字は繰り返し読むことができ、修正・補正も可能で記録として残せます。

文章力をアップし、ケアプランをブラッシュアップするということは、絶えず支援を振り返ることにもつながり、結果としてケアマネジャーの能力の向上につながります。だからこそ、文章力の質がケアマネジメントの質にも大きく影響するのです。

ケアプランの文章力を向上させるために次の3つに取り組みましょう。

①文章の読み込み・読み上げ

ケアマネジメントの関連文書（厚生労働省の通知類、関連書籍など）を読み、文章の構造や表現方法に慣れることが重要です。大きな声で読み上げるのは効果的です。

②手書きで「書き写し」の実践

参考になるケアプランや本書のテンプレートの「書き写し」をおすすめします。パソコンでなく「手書き」がより記憶に残ります。実践では、白紙のケアプランに「下書き」を行い、パソコンで「清書」した後に文法や誤字、文章の流れなどをチェックし、伝わりやすい文章に書き換えます。

③フィードバックと「書き直し」

書き上がったケアプラン（支援経過記録含む）はほかのケアマネジャーの視点や介護サービス事業所、利用者（家族）の視点でフィードバックを受けましょう。数回の書き直しで確実に実力はつきます。

第2節

～第１表～本人の意向

「意向」欄が「主訴」ばかりになっている

意向とは「どのようにしたいか・なりたいか（未来形）」が書かれるべきです。しかし、ケアプランの利用者への交付が義務化され、「利用者の言葉を（逐語で）そのまま書くのがよい」という偏った考え方から、利用者の過去への反省や後悔・陳謝、感謝や評価、そして現在の「主訴」を「意向」欄にそのまま表記する流れが定着してしまいました。

- 反省・後悔・陳謝：～になって反省している・申し訳ない、～を悔やんでいる、～をやってしまって馬鹿だった、～で家族に迷惑（面倒）をかけている
- 弁解・言い訳：～のつもりはなかった、～をやっていたからだ
- 感謝：～までやってもらい、ありがたい・うれしい、助かっている
- 評価：～は楽しい、～はつらい、～が情けない・不安だ、～ができない

これらの「過去・現在」の状況や心情（思い）をチームが共有しておく意味はあります。しかし、「なぜそう思うのか、そうなったのか」（理由、根拠）が具体的に表記されていないため、これから「何を、どのように支援していけばよいか」が見通せないのが問題です。

見逃せないのは話し言葉（一部筆談等あり）で語られる「本人の意向」を、専門用語を含めた要約文にしてしまう、方言で話していても標準語で表記するなど「過度な言い換え・書き換え」が行われていることです。

「本人の意向」の「全体構成」を組み立てる

本人の意向はどれくらい書けばよいでしょうか。文字量は「４～５行×60文字＝240～300文字」位を目標にするとよいでしょう。次の要素で構成し、各項目の文章量を決めます。

- これまでの暮らしで「していたこと、しなくなったこと、困りごと」
- 現在の暮らしで「していること、できないこと、困りごと、不安なこと、やりにくいこと」
- これからの暮らしで「したいこと、希望する生活と支援（サポート）」

詳細はアセスメントシートに表記しますが、ケアチームで共有しておくべき重要な「本人情報」として根拠・理由を具体的（6W5H1R）に示し、「固有名詞」を使い、「本人の言葉」としてわかる表記にします。

なお、認知症などで意思疎通がとれない・言語化できない場合には、意向を把握するアプローチ（非言語コミュニケーションの読み取り）を行い、家族・親族（きょうだい関係）からの聴き取りだけでなく、これまでのケアプランやアセスメントシートなども参考に表記・転記しましょう。

本人の意向を引き出し、具体的に記載する３つの勘所

次の３つの勘所を心がけましょう。

勘所①「主訴」を「意向」にバージョンアップする

主訴の聴き取りはどうしても ADL や IADL、健康・認知機能面での「できない・困った・不安なこと・必要な介護（サポート）」が多くなりがちです。肝心なのは本人が体力面、体調面、身体・認知機能面の現状と原因をどのように理解し、とらえているかです。そして「どのようにしたいのか・なりたいのか（意向）」の方向にマインドセットします。仮定質問などをフル活用して、本人がどうしたいのか？　どのようなサポートを希望するのか？　をその場で「言語化」しておくと効率的に意向が書けます。

〈仮定質問〉
- 「もし仮に○か月後に○○がよくなったら、どちらに行かれたいですか？」
- 「もし仮に○○のお手伝いがあったらどのようなことをされたいですか？」

勘所②「話し言葉」は「６Ｗ５Ｈ１Ｒ」で正確に表記する

会話で使う「話し言葉」は口語といわれます。打ちとけるとリラックスした言い回しになり、方言が混じることもあります。主語が抜けることもあれば、代名詞や助詞でどんどん話がつながり、何を話しているのか、本人もわからなくなることがあります。そのようなとき、6W5H1R を確認して正確に書きます。

勘所③意向は「　」でセリフとして表記する

「　」（カギかっこ）で表記されていると、そのなかの文章は「セリフ」（本人が話した言葉）として了解するルールがあります。説明文・要約文のなかに本人の象徴的な言葉や語りをセリフ文として「　」でまとめます。

方言が含まれれば、よりリアリティが生まれるのでよいでしょう。

▶ ケアプラン文例

O太さん(87歳、要介護3、同居介護)

本人の言葉でも「こんな身体」では、具体的な状態がわからない

どのような職業で、どのように忙しいかが不明

「安心して暮らす」「前向きな気持ち」とはどういうことかわからない

✕ 本人の生活に対する意向　NG例

5年前に脳梗塞で倒れ、今ではこんな身体になってしまった。妻も亡くなり、仕事も忙しい長男に迷惑をかけて申し訳ない。皆さんにはとっても感謝しています。いつかまた運動できるような身体になりたい。いつまでも自宅で安心して前向きな気持ちで暮らしたい。

どのような「迷惑」をかけているかが、読み取れない

「皆さん」とは誰？　何に感謝しているかわからない

「運動できる身体」とは？

○ 本人の生活に対する意向　OK例

家族でも「名前・年齢」が入るとイメージが湧きやすい

職業と立場が表記されると多忙さがイメージできる

「皆さん」が具体的になる

本人のCADLの1つが「パターゴルフ」とわかる

5年前に脳梗塞で倒れ、今では右片麻痺が残ってしもうて、食べることも不便や。お風呂もトイレも介護してもらわんとできなくなってしもうた。嫁はん（恵美：享年82歳）も2年前に亡くなって、コンビニの店長で忙しい長男（K太：56歳）は疲れているのに、深夜にトイレの介護をしてもらって申し訳ない。○○リハビリケアさんのおかげでふらつかず歩けるようになって感謝しとるで。できるなら、来年にはゴルフ仲間と○○河川敷のパターゴルフを楽しんだ後は、馴染みの蕎麦屋「弥助」でおろし蕎麦を食べたいね（笑）。ワシみたいな人間は、目標をもちながらでないと、ダラダラとしてしまうからな（笑）。

「こんな身体」で困っていることを具体的に表記

方言の関西弁の語りが再現できている

好きな趣味・楽しみが具体的に表記された

店名と好きなメニューも表記された

メモ

▶ ケアプラン文例

N子さん(82歳、要介護2、軽度認知障害)

✕ 本人の生活に対する意向　NG例

これ以上病気が悪くならないように、気をつけていきたい。家にいるだけでなく、外でみんなと会って話がしたい。でも、うまく会話に入れないの。言葉が出てこないのよね。趣味の作品も発表したい。いつまでもこの家で楽しく暮らしたい。

どのような病気かがわからない

「うまく会話に入れない」のはなぜ？

趣味の作品を発表するとは？

やりがちなワンパターン表記

「みんな」とはどういう関係の人？

言葉が出てこないときの気分は？

◎ 本人の生活に対する意向　OK例

病気（注：糖尿病、もの忘れ）が悪くならないように、気をつけていきたい（注：糖分や炭水化物の制限、毎日の散歩、メモ書き）。家にいてテレビ番組ばかり見ているだけでなく、手芸サークル○○のみんなとファミリーレストラン○○でアイドルや韓流ドラマを話題にいっぱいおしゃべりがしたい。耳が遠くなって会話が聞こえないときや、言葉がなかなか出てこないときはイライラしますね。市の文化祭で羊毛フェルトを展示したい。いつまでも夫と建てた家の庭で野菜づくりをして楽しく暮らしたい。

注釈で具体的に表記する方法もある

「みんな」がわかると支え手の顔ぶれも増える

「おしゃべりしたい話題」から本人のCADLを把握できる

この表記があると「大きな声でゆっくりと話す」「急かさない」という配慮が必要だとわかる

家での様子を表記

場所・店名の表記は重要。会話より「おしゃべり」が身近な書き方

本人のこだわりは羊毛フェルトだとわかる

重度になっても鉢を使えば室内で野菜づくりや水耕栽培も楽しめる。今後の支援方針の参考になる

メモ

▶【本人の意向】書き方テンプレート

テンプレートに自由に記入してみましょう。

①これまでの暮らし

・後悔：若い頃から（＿＿＿）ひと筋でやってきて内臓を壊してしまった。

・詫び：深夜に３回もトイレに起こすこともあり（＿＿＿）気持ちでいっぱい。

・感謝：デイサービスだといっぱいおしゃべりできるのでとても（＿＿）です。

②現在の暮らし

・可能：一人暮らしでも（＿＿＿）を使っているので栄養に不安はないです。

・困難：オレはトイレの（＿＿＿）ができなくなって困っているんだよ。

・不安：膝の痛みもマシにならないので、先々は（＿＿＿）ができなくなるのが心配なのよ。

③これからの暮らし（未来形：思い・願い）

・希望：あと10年はこの築100年の家で（＿＿＿）をなんとか続けたい。

・期待：来年春の孫娘の萠美の結婚式には（＿＿＿）したいもんですね。

・決意：○○地区の祭りのしきたりを若衆に（＿＿）のがワシの使命やと思っています。

④これからの暮らし（未来形：課題、目標、取り組み）

・課題：来年11月の文化の日に○○コーラスで（＿＿＿）ができるようになりたい。

・目標：半年後には（＿＿＿）がとれるように下半身のリハビリテーションを頑張る。

・取り組み：週２回はデイケアセンター○○に通い、ＮＨＫの朝のテレビ体操を（＿＿）は毎日頑張りたいわね。

⑤言い換え、オノマトペ、「セリフ」化

・言い換え：寝たきりなので尻のあたりが（＿＿）になりそうで痛いよ。

・オノマトペ：夕方になると頭が（＿＿＿）と痛むのでつらい。

・セリフ：孫娘の彩菜（５歳）が「ディズニーランドに連れて行って」と（＿＿）ので、来年の春には一緒に行けるようになりたい。

書き方ポイント

■「これまでの暮らし」「現在の暮らし」「これからの暮らし」別に構成と文字数を決める

■要約文でなくリアリティある「口語体（セリフ）」で表記する

■「６Ｗ５Ｈ１Ｒ」を意識して具体的に表記する

第3節 ～第１表～ 家族の意向

「家族の意向」は「支援の手立て」につながる表記をする

家族介護者の「負担度」は要介護度だけでなく、介護スタイル（同居、近隣・近距離、遠距離）で異なり、主たる担い手が高齢者（老老介護）、就労者（ワークケアラー）、小・中・高校生（ヤングケアラー）、子育て世帯（ダブルケアラー）によっても異なります。また地域環境（例：中山間地、過疎地、離島）や介護資源（例：介護事業所の数・エリア・回数・質）、住環境（例：戸建て、集合住宅）、家族の介護力や家事力のレベルでも異なります。

困っている内容も「介護の仕方（例：移動、食事、入浴、排泄）」から認知症などへの「会話・対応の仕方」「介護うつ・ストレスへの対処方法」「勤務シフトや学業とのバランスのとり方」までさまざまです。

そのため、家族介護者の「苦労・不安、反省・後悔・言い訳、感謝、苦情」（過去形）や「要望」（未来形）を意向欄に示すだけでなく、「**なぜそうなってしまうのか・そう思うのか**」（経緯、理由、根拠・事情）を具体的に表記するのが重要です。そうでなければ、どのようにケアチームが支援をしていけばよいかが伝わりません。

また、利用者本人を家族（遠距離の家族を含む）としてどのように支えていこうと考えているか（未来形）が表記されていないと、ケアチームとして「**支援の手立て**」に混乱が生じることになります。

さらに注意したいのは、意向の発言者が「家族」という表記になっている点です。主たる介護者は具体的に誰（例：夫、妻、長男、長女、次男）で年齢はいくつ（例：○○歳）なのかを明確にすることが大切です。本人との関係性、家族・親族間での立ち位置も不明だと「発言の責任性と信ぴょう性・代弁性」に欠けることになり、支援の方向性にブレが生じることになります。

「家族の意向」の「全体構成」を組み立てる

本人の意向と同様、家族の意向の文字量にも限度があります。「４～５行×60文字＝240～300文字」を目途に次の項目ごとに文字量を決めます。

・これまでの家族介護の頑張りと苦労、不安、身体的・精神的な負担、その背景にある理由・根拠など
・介護手法での困り事や心配事、介護者の生活・人生と健康状態、仕事や学業への思いと両立への思い(ジレンマ)
・要介護者の「望む暮らし」に家族・親族で協力できること(例:身体介護、生活支援〈買い物、料理、洗濯、掃除の手伝い等〉、心の支援〈話し相手、趣味・願いへの協力等〉)

なお、書きづらい本音(例:施設入居を希望)や慎重に扱うべき情報(例:家庭内暴力、DV、離婚歴、継子)はアセスメントシートや特記事項に表記し、別途、ケアチームで共有するようにします。

家族の意向を具体的に表記する3つの勘所

次の3つの勘所を心がけましょう。

勘所①「悩み・不安・反省・つらさ」を「意向」にバージョンアップする

介護がきっかけに家族・親族が抱える弱みや葛藤が表面化することがあります。家族介護の悩みや不安・反省から仮定質問などで具体的な希望を引き出し、「家族の意向」に変換(バージョンアップ)しておくとケアプランを書くときに効率的です。

〈仮定質問〉
・「もし仮に○○の悩みや不安が解決したら何をしてあげたいですか?」
・「もし仮に○○の悩みが解決したら、○○さんにとってどのようなことが楽になりますか? どのようなことが改善しますか?」

勘所②「家族」は「関係性(利用者との続柄)と年齢」で表記する

家族と一口にいっても、主たる介護者やキーパーソンが長男・長女でなく「次女・次男」も増えています。「家族」という表現で曖昧にするのでなく「ひろ子(次女:48歳)」「徹也(夫:78歳)」と具体的に表記します。

勘所③「遠距離家族」の意向、できること、やりたいことも表記する

意向欄に記載されるのは「直接かかわっている介護家族」が一般的です。しかし、遠距離で離れている子どもでも手紙や電話、オンラインでやりとりは可能です。「心の支え手」として位置づけ、遠距離の家族の意向も表記するようにしましょう。

▶ケアプラン文例

K太さん（56歳、長男、同居介護）

✕ 家族の生活に対する意向　NG例

家族：父は頑固で怒りっぽい性格です。母が亡くなってから介護はきょうだいのなかでは自分がすべてやっています。仕事の時間が不規則なので、夜中に起こされるのがきついです。週３回のデイサービスは引き続きお願いしたいです。

「家族」とは誰のことなのか、わからない

仕事内容、就業時間が不規則な理由も不明

なぜ「自分」に介護が集中するのかが不明

何が「きつい」かが書かれていない

デイサービスにどのような効果を期待しているのかが不明

○ 家族の生活に対する意向　OK例

K太（長男：56歳）：父は頑固で思いどおりにならないと怒ってしまう性格です。２年前に母が子宮がんで亡くなってから、介護はきょうだいのなかでは長男で同居している自分がすべてやっています。S幸（次男：54歳）とJ子（長女：52歳）は隣の市にいます。仕事はコンビニ店の店長で勤務シフトが不規則で夜中の帰宅も多く、深夜にトイレに起こされるのがきついです。週３回のデイサービスに行った日は風呂にも入れて機嫌がいいので引き続きお願いしたいです。

「名前、立場、年齢」が入ると「家族の意向」のリアリティがアップする

デイサービスの「効果」と「継続希望」する理由が表記された

この加筆はケア現場でも共有しておきたい貴重な情報

「自分」が介護をすべて引き受ける理由がわかる

「仕事が不規則」の理由を追記。「夜中の帰宅」「深夜のトイレ介助」も具体的な負担度が伝わる

メモ

▶ ケアプラン文例

M美さん（53歳、次女、同居介護）

✕ 家族の生活に対する意向　NG例

家族：1年前から軽い認知症が出てきたので母が日中一人でいるときが心配です。私も仕事をしていてすぐには帰れないので、もし何かあったらと思うと不安です。母には自宅でずっと楽しく暮らしてもらいたいときょうだいで介護を分担することも相談しています。介護サービスはもっと使いたいです。

「家族」とは誰のことなのか、わからない

「何かあったら」とは、どのような事態を想定しているのか？

「きょうだい」の顔ぶれと分担の内容がわからない

一人だと「なぜ心配」かがわからない

どのような関係の仕事でなぜ来られないかが不明

「どのサービス」を「どれくらい使いたいのか」が不明

○ 家族の生活に対する意向　OK例

M美（次女：53歳）：1年前から家の鍵を忘れたり、鍋を焦がしたりなどの失敗が増えてきました。軽い認知症が出てきたので日中一人でいるときが心配です。私は隣の○○市の小学校の教員なのですぐに帰れません。もし徘徊で行き倒れになったらと不安です。母にはガーデニングなどを楽しみながら穏やかに暮らしてもらいたい、と姉（W子・長女：56歳）や弟（C輔・長男：49歳）と話し合っています。姉は月1回、土日には来られるようにしたいと言ってくれています。日中が心配なのでデイサービスなどの利用を週4回ほど希望します。

「名前、立場、年齢」が入ると「家族の意向」のリアリティがアップする

本人の「楽しみ」が具体的でわかりやすい

「きょうだい」が具体的に表記された

エピソードが表記されると「心配事」が具体的に伝わる

仕事内容と勤務先、不安の内容が具体的にわかる

きょうだいの分担内容が表記された

心配事と希望する介護サービスが表記された

メモ

▶【家族の意向】書き方テンプレート

テンプレートに自由に記入してみましょう。

①これまでの家族介護

・反省：日中は認知症の母を（＿＿＿）にしておくことが多かったです。
・後悔：もう１年早く母を（＿＿＿）に診せていればと、悔やまれます。
・不安：認知症がもっと進んでしまい、昼間に（＿＿＿＿）するようなことがあれば、いずれ仕事をやめなければと不安でした。

②現在の家族介護①

・頑張り：３度の食事はいつも（＿＿＿）をつくり、妻に食べてもらいました。
・成功体験：うれしいのは母が（＿＿＿）を「おいしい」と褒めてくれたときです。
・失敗体験：夜間、（＿＿＿）がうまくできず、シーツやパジャマを汚してしまったときには落ち込みます。

③現在の家族介護②

・介護技術：父は大柄なのでベッドから車いすへの（＿＿＿）で腰を痛めました。
・ストレス：認知症の母が（＿＿＿）で衣服を汚してしまうとイライラします。
・家族連携：土曜日の夜は〇〇市の陽子（妹：63歳）が栄美（姪：35歳）と来てくれるので（＿＿＿）がにぎやかになります。

④仕事・勉強・子育てとの両立支援

・仕事：フレックスタイムで（＿＿＿）制度を使えないか相談してみます。
・勉強：おじいちゃんの介護で大変なのは（＿＿＿）の時間がとれないことです。
・子育て：母の介護をしながら２歳の子どもの保育園の送迎はきつく、保育料も負担なので、いずれは（＿＿）を辞めようかと考えています。

⑤これからの暮らし（要望、期待、かかわり）

・要望：週３日は（＿＿＿）でリハビリテーションも頑張ってほしいと思います。
・期待：来年〇月には、〇〇温泉に（＿＿＿）に行けるくらい元気になってほしい。
・かかわり：月・水・金の夜の電話のおしゃべりは妹と（＿＿）したいと思います。

書き方ポイント

■「家族」でなく「名前（続柄：年齢）」で表記する
■「悩み・不安・反省・つらさ」は意向にバージョンアップする
■「これからの暮らし」への「要望や願い」を表記する

第4節

～第１表～ 課題分析の結果

(利用者及び家族の生活に対する意向を踏まえた課題分析の結果)

「課題分析の結果」は「促進要因」にも着目する

「課題分析の結果」は、「利用者及び家族の生活に対する意向を踏まえる」ことになっています。課題とは「目指す姿・ありたい姿」です。しかし、「課題分析の結果」が、「できない・困っている・不安」なことだけの表記になっていることがあります。「阻害要因」の分析だけでなく、利用者（家族）が「やっていること」「頑張っていること」とそれを可能にしている「促進要因」の分析が自立支援には重要です。「できること」があるから要介護１～４なのです。そして要介護５でも上肢の可動範囲でできる趣味（例：手芸、編み物、短歌、ゲーム）や会話のやりとりなどがあります。自立の促進要因が正しく分析・評価・表記されないと利用者（家族）のモチベーションは下がり、自己肯定感や承認欲求が充たされません。

「課題分析の結果」の「全体構成」を組み立てる

「課題分析の結果」の文字量にも限度があります。「３～４行×60文字＝180～240文字」を目途に次の項目ごとに文字量を決め、表記します。ケアチームで共有すべき詳細な内容や機微な情報はアセスメントシートや特記事項に表記しておきます。

- どのような原因をどのように解決するか(阻害要因に着目)
- どのように改善・向上に取り組むか(促進要因に着目)
- どのような取り組み(例:体力・体調の改善、疾患管理など)を行い、どのような支援(介護・医療・インフォーマル)や本人・家族の取り組みが必要か
- 予測されるリスクの予防・対応をどのように取り組むか

「課題分析の結果」をわかりやすく表記する３つの勘所

次の３つの勘所を心がけましょう。

「課題分析の結果」の書き方のポイント

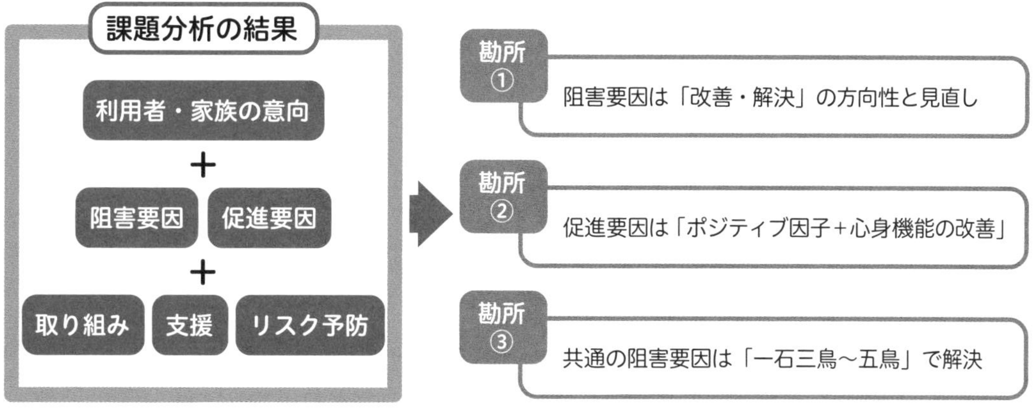

勘所①「阻害要因」には「改善・解決」の方向性と見通しを表記

阻害要因である疾患や障害がどのように「生活機能や心身機能、社会生活」に影響し、どのような方向性で改善・解決できるのかを示します。

勘所②「促進要因」は「ポジティブ因子＋心身機能の改善」

促進要因とは利用者や家族・人間関係のなかにある「ポジティブ因子」が阻害要因の改善・解決や本人の意向の実現にどのように効果があるか、期待できるかを表記します。

- 価値観（例：努力、一途、愛情、信頼、挑戦、共感、協力、貢献、競争、自由、期待）
- 生活信条（例：人に感謝、健康一番、いつも笑顔、足るを知る、一日一善）
- 生活習慣（例：30分の散歩、よく噛む、睡眠８時間、日記を書く）
- 意欲（例：おしゃれ、料理、買い物、お祭り、魚釣り、ペットの世話）
- 得意（例：手先が器用、会話が好き、楽器が演奏できる、華道・茶道の師範）

勘所③「共通の阻害要因」を探し「一石三鳥～五鳥」を目指す

阻害要因の「マイナスの影響」に着目し、複数の課題に「共通する阻害要因」の改善が複数の課題の解決につながる「一石三鳥～五鳥」を目指します。

〈共通する阻害要因：握力の低下が及ぼす影響〉
- 料理ができない：包丁や鍋が握れない、調味料の蓋が開けられないなど
- 掃除ができない：掃除機や箒が握れない、雑巾が絞れないなど
- 更衣ができない：ズボンが上げられない、ボタンが留められないなど

▶ ケアプラン文例

O太さん(87歳、要介護3、同居介護)

× 課題分析の結果　NG例

脳梗塞が原因で日常生活に困難が生じてしまい、時には会話にも支障があります。夜間のトイレ介助がご家族の負担になっています。自宅での安心した生活を続けるためには心身の機能を回復させ、また楽しい日々を送りたい。

「日常生活に困難」とは具体的にどういうことかがわからない

どうやって「心身の機能の回復」を行うのか？

「時には」とはどのような場面かがわからない

夜間のトイレ介助の「何が」負担？「ご家族」とは誰？

○ 課題分析の結果　OK例

5年前の脳梗塞後、2年前の再発から右半身に麻痺が残り、廊下の移動や玄関の上り下りなどに困難が生じ、焦ると言葉が浮かんでこないなどの障害があります。同居のご長男の深夜のトイレ誘導と介助が過度な負担になっています。頑張ってこられたリハビリテーションに加え、栄養改善と睡眠改善、膀胱訓練などに取り組むことで心身の機能改善が期待できます。右手の握力の改善で四点杖も安心して利用でき、1年後にゴルフ仲間とパターゴルフを楽しめるように支援していきます。

発症時期、再発時期が明確になり、わかりやすい

ポジティブな面を評価して動機づける効果がある

「握力の改善」で可能になる「楽しい目標」を表記

「日常生活の支障」を具体的に表記

「ご家族」の「負担」の内容を具体的に表記

「心身機能の回復」のために取り組む内容を具体的に表記

本人を動機づける事柄が表記されることは重要

メモ

▶ ケアプラン文例

N子さん(82歳、要介護2、軽度認知障害)

✕ 課題分析の結果　NG例

現在の糖尿病は薬の飲み忘れなどが不調の原因であり、医師から指示された生活習慣を守ることが必要です。かつてのサークルなど社会参加の機会を多くしたい意向はおありですが、難聴のためコミュニケーションに難があり、専門医の診察・治療が必要と考えます。市の文化祭に展示することも効果が期待できます。

- いつから「不調」なのかが不明
- 「指示された生活習慣」だけではわからない
- 「社会参加」は専門職の言い方。言い換えが必要
- 「かつてのサークル」がわからない
- どのような「コミュニケーション」に難があるのかがわからない
- 「専門医」の具体的な表記が必要
- どのような効果があるかがわからない

◯ 課題分析の結果　OK例

202X 年 3 月～ 202X 年 9 月は糖尿病治療の糖分・炭水化物の食事制限や食後の服薬を忘れられることが多く、おっくうさから散歩や運動も減っていました。しかし、再開への強い意向が体調改善に役立つことが期待できます。再び手芸サークルぽぽりんに参加し仲間とたくさんおしゃべりをしたいと望まれています。ただし、会話の聴き取りに難があり、そのため、耳鼻咽喉科の診断・治療や補聴器導入の検討も必要と考えます。市の文化祭に展示される羊毛フェルト作品づくりは脳のトレーニングにもなり、もの忘れ予防の効果も期待されます。

- 「期間」を明確に表記
- 医師から指示されていた「生活習慣」を表記
- 本人の「意欲」(促進要因)を追記
- サークル名も表記され、社会参加の内容が具体的になった
- 「専門医」を具体的に表記
- 支障のあるコミュニケーションの内容が具体的になった
- 展示する品目を表記
- 具体的な効果を表記

メモ

▶【課題分析の結果】書き方テンプレート

テンプレートに自由に記入してみましょう。

①阻害要因①

・身体機能：起床時に（＿＿＿）が原因で、転倒の危険があり、解決策を検討する。

・生活機能：料理ができないのは（＿＿＿）からくる手順の混乱が想定され、その影響について検討する。

・疾患：パーキンソン病のため表情が乏しく、会話も（＿＿＿）になりがちである。なじみの○○店の店員にやりとりやサポートについて家族から依頼する。

②阻害要因②

・生活習慣：(＿＿＿）のため、昼間眠くて機嫌が悪いことが多く、改善が必要。

・住環境：玄関の上がり框が（＿＿）ので転倒の危険があり、住環境整備を行う。

・人間関係：認知症のため相手の顔を（＿＿＿）できず無視してしまうことが多い。

③促進要因①

・価値観：○○さんは（＿＿＿＿）が旺盛なのでリハビリに前向きに取り組める。

・生活信条：いつも（＿＿＿）を欠かさない心がけによってストレスの改善が見込まれる。

・生活習慣：認知症により偏食気味のため（＿＿＿）のバランスが乱れがちで肥満傾向でしたが、朝夕の散歩の習慣を始めることで改善が期待できます。

④促進要因②

・身体機能：変形性膝関節症の治療で（＿＿＿）が緩和されると立位を伴う生活動作が可能になる。

・意欲：○○のコンサートに行くためなら（＿＿＿）を頑張りたいと意欲的な面もある。

・人間関係：○○の友人たちと観劇を（＿＿＿）のが何よりの生きがいです。

⑤リスク予測と予防

・予測：聴覚と視覚が低下し周辺の状況に（＿＿＿）するには時間がかかります。

・予防：外出時には周囲を確認し、（＿＿＿）や（＿＿＿）に注意が必要です。

書き方ポイント

- **阻害要因は指摘だけでなく「改善・解決」の方向性を表記する**
- **促進要因は自己肯定感と承認欲求に効果あり**
- **複数の課題に共通する阻害要因を表記して「一石三鳥～五鳥」を目指す**

第5節

～第１表～ 総合的な援助の方針

「チームの支援方針」だから主語は「私たち」で始める

「総合的な援助の方針」は担当ケアマネジャーや契約主体である居宅介護支援事業所が示す方針ではありません。「私たち」が主語となるケアチームの方針です。そして、そのメンバーには利用者（家族）も含まれます。

総合的な援助の方針はチームケアの方向性を示し、それぞれの事業所やインフォーマル資源が「どのような支援を行っていくのか」、利用者（家族）が「どのように自立（自律）に取り組んでいくのか」が読み取れる表記にしておく必要があります。

利用者がおかれている生活環境や住まい・居室環境、心身の状態を踏まえ、「このまま」ではどのような問題や課題が生じるか（予知予見）などの内容をわかりやすく表記します。そして、どのような支援を行うことで、どのように利用者の暮らしぶりや心身の機能の維持・改善および向上が図れるか、介護する家族の暮らしぶりや心身の健康、仕事の環境、学業などの改善が図れるかなどの可能性（予後予測）を表記します。

「個別サービス計画書」に反映しやすい表記を目指す

ケアプランは「マスタープラン」です。個別サービス計画書は「アクションプラン」です。「総合的な援助の方針」の表記にあたり、各サービス事業所の計画作成担当者が個別プランを作成する際のポイントとすべきことや配慮すべき点、期待している点について、具体的に表記します。次のような抽象的な表記は注意しましょう。

- × 関係機関と連携し、在宅での暮らしを支援していきます
- × 介護負担を軽減できるよう必要な社会資源を提供していきます
- × 病状の安定と悪化のリスク軽減を目指し、健康な生活を支援していきます

また、支援内容がただ箇条書きされている（羅列表記）、注意すべきことの指摘ばかりになっている（ネガティブ表記）、具体性（6W 5H 1R）に欠けていてわかりづらく、個別ケアがイメージしづらいなどの点は注意しましょう。

「総合的な援助の方針」の書き方のポイント

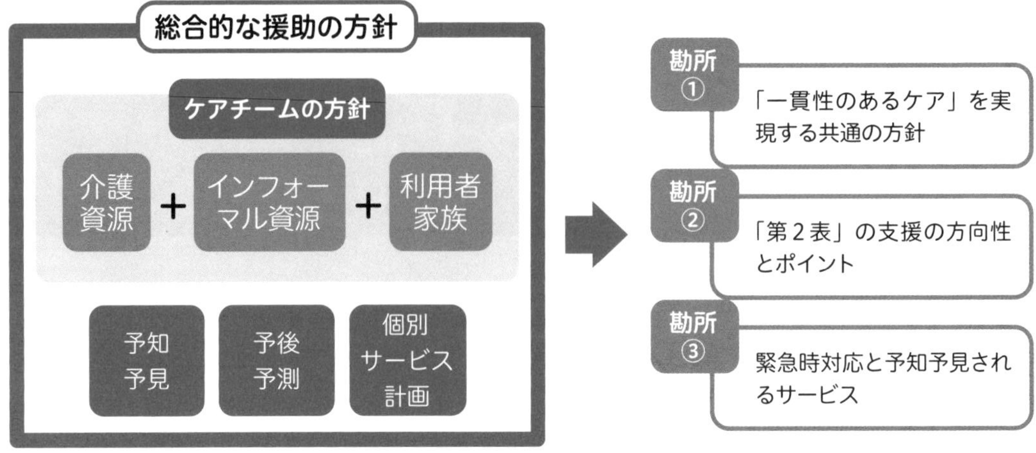

「総合的な援助の方針」の「全体構成」を組み立てる

総合的な援助の方針は比較的文字量も多く、「10行～15行×60文字＝600～900文字」を目途に、次の３つの勘所を踏まえ、文字量を決めます。

勘所①「一貫性のあるケア」を実現する「共通の方針」を示す

どの介護サービス事業所や家族介護においても「共通して行う（配慮する）ケア」（例：服薬の見守り・飲み忘れ（残薬）の確認、食事介助の際の声かけ、咀嚼や飲み込み・食事量の観察）を表記することで一貫性のあるケアが可能となります。

勘所②「第２表」の支援の考え方（方向性）とポイントを表記する

総合的な援助の方針の大元は「第２表」の内容を統合した「ケアの方向性」です。何を解決（改善）すべき課題としたのか、その理由と期間や到達点（目標）、どのような手立て（サービス内容）と役割分担（サービス種別）、回数（頻度）でどのような取り組みを行うのか、などについてを表記します。

勘所③「緊急事態対応」と「予知予見される支援」を表記する

今後想定される心身上のリスクや家庭内事故、緊急事態（地震、洪水・浸水、失火含む）を表記し、トラブル発生・発見時に本人、家族、ケアチームが行う対応や緊急連絡先（家族、医療機関、行政機関）などを表記します。また、生活環境や心身の状態の変化をシミュレーションし、「必要とされる支援」を表記しておくことでスムーズに対応できます。

▶ ケアプラン文例

O太さん（87歳、要介護3、同居介護）

✕ 総合的な援助の方針　NG例

5年前の脳梗塞とその後の再発により生活に困難が生じています。ご長男の介護もかなりの負担となっており、仕事にも影響があるまでになっています。ご本人のパターゴルフをやりたい強い思いを実現するために、ケアチームとして心身の機能改善と生活機能改善を目指し、O太さんが栄養と睡眠のケアを受け、排泄訓練、パターゴルフをするためのリハビリに取り組めるように支援していきます。

- 「生活に困難」「かなりの負担」が抽象的でわからない
- どのような影響があるのかがわからない
- 「強い思い」だけでは抽象的である
- 専門用語でまとめてしまい具体性がない
- リハビリの目的は「パターゴルフ」だけでよいか

◯ 総合的な援助の方針　OK例

「目標をもって暮らしたい」という願いをもつO太さん。現在の状況は、5年前（2019年）の脳梗塞、2年前（2022年）の再発によって日常生活にも支障が増え、同居のK太さん（長男：56歳）のトイレ誘導と排泄時の介助もかなりの負担とのことです。ご本人としては、1年後にはゴルフ仲間とパターゴルフを楽しみたいという強い希望があります。私たちケアチームとして、第1に1年後のパターゴルフを目指して、O太さんとご長男と協力して心身の機能（例：ふらつきのない歩行移動）と生活機能（食事、排泄）の維持・改善を目指します。第2に体調の安定と体力づくりのために栄養と睡眠の改善、膀胱訓練などをデイケア○○で取り組みます（詳細は第2表）。第3にO太さんが右手・左手の握力運動や日々の服薬、排泄トレーニングなどに取り組むことを支援していきます。

- 「意向欄」にも書かれた本人の意欲を表記
- 名前、続柄、年齢が入るとかなりイメージしやすい
- 「かなりの負担」の中身が具体的になる
- 「私たち」とする
- CADLの項目を冒頭にもってくると「目的」が明確になる
- 自立支援の主役は本人、準主役は長男と意識させる表記
- 具体的な例示と説明が効果的でわかりやすい
- デイケアで取り組むことがよくわかる
- 第2表との関連が表記されている
- 本人が取り組むことが具体的に表記されている

▶ ケアプラン文例

N子さん（82歳、要介護2、軽度認知障害）

✕ 総合的な援助の方針　NG例

　N子さんの手芸サークルの皆さんとの交流、文化祭の作品展示への思いをケアチーム一同応援していきます。まずは、糖尿病の血糖値を下げるために服薬と運動を必ず行いましょう。難聴が進んでいるので、手芸サークルの皆さんと会話をするため耳鼻科での治療とともに補聴器も検討していきましょう。市の文化祭の展示は日々のハリになるので応援していきます。

- 具体的な作品内容を表記したほうがよりよい
- 「必ず行いましょう」は少し上から目線
- 難聴が進むと、何に影響するのか？
- どのような会話をしたいのか？
- 「日々のハリ」は抽象的な表現

総合的な援助の方針　OK例

　手芸サークルぽぽりんの仲間たちとの交流、市の文化祭（11月3日）への羊毛フェルト作品の出品を目標にされているN子さんへの支援について、私たちケアチームは次の方針で取り組んでまいります。

　食事の栄養の偏りや食後の服薬忘れが糖尿病の合併症（網膜症、神経障害など）を引き起こすことを主治医○○医師も心配されています。

　第1は散歩や運動を増やし、食事制限と服薬管理を行い、生活習慣の改善を目指しましょう。第2に手芸サークルぽぽりんの皆さんとの楽しいおしゃべりをするために耳鼻科での難聴の治療と補聴器の使用による改善を目指しましょう。第3には市の文化祭に展示される羊毛フェルト作品づくりをサポートします。○○医師によれば手先を使うので脳トレにもなり、もの忘れ予防の効果も期待できるとのことです。文化祭での展示をケアチーム一同、楽しみにしています。

- 具体的な作品内容を表記することでやる気を引き出す
- 「日付」が表記されていると期限が決まってよい
- 支援の主体が明確になり、ケアチームのやる気が高まる
- 糖尿病のリスクを予知予見。主治医の名前もあえて表記
- 利用者（家族）への適切な敬語表現
- 「会話→おしゃべり」と柔らかい表記に変換
- 「検討→改善」と一歩踏み込んだ表記にすることで、目的を達成しやすくなる
- 「脳トレ」は俗語として定着。わかりやすいので、あえて使っている
- 本人の認知症の進行への不安に寄り添い、あえて表記
- 「応援→楽しみ」にすると、印象が変わる

▶【総合的な援助の方針】書き方テンプレート

テンプレートに自由に記入してみましょう。

①「予知予見」できること

・身体：飲酒の生活習慣を改善しないと6か月以内に（＿＿＿）の危険性があります。

・精神：居室でのひきこもりが続くと（＿＿＿）状態になることも予測されます。

・体調：エアコンの操作が困難になると夏や冬の（＿＿＿）の調整ができません。

②「予後予測」できること

・介護：排泄介助の（＿＿＿）を学び、介護負担を減らすことを目指しましょう。

・仕事：急な遠方の出張などは（＿＿＿）の利用で対応することは可能です。

・学業：訪問介護を（＿＿＿）として利用することでお孫さんの週3回のクラブ活動への参加が可能となるように進めます。

③一貫性のある共通の方針

・見守り：ふらつきによる転倒の（＿＿＿）があるので移動時の見守りを行います。

・確認：飲み忘れが多いため、（＿＿＿）の確認を必ず行うようにお願いします。

・声かけ：両眼の視力低下があり、食事や移動、排泄などの（＿＿）前に声がけをします。

④第2表の「方向性」

・意欲：K男さんは1年後の盆栽の作品展にとても（＿＿＿）です。

・まとまり課題：右上肢の可動域が（＿＿）することで、料理と買い物時の杖移動、趣味の習字ができるようになることが期待できます。

・役割：歩行の改善に向け、各事業所ごとに（＿＿＿）分担して取り組みます。

⑤緊急時対応と緊急連絡先

・トラブル：家を出て行方不明のときは（＿＿＿）に捜索の連絡を行います。

・災害時：地震や洪水時の避難のために、定期的に（＿＿＿）の下見をしましょう。

・連絡先：（＿＿＿＿）のときは主治医のKYクリニック（000-0000-0000）とご長男の携帯（000-0000-0000）に連絡をします。

書き方ポイント

- ■主語は「私たちケアチームは・・・」で書き始める
- ■予知予見は「予想される問題や課題」、予後予測は「改善・向上の可能性」を表記する
- ■ケアの共通方針、第2表の方向性、緊急事態対応を整理して表記する

第6節 ～第2表～ 生活全般の解決すべき課題（ニーズ）

「現状・問題の指摘」でなくポジティブに「望む姿」を表記する

これまでの「生活全般の解決すべき課題（ニーズ）」の表記の傾向として、「現状・問題指摘型」（例：～ができない、～が低下している、～の危険がある）がありました。こういった表記だと、「課題」は困難なことや悩み・問題としてとらえられ、利用者（家族）やケアチームは、「課題解決」や「目標・支援内容」にネガティブなイメージを抱くことになります。

しかし、「課題（ニーズ）」を「望む暮らし＝目標達成後の姿、状態の改善・向上後の姿（ゴール）」としてとらえ、ポジティブな表記にすることで、利用者・家族およびケアチームを動機づけることがとても支持されています。

ポイントは「望む能力・行為」でなく「望む姿」を表記することです。具体的には「理由・目的、時期、思い、場所、手段・行為、望む姿」などを表記するとわかりやすくなります。

・×【能力表記】四点杖を使って200m先まで移動できる

・○【目的表記】1年後、200m先のスーパーミヤタに四点杖を使って15分ほどかけて食材などの買い物に行けるようになる

「生活全般の解決すべき課題（ニーズ）」は「ポジティブな語尾」で表記する

課題の表記をポジティブにするには文末の「語尾」がポイントになります。「～である、～だ」という状況の「指摘」や必要性の「提示」では「断定的」（押しつけがましい印象）になり、利用者（家族）やチームは動機づけられません。課題に取り組む主体は「利用者本人」とケアチームなのです。

前向きなニュアンスと主体性を尊重するためには「～したい」と語尾を単純化するのではなく、次のように「ポジティブな語尾」や表現を工夫しましょう。

まとまり課題の考え方

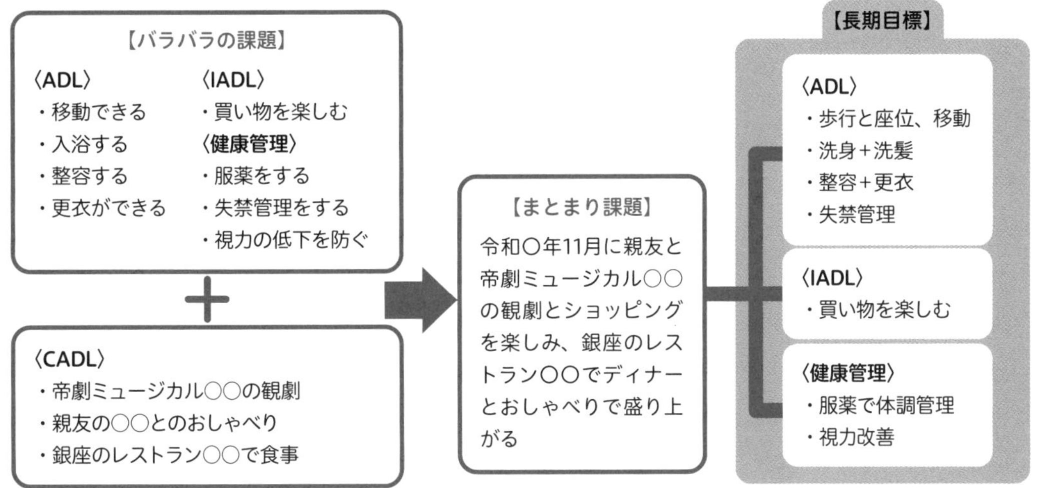

・望み：～できる（やれる）ようになる、～になりたい、～になる
・行為：～をしたい、～を行えるようになる
・可能性：～にチャレンジする、～に取り組み△△を目指す
・回復：～ができる暮らし（生活機能、身体機能、体調）を取り戻す

ただし、利用者本人が意欲的でない、意欲が確認できない場合はポジティブな表記にこだわらず、「状態・改善の方向性」がわかる表記にすることでもいいでしょう。

例：週○回は入浴して、清潔な身体で過ごす〈ことができる〉

「生活全般の解決すべき課題（ニーズ）」欄の「全体構成」を組み立てる

利用者（家族）の「生活への意向」を実現するためには総合的な視点で「生活全般の解決すべき課題」の全体構成を組み立てます。ADLやIADL、疾患・健康管理だけが課題ではありません。本人が意欲的になれるCADL（楽しみ、趣味、役割、参加、人間関係など）を積極的に引き出し、「相乗効果」を狙った課題設定と表記を行います。

次の２つの勘所を心がけることで「個別性ある課題の設定」が可能になります。

勘所①「複数の課題」を重ねた「まとまり課題」で表記する

これまではADLやIADL、疾患・健康管理を「単体の項目」（例：移動、入浴、整容、買い物、服薬、体調など）ごとに課題設定することが広く行われてきました。そのメリットとして支援チーム側は「焦点化」しやすく、ケアの方針にブレが生じないという点があります。一方、デメリットとして利用者（家族）にとって「理由・目的があいまい」になり、取り組む意味がわからず意欲が低下しがちなことが悩みでした。さらに、課題設定の優先順位ではCADL的な課題が後回しにされたり漏れたりする（課題設定されない）ことも多くありました。

それを解決するのがCADLの視点を軸（望む姿）にした「まとまり課題」です。ADLやIADL、疾患・健康管理などの複数の課題を「実現するための手段」としてまとめることで「理由・目的」が明確になり、利用者（家族）は前向きに取り組むことができ、「改善の相乗効果」も期待できます。

そして、まとまり課題に含まれる個々の課題を長期目標で細分化することで、「課題と目標」が連動していることがわかりやすくなります（見える化）。まさに「一石三鳥〜五鳥」のプランニング手法が可能となります。

なお、まとまり課題の優先順位は、「期待される効果、実現可能性、意欲レベル、コスト（時間、手間、自費・実費）」などを基準に設定します。

勘所②「６Ｗ５Ｈ１Ｒ」を意識し、「本人らしさ」を軸に具体的（個別的）に表記する

課題の表記は本やネットの文例を真似すると抽象的になりがちで、「個別性」が伝わりにくくなってしまいます。課題であっても「６Ｗ５Ｈ１Ｒ」（例：いつ、どこで、誰と、何を、どのような思いで）を意識して個別性ある生活の課題を表記します。

・×【抽象的な表記】栄養バランスのある食事を摂り、現在の体調を維持したい

・○【個別性の高い表記】糖質・塩分と鉄分・カルシウムなどに配慮した治療食・栄養食で現在の体調を維持し、令和○年の8月に若草山に萠美ちゃん（孫娘：10歳）とピクニックに行く

メモ

▶ ケアプラン文例

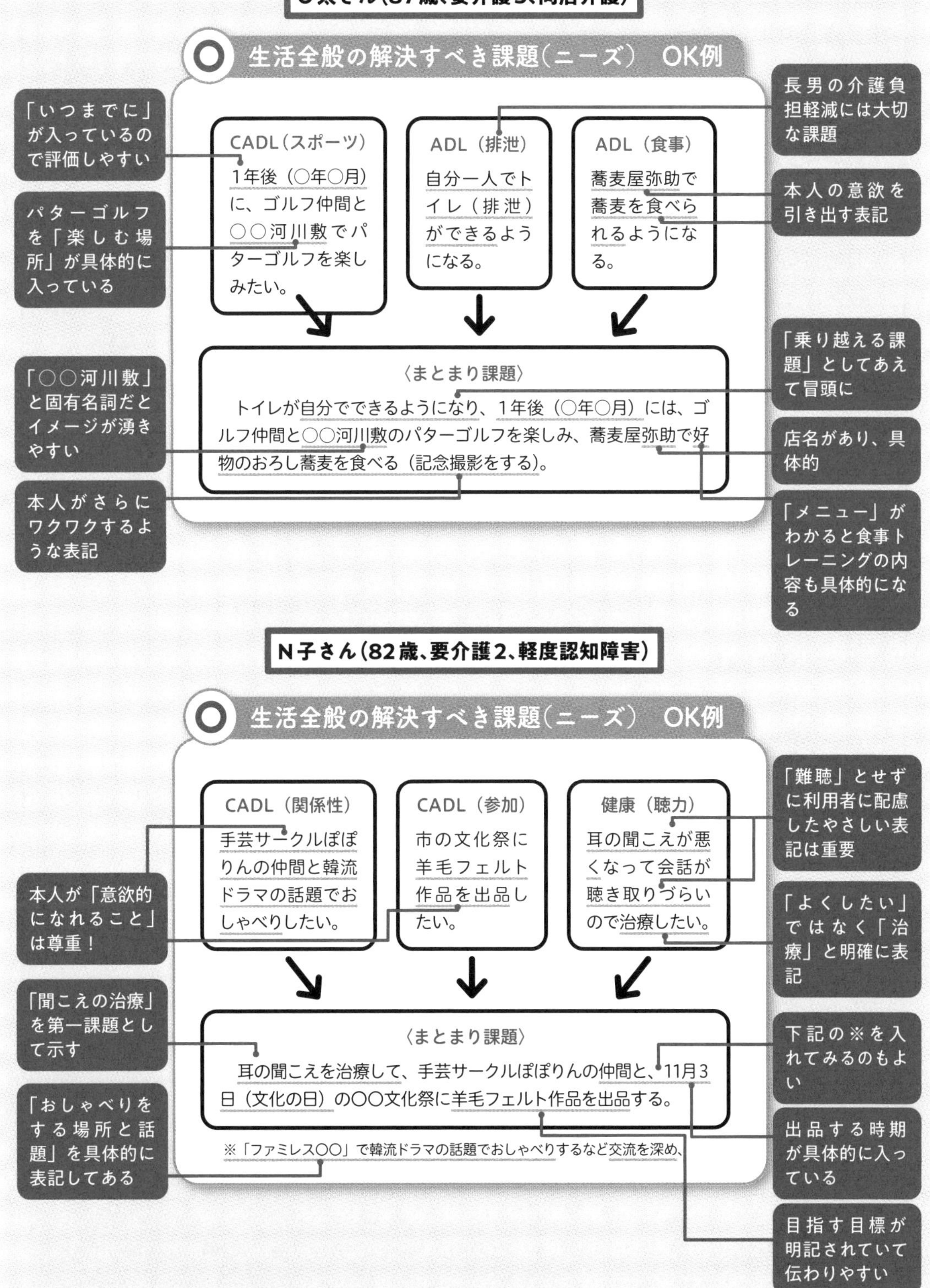
O太さん（87歳、要介護3、同居介護）
生活全般の解決すべき課題（ニーズ） OK例
CADL（スポーツ）
1年後（○年○月）に、ゴルフ仲間と○○河川敷でパターゴルフを楽しみたい。
ADL（排泄）
自分一人でトイレ（排泄）ができるようになる。
ADL（食事）
蕎麦屋弥助で蕎麦を食べられるようになる。
〈まとまり課題〉
トイレが自分でできるようになり、1年後（○年○月）には、ゴルフ仲間と○○河川敷のパターゴルフを楽しみ、蕎麦屋弥助で好物のおろし蕎麦を食べる（記念撮影をする）。
「いつまでに」が入っているので評価しやすい
パターゴルフを「楽しむ場所」が具体的に入っている
「○○河川敷」と固有名詞だとイメージが湧きやすい
本人がさらにワクワクするような表記
長男の介護負担軽減には大切な課題
本人の意欲を引き出す表記
「乗り越える課題」としてあえて冒頭に
店名があり、具体的
「メニュー」がわかると食事トレーニングの内容も具体的になる
N子さん（82歳、要介護2、軽度認知障害）
生活全般の解決すべき課題（ニーズ） OK例
CADL（関係性）
手芸サークルぽぽりんの仲間と韓流ドラマの話題でおしゃべりしたい。
CADL（参加）
市の文化祭に羊毛フェルト作品を出品したい。
健康（聴力）
耳の聞こえが悪くなって会話が聴き取りづらいので治療したい。
〈まとまり課題〉
耳の聞こえを治療して、手芸サークルぽぽりんの仲間と、11月3日（文化の日）の○○文化祭に羊毛フェルト作品を出品する。
※「ファミレス○○」で韓流ドラマの話題でおしゃべりするなど交流を深め、
本人が「意欲的になれること」は尊重！
「聞こえの治療」を第一課題として示す
「おしゃべりをする場所と話題」を具体的に表記してある
「難聴」とせずに利用者に配慮したやさしい表記は重要
「よくしたい」ではなく「治療」と明確に表記
下記の※を入れてみるのもよい
出品する時期が具体的に入っている
目指す目標が明記されていて伝わりやすい

▶【生活全般の解決すべき課題(ニーズ)】書き方テンプレート

テンプレートに自由に記入してみましょう。

①目的（ADL、IADL）

・食事：月１回、老舗うどん松之家で鍋焼きうどんを（＿＿）ことなく食べられる。

・体調：しびれや痛みを抑えて体調を安定させるため、朝夕に（＿＿）を行う。

・買い物：週１回、○○スーパーで買った食材で（＿＿）し、朝夕の百歳体操で足腰をトレーニングする。

②目的（CADL）

・役割：１年後（○年○月）、孫娘に贈るウェディングブーケを（＿＿＿）する。

・貢献：○○駅前の園芸（＿＿＿＿）に復帰して地元の美化活動に貢献したい。

・交流：△△小学校の80歳同窓会に（＿＿＿）して、みんなで校歌を歌う動画をYouTubeに上げる。

③ポジティブ語尾

・望み：20年来やっている趣味の紙飛行機の仲間と会い、紙飛行機づくりを（＿＿＿）。

・行為：１年後、買い物カートを使って○○スーパーで買い物を（＿＿）ようになる。

・可能性：１日3000歩の散歩に（＿＿＿＿）、友人と８月の盆踊りを楽しむ。

④まとまり課題❶

・運動＋料理＋食事＋交流＋楽しみ：坂下公民館（300m先）で月１回開かれるシニア食堂に得意の（＿＿）を持ちより、大好きなおしゃべりを楽しむ。

・体調管理＋整容＋更衣＋交流＋歌唱：服薬で体調を整え、カラオケ喫茶スマイルに（＿＿＿）して行き、なじみの友達と好きな演歌を５曲歌えるようになる。

⑤まとまり課題❷

・視力回復＋趣味＋参加＋交流＋承認：白内障の手術で視力を（＿＿＿）し、１年後（○年○月）の市民文化祭に草月流の生け花を出品する。

・治療＋機能回復＋交流＋移動：週１回の通院で脊柱管狭窄症を（＿＿＿）し、20年来のゴルフ仲間とハーフ（４㎞）をまわれるようになる。

書き方ポイント

- ■ 問題指摘型の表記でなく「達成・改善・向上後の姿（ゴール）」を表記する
- ■ 語尾は「ポジティブ表記」で意欲を引き出す
- ■ 複数ある課題は「まとまり課題」で表記する

第7節

～第2表～ 長期目標・短期目標

「目標」は「課題、期間、条件、取り組み」の4つの視点で設定

目標とは、「生活全般の解決すべき課題（ニーズ）」の達成を目指すステップです。要介護認定の有効期間は最大48か月ですが、有効期間と目標の設定期間は同じではありません。利用者の生活への意向、生活機能や心身機能の状態像は常に変化のリスクにあるからです。ただし、目安として長期目標の期間は「6か月～12か月」、短期目標の期間は「1か月～6か月」と設定します。

目標設定は次の4つの視点で行います。また、設定した目標について、必要性、実現可能性、利用者（家族）の意欲、目標達成に伴うコスト（時間、手間、費用など）とリスクなどを利用者およびケアチームと共有します。

・課題：どのような課題を解決（達成）を目指し、どのような長期・短期目標を設定するか
・期間：どのくらいの期間があれば、目標を達成できるか
・条件：どのような条件（例：利用者の体力・能力・意欲、介護サービスの量・質、医療ケアによる支援、家族の支援、住環境、福祉用具）があれば、目標を達成できるか
・取り組み：どのような取り組み（例：朝夕の百歳体操、○○の治療、服薬、栄養改善）をすれば、目標を達成できるか

「まとまり課題」を分解して「複数目標」で表記する

利用者とケアチームが具体的に取り組むのが「長期目標・短期目標」です。「わかりやすい・具体的である・シミュレーションできる」表記であることが重要です。

長期目標は「まとまり課題」を分解し、その阻害要因（例：身体機能、ADL、IADL、CADL、意思疎通、精神・認知機能、健康状態など）ごとに設定すると「複数の目標」となります。短期目標は「すぐに取り組む目標」です。長期目標をさらに細かく分解した阻害要因ごとに1つ～5つ程度を設定し、課題表記にも連動した「ポジティブ表記」（例：～になる・目指す・取り組む・頑張る）を心がけましょう。また、語尾の前に「楽しみな

まとまり課題・長期目標・短期目標の関係性

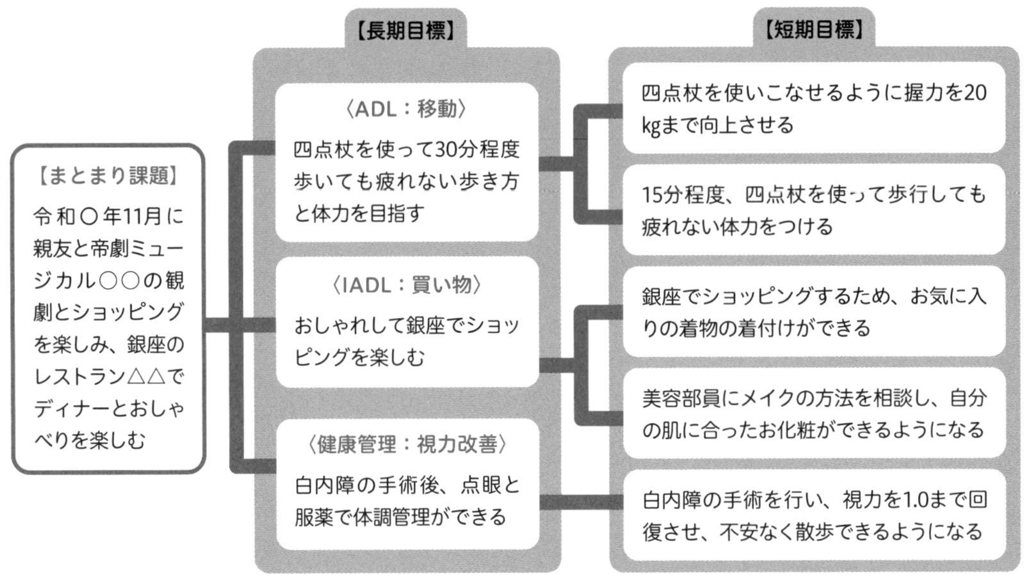

【長期目標】
【短期目標】
【まとまり課題】
令和〇年11月に親友と帝劇ミュージカル〇〇の観劇とショッピングを楽しみ、銀座のレストラン△△でディナーとおしゃべりを楽しむ
〈ADL：移動〉
四点杖を使って30分程度歩いても疲れない歩き方と体力を目指す
〈IADL：買い物〉
おしゃれして銀座でショッピングを楽しむ
〈健康管理：視力改善〉
白内障の手術後、点眼と服薬で体調管理ができる
四点杖を使いこなせるように握力を20kgまで向上させる
15分程度、四点杖を使って歩行しても疲れない体力をつける
銀座でショッピングするため、お気に入りの着物の着付けができる
美容部員にメイクの方法を相談し、自分の肌に合ったお化粧ができるようになる
白内障の手術を行い、視力を1.0まで回復させ、不安なく散歩できるようになる

がら・明るく・前向きに」などの形容詞・形容動詞を付け加えるのもよいでしょう。

〈長期目標・短期目標の例〉

■長期目標：四点杖を使って200m先まで15分ほどで移動できる

・短期目標①四点杖を使いこなすため握力・〇〇kgを目指す

・短期目標②四点杖で30m（平坦地）を歩けるようになる

・短期目標③めまいを減らし、歩行時にふらつかないようにする

「目標」は課題達成までの「ストーリー」が読み取れること

目標に取り組むのは利用者（家族）とケアチームです。「〇〇の期間」で「何を目指すのか、どうなることを目指すのか」が具体的でなければ利用者（家族）とケアチームのモチベーションは上がりません。勘所は「まとまり課題」からの一連の「ストーリーが読み取れる」ことです。課題達成を目指し、ステップごとにどのように改善・向上していくのか、をイメージできるように表記します。

勘所①長期目標に「生活行為」、短期目標に「身体行為（動作）」で設定

生活行為は複数の「身体行為（動作）」で構成されています。複数の身体行為（動作）に支障があることが「阻害要因」となっています。「長期目標」に生活行為の阻害要因の改善を、「短期目標」に身体行為（動作）の阻害要因の改善をプランニングすると「ストー

リー」が見えやすくなります。

行為とは「複数の動き（動作）が集まって成り立つひとまとまりのもの」、動作とは「動きそのもの」です。短期目標は１つ〜５つ程度の範囲で長期目標を細分化し、記載の優先順位は、取り組みやすさ、成果の見えやすさ（成功体験）などを基準にします。

〈生活行為と身体行為（動作）〉

・生活行為：食べる

➡食事行為：箸で○○をつまみ口元に運び、食べる

➡食事動作：○○を見る→箸を握る→○○をつまむ→口元に運ぶ→口内で噛む

勘所②生活行為・身体行為（動作）はイメージしやすい具体的な表記にする

目標に取り組むのは利用者（家族）とケアチームです。生活行為や身体行為（動作）は簡略化した表記でなく「イメージが湧く」ように表記します。

×【簡略化した表記】安全に入浴できる

○【具体化した表記】濡れた床と転倒に注意して、浴槽の出入りができるようになる

勘所③短期目標は「達成目標・取り組み目標・維持目標・向上目標」の四つで表記

利用者によっては「達成目標」がプレッシャーになり、意欲を削ぐことも想定されます。むしろ生活のなかでコツコツと行う「取り組み目標」だと意欲的になれる人がいます。また「できていることの維持」も大切です。「できていることの維持」を目標化することで生活機能や心身機能の低下を予防することができます。そして「改善」だけでなく「さらにできるようになる＝向上目標」を設定し利用者のモチベーションアップを図りましょう。

・達成目標：四点杖を使って300m先まで20分かけて歩けるようになる

・取り組み目標：朝夕、テーブルに手をかけ、足腰の屈伸体操を5分間行う

・維持目標：四点杖を使って100mを10分かけて歩ける身体を維持する

・向上目標：四点杖を使って孫娘と山下公園を１時間散歩できるようになる

勘所④「アウトカム評価」に対応できるように「数値」を盛り込む

目標表記はLIFE（科学的介護）などアウトカム評価に対応できることが重要です。客観的な「評価指標」が求められるので、根拠のある「数値表記」を行いましょう。

▶ ケアプラン文例

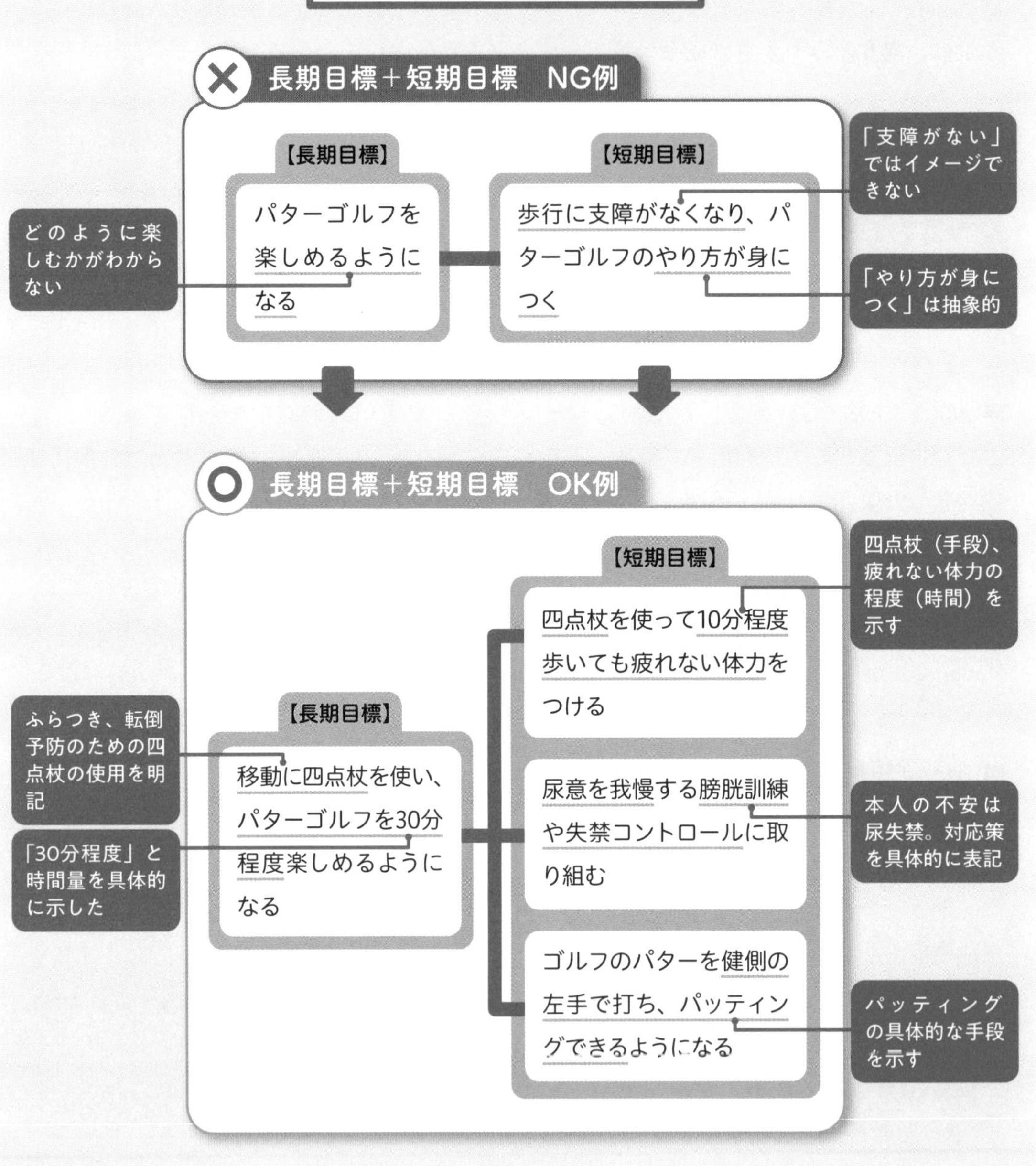

O太さん（87歳、要介護3、同居介護）
長期目標＋短期目標　NG例
【長期目標】
パターゴルフを楽しめるようになる
【短期目標】
歩行に支障がなくなり、パターゴルフのやり方が身につく
どのように楽しむかがわからない
「支障がない」ではイメージできない
「やり方が身につく」は抽象的
長期目標＋短期目標　OK例
【長期目標】
移動に四点杖を使い、パターゴルフを30分程度楽しめるようになる
【短期目標】
四点杖を使って10分程度歩いても疲れない体力をつける
尿意を我慢する膀胱訓練や失禁コントロールに取り組む
ゴルフのパターを健側の左手で打ち、パッティングできるようになる
ふらつき、転倒予防のための四点杖の使用を明記
「30分程度」と時間量を具体的に示した
四点杖（手段）、疲れない体力の程度（時間）を示す
本人の不安は尿失禁。対応策を具体的に表記
パッティングの具体的な手段を示す

メモ

▶ ケアプラン文例

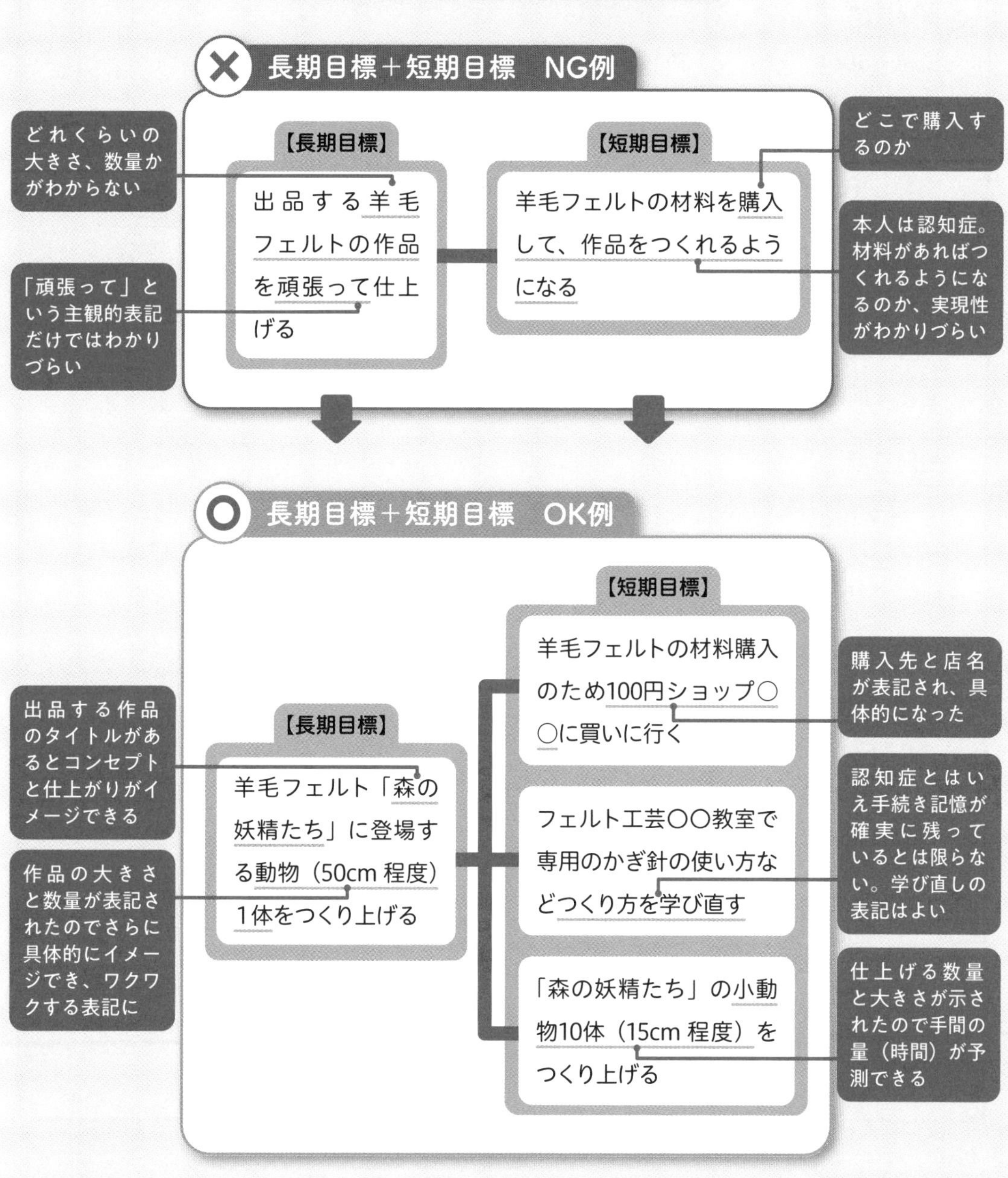
N子さん（82歳、要介護2、軽度認知障害）
長期目標＋短期目標　NG例
【長期目標】
出品する羊毛フェルトの作品を頑張って仕上げる
【短期目標】
羊毛フェルトの材料を購入して、作品をつくれるようになる
どれくらいの大きさ、数量かがわからない
「頑張って」という主観的表記だけではわかりづらい
どこで購入するのか
本人は認知症。材料があればつくれるようになるのか、実現性がわかりづらい
長期目標＋短期目標　OK例
【長期目標】
羊毛フェルト「森の妖精たち」に登場する動物（50cm 程度）1体をつくり上げる
【短期目標】
羊毛フェルトの材料購入のため100円ショップ〇〇に買いに行く
フェルト工芸〇〇教室で専用のかぎ針の使い方などつくり方を学び直す
「森の妖精たち」の小動物10体（15cm 程度）をつくり上げる
出品する作品のタイトルがあるとコンセプトと仕上がりがイメージできる
作品の大きさと数量が表記されたのでさらに具体的にイメージでき、ワクワクする表記に
購入先と店名が表記され、具体的になった
認知症とはいえ手続き記憶が確実に残っているとは限らない。学び直しの表記はよい
仕上げる数量と大きさが示されたので手間の量（時間）が予測できる

メモ

▶【長期目標・短期目標】書き方テンプレート

テンプレートに自由に記入してみましょう。

①長期目標

・移動：300mの（____）を四点杖で休みながら歩けるようになる。

・排泄：一人で公園のトイレに入って（____）ができるようになる。

・料理：台所で20分程度、膝が痛むことなく（______）の姿勢を保ちながら、料理をすることができる。

②短期目標

・握る：買い物カートを押せるように（______）を20kgまで回復する。

・噛む：食前５分間の舌出し体操と（______）訓練で○○が食べられるようになる。

・着る：前開きの服を片手で（____）し、ボタンを留めることができるようになる。

③短期目標

・手：調味料の瓶の（____）をひねって味つけができるようになる。

・脚：バランストレーニングを行い、散歩中に（______）しない脚力をつける。

・会話：言葉が相手にはっきりと伝わるように「サ、ナ、マ」行の（____）練習を行う。

④ポジティブ語尾

・達成：１日３食の食後に、忘れずに服薬が（______）ようになる。

・取り組み：朝のテレビ体操を見ながら身体のストレッチに（______）。

・願い：３か月後、アウトドア仲間と○○公園のピクニックを楽しめるように（________）。

⑤アウトカム評価に対応した表記

・距離：10分間で500（______）を一本杖で歩けるようになる。

・時間：片足立位保持が７（____）以上できるようになる。

・重さ：栄養改善と15分の散歩をし、３か月間で（____）を３kg減らす。

・回数：椅子を使ったスロースクワットを朝夕10（____）３セット行う。

書き方ポイント

- ■課題達成への「ストーリー」がイメージできるよう表記する
- ■生活行為・身体行為（動作）は細分化し、具体的な表記にする
- ■アウトカム評価に対応できる「数値」を盛り込む

第8節 ～第２表～

援助内容
（サービス内容、サービス種別、頻度、期間）

「援助内容」は短期目標の達成を目指した具体的な取り組み

援助内容とは短期目標の達成を目指して取り組む「サービス内容、サービス種別、頻度、期間」です。その主体となるのは、利用者（家族）とケアチームです。介護事業所がより実践的な個別サービス計画（アクションプラン）をつくりやすいように、援助内容を表記します。特に加算を算定するケアを提供する場合にはマスタープラン（ケアプラン）と整合性がとれるような表記を心がけます。

援助内容を実施する主体（自助・互助・共助・公助・生活支援サービスおよび保険外サービス）を考慮してわかりやすく表記します。

- 自助（セルフケア）：本人が取り組むこと（自費により購入するサービスも含む）など
- 互助（インフォーマルサポート）：家族・親族、近隣・友人・知人などの支え手、地域の支え合い資源（町内会、ボランティアなど）、生活支援サポート　など
- 共助：介護保険サービス、市町村の行政サービス、社会福祉協議会などのボランティアから提供される支援　など
- 公助：社会保障制度、各種公的制度（例：生活保護制度、成年後見制度、介護休業制度）で提供される支援　など
- 生活支援サービス・保険外サービス：家事代行、外出支援、買い物支援、移動支援、配食支援、旅行支援、見守り・緊急通報、位置情報検索など（民間サービス含む）　など

わかりにくい表記の代表格は、「簡潔・抽象的・主体が不明確」

援助内容をコンパクトにまとめることは重要ですが、簡潔すぎたり、抽象的であったり、援助内容を実施する主体がわからない表記が多く、本やインターネットサイトの文例にもその傾向が多くみられます。「行う主体」が表記されていない・指示されていないと誰が行うのかが不明となります。利用者（家族）が行うこと・行っていることさえ表記されていないこともあります。さらに、抽象的でわかりにくい表記だと個別サービス計画に反映

短期目標・援助内容・種別の関係性

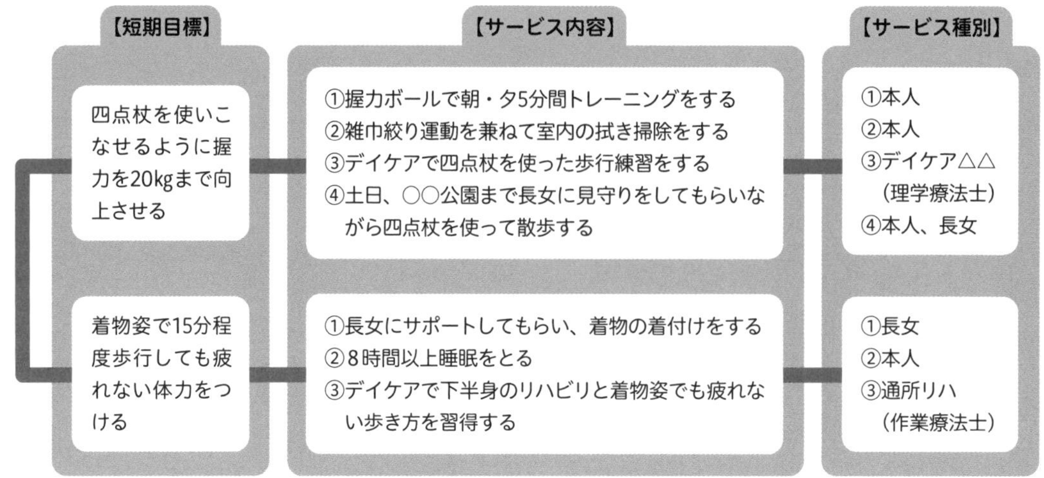

されず、ケアの実践そのものに影響します。

×【簡潔】機能訓練、移乗介助、トイレ誘導、他者との交流
×【抽象的】家事など生活リハビリに取り組む
×【主体が不明確】週２回のゴミ出し（主体は、本人？　家族？　訪問介護？）

援助内容は「どのような支援を誰が行うのか」が読み取れること

援助内容の表記のポイントは「どのような支援を誰がしているか・担うのか」が伝わることです。つまり、サービス内容と支援を実施する主体との関連性がわかることです。

次の５つの勘所を心がけましょう。

なお、計画は「予定」です。実行する段階では支援内容や回数の微調整、役割の追加や交換・交替などがあり、必要に応じて表記の修正・変更をすることも押さえておきましょう。

勘所①「主体（主語）」をわかりやすく表記する

主体（誰が何を取り組むのか）を具体的に表記します。サービス種別欄に、漏れがちな「本人」を記載するようにします。また、家族や趣味の仲間は「氏名」を入れましょう。

・個人：×家族→○ 長男（太郎）　×友人 →○趣味仲間（Bさん）
・事業所：A訪問介護（生活援助、身体介護）

勘所②「箇条書き」「番号振り」で「サービス内容と主体の関連性」を明示する

サービス内容は「箇条書き」で端的に表記します。また、サービス内容に取り組む主体（サービス種別）が複数になることもあります。箇条書きにした項目と主体の「関連性」をわかりやすくするために双方に「番号（①〜⑤）」をつけるとよいでしょう。

・サービス内容：①咀嚼訓練をする　・サービス種別：①本人、○○デイサービス

勘所③「個別性の尊重」を意識した表記にする

ADLには、自己流があり、それを無視したケアは「不快」でしかなく「暴力的」にさえ感じることもあります。本人なりのやり方（例：食べ方や食べる順番のルーティン、味つけ、洗身する部位の順番）への配慮を表記することで個別性に配慮したケアは可能になります。

・洗身はご本人のこだわりの順番（左腕・右腕→腹→右脚・左脚→背中）で行う
・食事介助時にモーツァルトの曲をCDカセットで流す

勘所④「支援の留意点、リスク予防＆対応」を表記する

利用者の状態像は数か月〜１年間でかなり変化します。加齢だけでなく、疾患・障害の進行、体調の急変、気温・室温の急激な変化（猛暑、冷夏、極寒）や災害は身体面・心理面に深刻な影響を及ぼします。支援の留意点を表記するとともに、緊急時をシミュレーションし、その対応を表記しておくことで初動対応を迅速に行うことが可能になります。

・噛む力と飲み込みが弱いので30分程かけてゆっくりと食事介助を行う
・猛暑の８月は熱中症対策に水分を補給し（コップ７杯分）、エアコンを常時使用する

勘所⑤介護サービスを「利用しない」ことも想定した内容を表記する

介護サービスの利用回数は短期目標の達成が前提ですが、実際には利用者の自己負担できる費用や地域のサービス事業所の数と利用可能時間、事業所やほかの利用者との相性、本人の体調などの複雑な要素が絡み、まばらに利用することも起こりがちです。未利用のときにおうち時間で「何をどのようにするのか」をサービス内容に表記しておきます。

・デイサービス未利用の日は、自宅で脳トレストレッチ体操を朝夕10分間行う
・デイサービスを休んだ日は、かかと落とし体操を一日20回以上を目安に行う

▶ ケアプラン文例

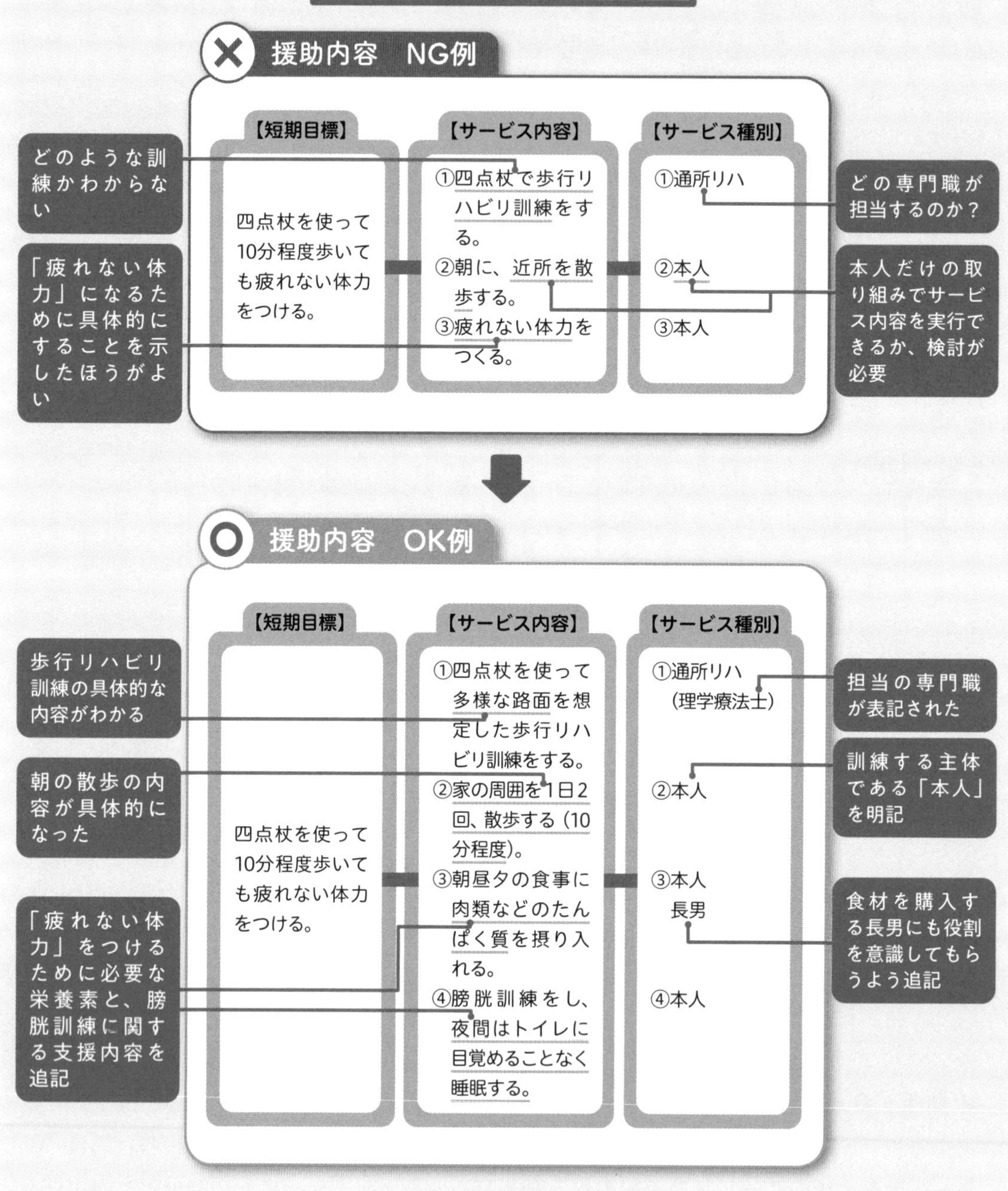
O太さん（87歳、要介護3、同居介護）
✕ 援助内容 NG例
【短期目標】
四点杖を使って10分程度歩いても疲れない体力をつける。
【サービス内容】
①四点杖で歩行リハビリ訓練をする。
②朝に、近所を散歩する。
③疲れない体力をつくる。
【サービス種別】
①通所リハ
②本人
③本人
どのような訓練かわからない
「疲れない体力」になるために具体的にすることを示したほうがよい
どの専門職が担当するのか？
本人だけの取り組みでサービス内容を実行できるか、検討が必要
〇 援助内容 OK例
【短期目標】
四点杖を使って10分程度歩いても疲れない体力をつける。
【サービス内容】
①四点杖を使って多様な路面を想定した歩行リハビリ訓練をする。
②家の周囲を1日2回、散歩する（10分程度）。
③朝昼夕の食事に肉類などのたんぱく質を摂り入れる。
④膀胱訓練をし、夜間はトイレに目覚めることなく睡眠する。
【サービス種別】
①通所リハ（理学療法士）
②本人
③本人 長男
④本人
歩行リハビリ訓練の具体的な内容がわかる
朝の散歩の内容が具体的になった
「疲れない体力」をつけるために必要な栄養素と、膀胱訓練に関する支援内容を追記
担当の専門職が表記された
訓練する主体である「本人」を明記
食材を購入する長男にも役割を意識してもらうよう追記

▶ケアプラン文例

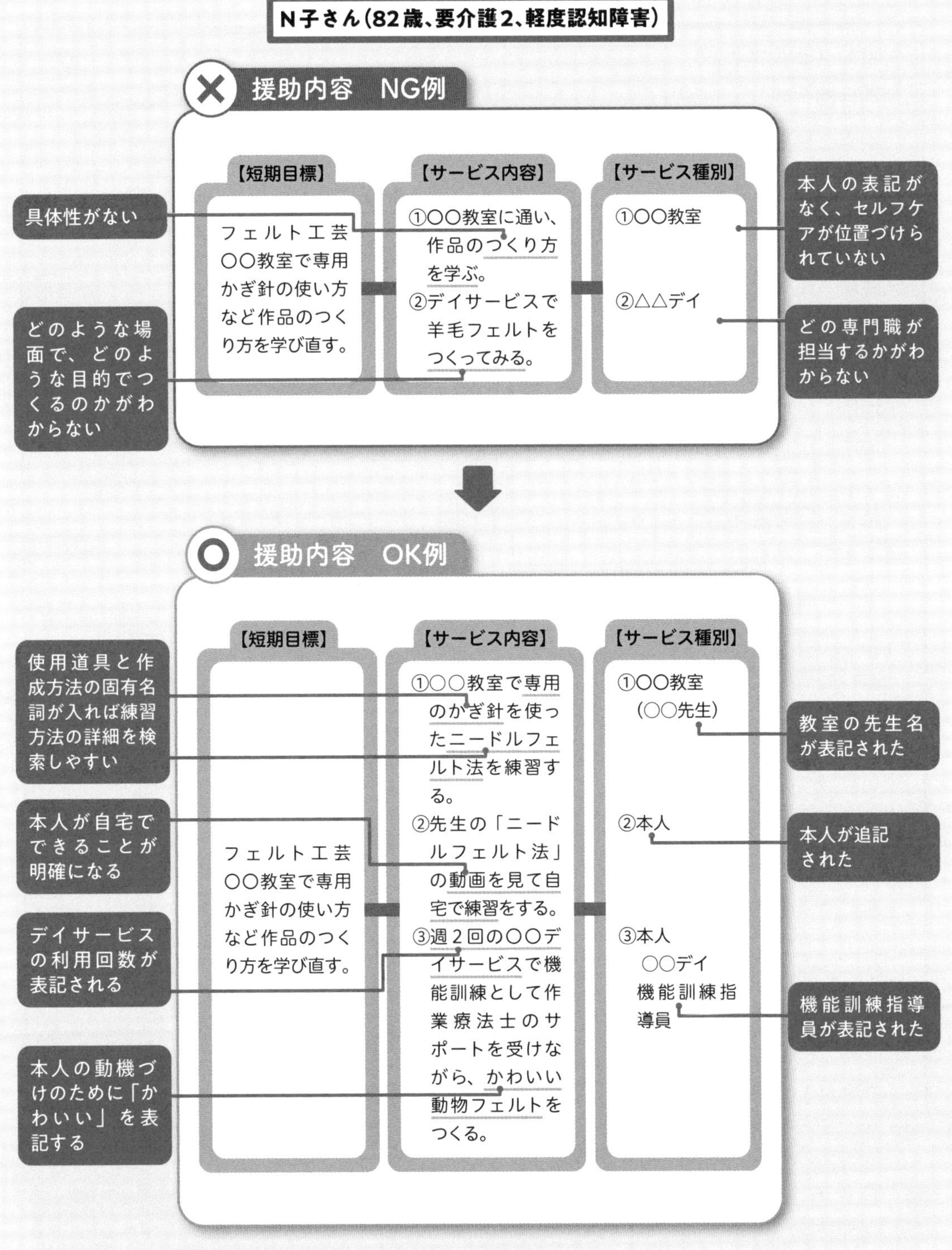
N子さん（82歳、要介護2、軽度認知障害）
援助内容　NG例
【短期目標】
フェルト工芸〇〇教室で専用かぎ針の使い方など作品のつくり方を学び直す。
【サービス内容】
①〇〇教室に通い、作品のつくり方を学ぶ。
②デイサービスで羊毛フェルトをつくってみる。
【サービス種別】
①〇〇教室
②△△デイ
具体性がない
どのような場面で、どのような目的でつくるのかがわからない
本人の表記がなく、セルフケアが位置づけられていない
どの専門職が担当するかがわからない
援助内容　OK例
【短期目標】
フェルト工芸〇〇教室で専用かぎ針の使い方など作品のつくり方を学び直す。
【サービス内容】
①〇〇教室で専用のかぎ針を使ったニードルフェルト法を練習する。
②先生の「ニードルフェルト法」の動画を見て自宅で練習をする。
③週2回の〇〇デイサービスで機能訓練として作業療法士のサポートを受けながら、かわいい動物フェルトをつくる。
【サービス種別】
①〇〇教室（〇〇先生）
②本人
③本人　〇〇デイ　機能訓練指導員
使用道具と作成方法の固有名詞が入れば練習方法の詳細を検索しやすい
本人が自宅でできることが明確になる
デイサービスの利用回数が表記される
本人の動機づけのために「かわいい」を表記する
教室の先生名が表記された
本人が追記された
機能訓練指導員が表記された

▶【援助内容】書き方テンプレート

テンプレートに自由に記入してみましょう。

①自助（セルフケア）

短期目標：噛む力を改善し、○○などの歯ごたえのあるお菓子が食べられる。

・本人：食前３分間の口のトレーニング（嚥下＿＿）を行う。

・本人：咀嚼機能を改善するため10回以上、食べ物を（＿＿＿）ようにする。

・本人：昼食前に大きな声で（＿＿＿）体操を長女とオンライン通話で行う。

②互助（インフォーマルサポート）

短期目標：噛む力を改善し、○○などの歯ごたえのあるお菓子が食べられる。

・家族：食前に口のトレーニング（嚥下体操）の（＿＿＿）を行う。

・地域：地域サロンで、昼食前に行う口の体操に（＿＿＿）する。

・近所：ご近所との井戸端会議で楽しく（＿＿＿）言葉を５分間行う。

③共助（介護保険サービス）

短期目標：噛む力を改善し、○○などの歯ごたえのあるお菓子が食べられる。

・訪問介護：食事時に飲水と噛む（＿＿＿）を確認し、必要に応じて促す。

・通所介護：食事前にパタカラ体操を行い、おやつは（＿＿）にして提供する。

・歯科指導：月1回の歯の（＿＿＿＿＿）と口腔ケア指導を受ける。

④主体（主語）の明記

短期目標：噛む力を改善し、○○などの歯ごたえのあるお菓子が食べられる。

・本人：食前、口のマッサージを３分間行い、（＿＿）の分泌を促す。

・家族（＿＿）：食前食後に義歯の洗浄を行う。

・事業所：嚥下に不安がある場合は刻み食やとろみ食も検討し（＿＿）する。

⑤リスクマネジメント

短期目標：噛む力を改善し、○○などの歯ごたえのあるお菓子が食べられる。

・危険：しゃっくりや咳のときは（＿＿）しやすいため、口腔内の残渣物に注意する。

・事故および予防：誤嚥（＿＿）時は残渣物を掻き出す。予防として飲み込みを確認。

書き方ポイント

- ■箇条書きで具体的に列挙する
- ■誰が(主体)、何を(目的)、どのように行うかが読み取れるようにする
- ■支援内容と役割分担を「同じ数字」で振り分け、ひと目でわかるようにする

第４章　ケアプランの書き方　書き方テンプレート記入例

※記入例はあくまでもイメージです。

第2節【本人の意向】書き方テンプレート記入例　p.120

①仕事　申し訳ない　ありがたい　②宅配弁当　後始末　ゴミ出し・買い物
③一人暮らし　参列　伝える　④指揮・合唱　立ち姿勢　10分間
⑤床ずれ　ガンガン・キリキリ　せがむ

第3節【家族の意向】書き方テンプレート記入例　p.125

①一人　専門医　徘徊　②手料理　かぼちゃの煮物　おむつ交換
③移乗　便失禁・尿失禁　夕食・会話
④介護休暇　勉強・塾・クラブ　仕事
⑤デイサービス　旅行　分担

第4節【課題分析の結果】書き方テンプレート記入例　p.130

①起立性低血圧　認知症　小声　②昼夜逆転　高い　判別・記憶
③チャレンジ精神　笑顔　栄養
④痛み　リハビリテーション　楽しむ
⑤対応　ぶつかり　転倒

第5節【総合的な援助の方針】書き方テンプレート記入例　p.135

①再発　うつ　室温　②方法　短期入所　生活援助
③危険・可能性　残薬　動作　④意欲的・前向き　改善　役割・機能
⑤○○警察署　避難ルート　体調悪化・緊急時

第6節【生活全般の解決すべき課題（ニーズ）】書き方テンプレート記入例　p.140

①むせる　服薬　料理　②手づくり　ボランティア　参加・出席
③したい　行える・できる　チャレンジし・取り組み
④料理　おしゃれ
⑤改善・回復　治療・改善

第7節【長期目標・短期目標】書き方テンプレート記入例　p.146

①距離　排泄　立位　②握力　咀嚼　着脱　③栓・フタ　転倒　滑舌
④できる　取り組む　なりたい　⑤m（メートル）　秒　体重　回

第8節【援助内容】書き方テンプレート記入例　p.152

①体操　噛む　滑舌　②声かけ　参加　早口　③回数　小分け　クリーニング ④唾液　長男・次男　提供　⑤誤嚥　発見

Column 「読み上げ」効果の勘所

文章力を向上させるために「たくさん書く」ことは大切です。それとともにお手軽にできる「読み上げ」をおススメします。書き上がった文章をセルフチェックするだけでなく、ブラッシュアップしたいときにとっても効果的です。

では、「読み上げ」にはどのような効果があるでしょう。

①「リズム感のある文章」が書けるようになる

丁寧に書くことに集中すると、言い回しが複雑で長文になったりしがちです。すると主語と述語の間に詰め物が多くなり、何が言いたいのかがわからなくなります。読み上げることで「これって長すぎない？　伝わるかな？」と自らの文章にツッコミをいれることができます。文章の意味やニュアンスをリズム感で感覚的に把握するのです。

②「文章の流れの確認」ができる

利用者の状況を「立位が困難な様子」とまとめるのでなく「右足が上げられないほど膝が痛み、立ち上がれない様子」とエピソード表記するほうが伝わりやすいことも判断できます。また、「膝がとっても痛くて上がんないよ、立てないよ」とセリフ表記にしたほうがよりリアル感が出ることも判断できます。

③「聴こえのイメージ」を再現することができる

読み上げると自然な言葉の流れや語感から判断でき、文章を修正する必要性も容易に判断することができます。

素敵だな、感動したな、こういう文章を書けるようになりたいな、と思った文章と出会ったら「書き写す」だけでなく「読み上げる」ことを試みてください。きっと大きな気づきがあるでしょう。

第5章

モニタリングの書き方

第1節 モニタリング情報の書き方

モニタリングはケアマネジメントの「中心的業務」

モニタリングはケアマネジメントの「中心的業務」の一つです。月１回以上の対面での訪問が基本です。利用者の「これまでと現在」を把握・分析し「これからの暮らし」を利用者（家族）と想定し自立（自律）した生活をどのように組み立てていくか、緊急時の対応を話し合います。そして傾聴や会話（おしゃべり含む）による「精神面へのサポートが行える大切な時間」としても重要です。モニタリングで行う業務は次の表の内容です。

①介護サービス等の利用状況の把握と効果の評価	ケアプランの第２表に設定した生活全般の解決すべき課題（ニーズ）、長期目標・短期目標、援助内容（頻度等含む）をもとに、提供された社会資源（介護サービスを含む）や利用者（家族）の取り組みが心身の状態や生活機能の維持および改善・向上にどのような効果があるか、さらに家族の生活状況や就労状況の維持・改善にどのような効果があるかを評価します。
②満足度の確認とミスマッチの修正・調整	利用者（家族）の心身の状況や生活ニーズは体調の変化や季節の変化などによって変わります。利用者（家族）のサービス（医療含む）の利用状況とサービス内容がミスマッチになっていないか、満足度を踏まえ、調整が必要でないかを検討し、必要に応じてケアプランを修正します。
③状態の把握とリスクの予測および対応のシミュレーション	利用者の多くは何らかの疾患や障害を抱え、常に服薬忘れや体調の悪化、認知症の進行、災害発生（例：地震、台風、猛暑、豪雪など）による心身のリスク等に直面しています。聴き取り・観察のプロセスで発生と緊急時のシミュレーションを行い、必要に応じて計画を立て対応します。

モニタリングの手法

モニタリングの手法には、訪問による方法以外にも電話モニタリング・オンラインモニタリングやサービス提供時の立ち会いなどがあります。

■ 訪問モニタリング

モニタリングは運営基準（指定居宅介護支援等の事業の人員及び運営に関する基準）で月１回は必ず利用者宅を訪問して行わなければならないとされています。訪問時間は次を目安に行いましょう。なお、利用者（家族）によって訪問時間帯と訪問時間は工夫をします。気がかりな利用者（家族）には20分程度の訪問を複数回行うのもよいでしょう。

・3つの業務（左記の表）に30分間以上　・「精神面へのサポート」に10分間～20分間

電話モニタリング・オンラインモニタリング

災害などの緊急時や感染症等流行・予防時には電話モニタリングやオンラインモニタリングで対応します。ほかに次のような状況が想定されます。

・週に複数回の確認が必要な場合　・簡易なやりとりの場合
・利用者が遠方の家族等のもとに一時避難している場合

サービスの立ち会い・ケアチームからのモニタリング、情報の提供

訪問介護や通所介護のサービス提供時に立ち会えば、言葉だけでは伝わらない心身の維持・改善状況やサービスへの満足度、また本音や要望を把握できます。

なお、ケアチームに「利用者情報把握依頼書」（例：口腔体操による咀嚼の改善状況）（p.209参照）などを使ってモニタリング情報の提供を依頼するのもよいでしょう。

近所、近隣からの聴き取り

見守りや声かけなどをする近隣住民や民生委員、町内会長、なじみの店舗を訪問し、利用者の情報を聴き取ることも効果的です。何気ない言葉がヒントになります。なお、個人情報やプライバシー保護、信頼関係づくりからも本人に許可を得て聴き取りましょう。

モニタリング情報の記録書類

モニタリングは、支援のブレや漏れを防ぎます。質の高いモニタリングにするために、記録用として専用のモニタリングシートや支援経過記録、評価表を活用します。また、モニタリングで把握した利用者（家族）の近況やサービスへの要望・苦情等はサービス事業所に口頭で伝えるだけでなく、「文書（例：利用者情報提供シート）」（p.209参照）を使います。まずは、次の帳票類にモニタリング情報を記録します。

・モニタリングシート　・支援経過記録（第5表）

第2節

モニタリングシート

モニタリングシートの文章表記は「備考」と「総合評価」

モニタリングシートは、保険者や事業所によって様式と内容が異なります。本書では、p.207のようなモニタリングシートを想定しています。モニタリングシートの多くは、評価する「項目」と項目の評価結果を補足する「備考」欄があります。また、モニタリング情報を総合的に評価する「総合評価」欄を設けていることもあります。

モニタリングシートに含める項目としては以下のようなものが挙げられます。

＜利用者の現状＞

- 自立度：自立、見守り・声かけ、一部介助、全介助
- 症状：あり、ときどきあり、まれにあり、なし、不明
- 利用者の変化：改善、変化なし、悪化、かなり悪化、不明
- 介護者所見：改善、変化なし、悪化、かなり悪化、不明

＜サービス満足度＞

- 利用者：大変満足、満足、不満、かなり不満、不明
- 家族介護者：大変満足、満足、不満、かなり不満、不明

＜ケアプラン実施状況と達成度および効果＞

- 利用者の実践度：している、ときどき、していない、不明
- 短期目標達成度：達成、未達成、不明
- 改善効果：効果あり、効果なし、継続観察、不明

＜ケアマネジャー所見＞

- サービスの適正度：適正である、要検討、適正でない
- 新しい生活課題：あり、要検討、なし　・プランの変更：必要、要検討、必要なし
- 再アセスメント：必要、要検討、必要なし・連絡・調整：必要、要検討、必要なし

「備考」「総合評価」の書き方

モニタリングシートの備考欄はスペースが狭いため、文字数は「10文字～25文字」を

目安とし、比較的スペースのある総合評価欄は「100文字～250文字」の範囲内で表記します。備考欄はシンプルかつ具体的（リアリティ）であることが大切です。あくまでチェックした「評価結果を補足する説明」というスタイルをとります。

状態像の改善・向上・低下を表記する

改善・向上・低下の説明は「○○が△△になる（Before ➡ After）」（前後比較表記）とし、数字を使い、必要に応じて阻害・促進要因を追記します。

〈改善した場合の書き方：例〉
一本杖での散歩時間（10分→20分に改善）。促進要因は15分のリハビリ体操の効果。

サービス満足度を表記する

サービス満足度の説明は「どのような点で満足したか」が表記のポイントです。必要に応じて「要因」を表記し、総合評価欄にはエピソードを加えるとよいでしょう。

〈満足度が上がった場合の書き方：例〉居室のゴミ等を廃棄。居室内の衛生面が改善。

実践（取り組み）を表記する

自立支援の視点では本人が取り組む「実践（取り組み）」が重要です。備考欄では「どのように行っているか」と「予測されるリスク」をシンプルに表記します。

〈実践の書き方：例〉入浴：洗身と洗髪（入浴時間20分）を行う。洗い場での転倒注意。

状況の変化を表記する

状況の変化の説明も「前後比較表記」とします。数値や実践エピソードを使いながら、必要に応じて阻害・促進要因と影響、予測されるリスク・可能性を表記します。

〈状況の変化の書き方：例〉連日の降雪（積雪１ｍ）により、日課の散歩ができず、閉じこもりがち（１日の歩数3000歩→600歩）。

▶モニタリングシート文例

O太さん（87歳、要介護3、同居介護）

✕ モニタリングシート：総合評価　NG例

　この１年間の取り組みで心身機能はかなり安定・改善している。頻尿・ふらつきも改善しているので、パターゴルフデビューも期待される。検査で高い数値のものもあり、継続して生活習慣と食習慣の改善に取り組む必要がある。

具体的な取り組みを表記したほうが本人の頑張りが伝わることになる

いつ頃可能になるのか？　そのために取り組むことは？

どの項目の数値が高いのか、不明

○ モニタリングシート：総合評価　OK例

　この半年間（20XX 年 X 月～ 20XX 年 X 月）、生活習慣と食事習慣、睡眠の改善で体調はかなり安定・改善してきている。膀胱訓練のおかげで頻尿も改善した。握力運動とリハビリ運動の成果もあり、ふらつかない歩行も可能になってきていると○○デイケアから情報提供がある。一方で、甘いものの摂取量が減っていないため、月１回の定期検査にて血糖値（130mg/dℓ）と血圧（150mmHg/90mmHg）が高めの数値を示している。６か月先のパターゴルフデビューを目指し、引き続きケアプランにもとづき支援を行う。

本人の取り組みの内容を具体的に表記

チームワークがとれていることを示す

定期検査で注意を受けている項目を具体的に明示

パターゴルフデビューの時期を表記することで目標の期限が明確になる

メモ

▶モニタリングシート文例

N子さん（82歳、要介護2、軽度認知障害）

✕ モニタリングシート：総合評価　NG例

この1年間、頑張って取り組んだことで、糖尿病の合併症のリスクが下がり、主治医も評価。難聴の治療の結果、コミュニケーションも改善がみられる。羊毛フェルト作品づくりに着々と取り組み、出品への意欲が高まっている。ケアプランの内容を変更せず、引き続き充実した日々を送れるよう支援する。

- 具体的に取り組んだ内容がわからない
- 「合併症のリスク」とは？
- 具体的にどのように評価しているかがわからない
- どのようなコミュニケーション（話す、聞く、読む、書く）かがわからない
- 抽象的でありきたりなワンパターンな表記

○ モニタリングシート：総合評価　OK例

この1年間（20XX年X月～20XX年X月）、散歩や運動を増やし、食事制限と服薬管理をし、生活習慣の改善を目指したことで、糖尿病の合併症（網膜症、神経障害など）のリスクが下がり、主治医の○○先生は「血糖値が正常になった」と評価をしている。また耳鼻科での難聴の治療と補聴器による改善で、手芸サークルぽぽりんの皆さんとの楽しいおしゃべりができるようになる。手先を使い、脳トレにも効果がある羊毛フェルト作品づくりに着々と取り組んでいる。現在のケアプランを継続して取り組み、要介護状態の改善を目指して支援を行っていく。

- 取り組んだ内容を詳細に表記
- 合併症を具体的に表記。ケアチームで共通認識できる
- 主治医の氏名を表記
- 「血糖値が正常」を追加
- コミュニケーションの具体的な内容を表記
- 認知症の本人へのチームケアを意識して追加
- 目指すことは「要介護状態の改善」と明確化

メモ

▶【モニタリングシート】書き方テンプレート

テンプレート文に自由に記入してみましょう。

①備考欄：改善・向上

・食事：さば味噌煮のゼリー食を（＿＿＿）食で食べられるように改善。

・入浴：利き腕で腹部等を（＿＿＿）できるように改善。

・体力：四点杖（＿＿＿）が10分→20分できるほどに体力が向上。

②備考欄：維持

・食事：好みの豆類を咀嚼して（＿＿＿）ことを維持・継続する。

・腕力・握力：手すりを使って便座の（＿＿＿）が維持できている。

・聴力：毎朝、犬のケンタとの散歩でペット仲間と（＿＿＿）ができている。

③備考欄：低下・リスク

・立位：股関節の痛みと筋力の低下でトイレでの（＿＿＿）が２分以上とれない。

・咀嚼：噛む力が弱まり蒸した鶏肉が飲み込めずむせることが（＿＿＿）。

・握力：握力が弱くなり（＿＿＿）のフタが回せず、料理に支障が生じている。

④備考欄：満足度

・介助：入浴の洗髪が（＿＿＿）なので「とても気持ちいい」とのこと。

・声かけ：主食、お吸い物、おかずの（＿＿＿）に高い満足度あり。

・会話：介護スタッフがいつもしゃがんで車いすの自分の（＿＿＿）の高さになってくれるので、声が聴き取りやすいとのこと。

⑤備考欄：気になる点、注意すべき点

・玄関：踏み台が不安定。（＿＿＿）の危険あり。

・整容：朝の歯磨き・洗面忘れあり。軽度認知症の進行に（＿＿＿）。

・口腔：歯磨き・入れ歯の洗浄忘れ多し。（＿＿＿）による誤嚥性肺炎に要注意。

書き方ポイント

■ 備考欄はポイントをシンプルかつ具体的に表記する

■ 備考欄はスペースが狭いため、「体言止め」も可

■ 総合評価は「前後比較」を数値・実践エピソードで表記。必要に応じて予測されるリスクも加える

第3節

支援経過記録（基本）

「支援経過記録」は事業所の「スタンダードスタイル」を決める

支援経過記録（第５表）は支援をどのように行ったかを証明する記録です。支援は月１回の訪問から電話での問い合わせ・調整、介護サービスへの要望や苦情への対応、遠方の家族とのやりとりも含まれます。また居住系施設に入所している利用者ならば管理者や生活支援員とのやりとりも含まれます。

「支援内容」のエビデンス（根拠）となる書類ですので、誰が読んでもわかりやすいことが大前提です。トラブルや訴訟となったときの「公式な書類」となるので、事業所としての「スタンダードスタイル」（標準様式）を決めておくとよいでしょう。

支援経過記録は「６つのポイント」で書く

支援経過記録には決まった書き方が明確に示されているわけではありません。書き方や範囲、書く順序などのスタンダードがないために「一貫性」に欠けてしまうことが起こりがちです。注意すべきは、第１に文章における主語と述語を明確にする、第２に共通でない略語や専門用語は用いない、第３にあいまいで抽象的な表現を避ける、ことです。記載項目とその順番が決まっていると迷うことなく効率的に書くことができます。

次のポイントを参考に、事業所としての「スタンダード」をルール化しましょう。

冒頭に「日時（対応時間）、対応者」と「タイトル」を書く

冒頭に「日時（対応時間）、曜日、対応者、記載者（署名）」を書き、改行してタイトル（例：新規訪問、アセスメント等、長男からの電話）を書くことで、読み手は一目で概要がわかり、安心して読みはじめることができます。タイトルのなかに「主訴、要望、問い合わせ、取り組み、苦情、経過、結果」などを加えるとさらにわかりやすくなります。

例）令和○年11月10日（火）14：00～14：30　対応者：山田K子　記載者：山田K子

【長男からの要望の電話】

「用件」を書く

次に「用件」を書きます。用件（要望、問い合わせ、苦情など）の内容は長文で書くより「箇条書き」で整理して表記します。

例）・デイサービスの朝のお迎え時間を「9:00→8:30」に変更希望。
・変更可能かを○○デイサービスに問い合わせ、結果を本日中（6月10日）に連絡する旨を伝える。

やりとりを「逐語」（セリフ）を含めて表記する

会話等のやりとりをすべて要約してしまってはリアリティが伝わりません。やりとりの要約表記のなかに利用者（家族）の象徴的な言葉を「逐語（セリフ）」で盛り込むとリアリティが格段に高まります。親族名称等（例：家族、長男、次女、友人、近所の人）の表記では個人が特定できないので「名前」も記載します。

例）家族（長男：○○様）
お迎え時間変更の理由は「勤務シフトが変更になり、30分早めに家を出ろ」と上司より言われたから。ご本人として「認知症の母を１人残して出勤するのは、さすがにできない」とつらそうな声で話される。

再アセスメント（分析）と判断・評価

やりとりから利用者（家族）の状況や心身の状態をアセスメント（分析）し、ケアマネジャーとしてどのように判断・評価したかを表記します。

例）・母の介護のため転職。20社目でようやく採用されたA社（食品製造）。10時30分出勤が10時に変更。50代の介護転職といえど就労条件の変更には従うしかないほどに厳しい（分析）。
・人材不足により非正規スタッフに勤務シフトの負荷が生じている。就労継続のためにも送迎時間の変更・調整の必要あり（判断）。
・通勤時間は混雑時間帯。さらに長男様の体力的な負担が増すことが懸念される（評価）。

対応・調整等

判断・評価にもとづき、どのように対応したのか、事業所や利用者（家族）にどのようなはたらきかけ（調整、相談）をしたのかを表記します。事業所ごとに対応した内容、時間、対応者の名前を記載します。

例）・○○デイサービスに14:40に電話。△△生活相談員に時間変更の理由を伝え、可能との返事をもらう。
・14:50に長男の○○様の留守電に変更可を連絡する。

計画・リスク予測

対応・はたらきかけは「結果の表記」です。ケアマネジメントとして、「これから」をシミュレーションし、ケアチームでどう動くか（対応するか）、そのときのフォーメーションを表記します。このことで状況の変化時やトラブル発生時の「初動」を早めることが可能です。今後、取り組む計画と予測されるリスクを表記します。

例）・今後、8時に家を出なければ間に合わない勤務シフトもあるとのとこ。
・送迎のためのヘルパー支援（モーニングケア）の検討も必要。

支援経過記録を書く前の「メモ」の書き方

やりとりは「メモ書き」があると効率的にまとめられます。メモは「記憶のクリッピング」です。詳しさより「自分にとって役立つ書き方」で十分です。自分流の「単語、短縮語、記号、矢印、イラスト」などを使いこなしてもよいでしょう。

なお、聴き取り中のメモを嫌がる利用者（家族）もいます。必ずメモを書く了解を得ましょう。メモ書きに集中するあまりうつむき姿勢が続くと、利用者（家族）の表情を確認できません。相手と目線を合わせるのが「7」、メモを見るのが「3」くらいにします。また、苦情などの申し出には正確な記録が重要です。了解を得て録音・撮影も試みましょう。

例）・大切なことですので（間違いがあってはいけないので）、メモをとらせていただいてよろしいでしょうか？
・お話のやりとりに言い間違いや聞き間違いがあってはいけないので、録音をとらせていただいてよろしいでしょうか？

▶ 支援経過記録文例

O太さん(87歳、要介護3、同居介護)

✕ 支援経過記録:自宅訪問　NG例

自宅訪問（○月○日）。家が掃除されていない状態のなか、モニタリングを行う。心身の状態等は別紙（モニタリングシート）参照。O太さんよりご長男の介護負担軽減の相談がある。訪問介護の生活援助の導入を検討することとする。

- 訪問時間が未記載
- 掃除されていない事実だけでなく、背景までわかるとよりよい
- 詳細なモニタリング情報を「別紙参照」とするのは可
- 重要な主訴。もう少し詳しい表記があるとよい

○ 支援経過記録:自宅訪問　OK例

○月○日11：00～11：50　対応者：柏木M子　記載者：柏木M子

【対面訪問】O太さんと面談。

・状況：居間、居室ともに新聞紙や買い物袋で散らかり気味。脊柱管狭窄症により腰の痛みがつらいとのこと。同居のK太さん（長男：56歳）は残業が多いため、帰宅時間が遅く、家事もできない状況。ご長男さんより介護負担軽減の相談あり。

・現状：心身の状態やケアプランの実施状況は別紙（モニタリングシート）に記載。

・対策：ご長男さんの家事負担軽減と仕事を継続するための支援を目的にデイサービス（通所介護）の朝の送迎時間の調整（○月○日対応済み）とともに今後の訪問介護による送迎支援（モーニングケア）と生活援助の導入を検討する。まずは、ご長男さんの意思を確認する。

- タイトル、面談日時、面談者を具体的に表記
- 掃除されていない具体的な状況とその背景を表記
- 介護負担軽減の内容が表記された
- 長男の意思の尊重が表記された

メモ

▶支援経過記録文例

N子さん（82歳、要介護2、軽度認知障害）

✕ 支援経過記録：電話対応　NG例

〇月〇日午前、N子様から「財布を紛失、次女が盗った」と訴える強い口調の電話。認知症がかなり進行し、短期記憶に影響。次女様と財布などのわかりやすい置き場所を相談。訪問介護事業所に支援の依頼。次女様に引き続き、声かけを依頼する。

正確な時間帯がわからない

支援内容がわかりにくい

カギかっこで逐語表記ができている点はよい

もう少し具体的な表記があるとよりわかりやすい

〇 支援経過記録：電話対応　OK例

〇月〇日（火）11：25～11:45　対応者：千葉S子　記載者：中谷C子

【N子様からの相談の電話】

・主訴：N子様は「財布がなくなって食べ物が買えない」「M美が盗ったのだ」と繰り返し電話口で訴えられる。

・情報：M美さん（次女、53歳）からは〇月〇日（金）に電話で「ここ数か月、もの忘れがひどい。泥棒扱いされて口喧嘩を数回した」と相談があった。

・状態：N子様は短期記憶障害がかなり進み、直近（5分前）のことも記憶になくわからない様子。

・分析：アルツハイマー型認知症の短期記憶障害ともの盗られ妄想が進行。残薬もあり服薬忘れによる体調不良から妄想がより顕著になっていると予想される。

・対応①（計画）：M美さんに財布や食べ物、薬のわかりやすい保管場所を決めてもらい、大きな文字の表示をつくってもらうこととする。

・対応②（調整）：〇〇訪問介護事業所に残薬と冷蔵庫・食べ物の管理を依頼。M美さんが朝8：00、夕方19：00に食事の確認の電話をすることとなる。

・対応③（リスク予測）：短期記憶障害のさらなる進行による失火や徘徊、スーパーでの清算忘れも予測される。1か月以内に緊急のサービス担当者会議の開催をM美さんと決める。開催日時は後日連絡とする。

時間帯を表記

タイトルや小見出しが入り、内容が整理されてわかりやすい

「逐語」表記でよりわかりやすくなる

状態を追記

支援内容と声かけの内容が具体的でわかりやすい

▶【支援経過記録（基本）】書き方テンプレート

テンプレート文に自由に記入してみましょう。

①タイトルと用件

・相談：【長女から相談の電話】長女 U 子様より食べ残しの件で（＿＿＿）。

・要望：母 F 子様の食事（＿＿＿）の件での要望あり。

・苦情：母 F 子様の食べ残した食品の（＿＿＿）の件で苦情あり。

②逐語（セリフ）

・相談：「食べてもおいしくないのよ」と食べることへの（＿＿＿）を言う。

・要望：「食事介助をもう少し（＿＿＿＿）にやってほしい」と要望あり。

・苦情：「あんなに歯ごたえのないものは嫌だ」と（＿＿＿）に苦情あり。

③アセスメントと判断・評価

・評価：Nさんの咀嚼能力の（＿＿＿）が体調不良に影響している。

・評価：Nさんの 3 kgの体重の減少に食事量の減少が大きく（＿＿＿）している。

・判断：Nさんの咀嚼と飲み込み改善のために自宅での（＿＿＿）体操を提案。

④対応・調整等

・対応：口腔体操の必要性とやり方の指導をデイサービスに（＿＿＿）する。

・調整：食事前の口腔体操の（＿＿＿）のために○○訪問介護と調整。

・情報提供：食事前の口腔体操の（＿＿＿）と方法を長女様に情報提供。

⑤計画・リスク予測

・計画：デイサービスと訪問介護の食事の前に 3 分間の口腔体操を行い、 1 か月後に（＿＿＿）を検証する。

・想定と予防：つまらせ予防には、（＿＿）をひと口に切り分け、小まめに水分摂取を徹底。詰まらせたときは（＿＿＿）処置を行う。

書き方ポイント

- ■支援経過記録は「タイトル」を冒頭に表記する
- ■文章は長文でなく箇条書きを活用する
- ■やりとりの表記は逐語（セリフ）で、リアリティを出す

支援経過記録（状況の表記）

「状況」は「具体的事実」をリアルに表記する

支援経過記録で重要なのは「状況」です。「状況」とはその人がおかれた環境や社会、組織、人間関係の様子などを客観的に表す際に使われます。ケアマネジメントでは利用者（家族）の「居室、屋内、屋外、周辺」などを含めた環境に関する**「客観的事実」**のことです。

その状況が抽象的であったり、主観的な印象や思い込みであったり、利用者（家族）からの説明そのままの表記であったりしては、読み手にはなかなか伝わりません。

〈具体的な表記の例〉

・抽象的な表記：散らかった部屋

　→具体的な表記：カップ麺の空き容器や新聞紙、紙おむつで足の踏み場がない部屋

・主観的な表記：不潔なキッチン

　→具体的な表記：汚れた食器と腐った生ごみ、十数匹のゴキブリが這うキッチン

・利用者の説明：放ったらかしの庭

　→具体的な表記：雑草が膝まで生い茂ったままの手入れをしていない庭

支援経過記録に書く評価や判断の根拠はケアマネジャーの主観や印象ではなく、「具体的な状況・事実」がポイントです。「状況」を書くときの基本は「６Ｗ５Ｈ１Ｒ」です（第１章参照）。とりわけ支援困難ケースや虐待ケースなどの報告書では「具体的な状況・事実」を求められるので、具体的に書けるようにトレーニングしましょう。

「状況（様子）」の表記は「居室、屋内、屋外、周辺」にこだわる

利用者（家族）の「居室、屋内、屋外、周辺」などを含めた環境の「客観的事実」は、利用者の心身の機能や体調、暮らしぶりに影響するので、より具体的でイメージしやすい表記が求められます。

状況の表記のポイント

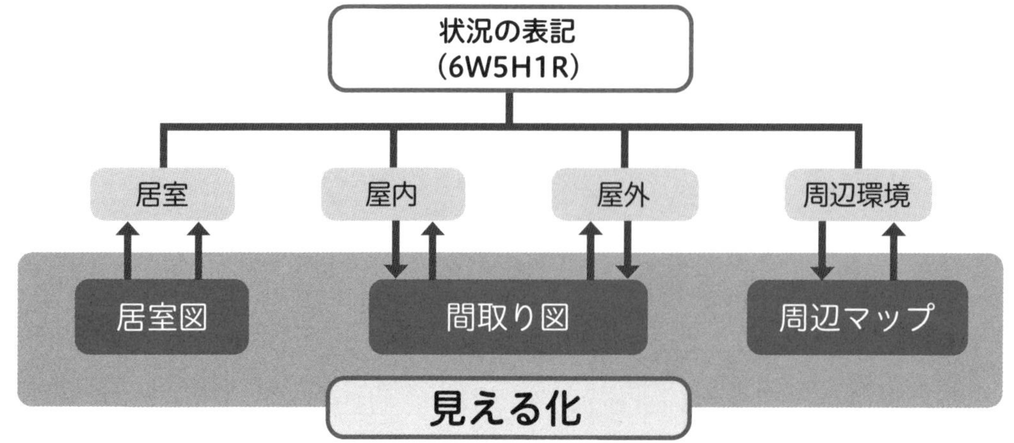

居室の状況

居室は介護が必要な利用者が暮らす（生きる）「生活空間」です。その環境が「どう暮らしやすいか（暮らしにくいか）」は本人の体調や心身機能（例：上肢・下肢の機能、視覚・聴覚の機能）、生活機能（例：食事、排泄、着替え）などの本人視点から「居室の状況」を具体的に表記します。

また、文章だけでは限界があります。居室の平面図を描き、下記の観察ポイントを参考に「コメント」を書き込むととても伝わりやすくなります。

〈居室で観察しておくポイント〉
- ベッドおよびベッドまわり、床、畳、ゴミ箱、家具や棚、置物などの装飾品類
- 照明、電気スタンド、窓の数と採光、カーテンの有無
- 車いす、シルバーカー、ポータブルトイレ、歩行器、杖、医療機器の有無
- 居室内の室温と湿度、換気、エアコン・暖房器具類
- テレビ、ラジオ、パソコン、電話、家庭用電化製品類、コンセントの位置

屋内・屋外の状況と見える化

屋内・屋外（庭・小屋・蔵）は利用者にとってはおうち時間を過ごす「住空間・住環境」です。本人の「使い勝手」と「安全面・衛生面」の両面から「屋内・屋外の状況」を場所別・パーツ別に具体的に書きます。「**間取り図**」（屋外含む）に「居室、居間、台所、トイレ、風呂場、玄関、庭、物干し場」などを手書きで描き（下手でもOK！）、そこに「動線、距離、幅、高さ（段差含む）」および使用状況やリスクなどのコメントを書き込むとよりイメージしやすくなります。

▶ 支援経過記録（状況）に関する「間取り図」

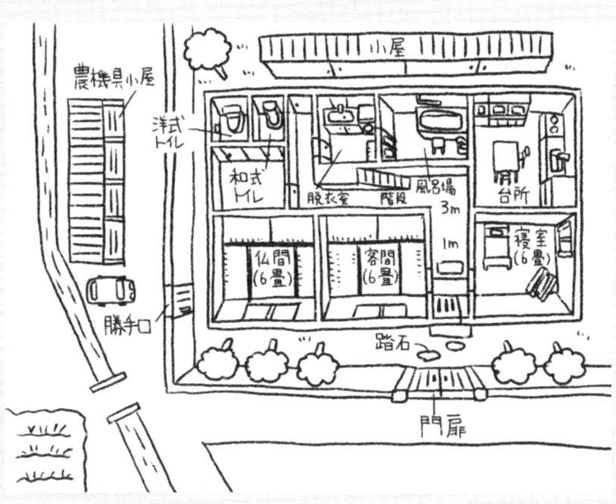

〈屋内・屋外で観察しておくポイント〉

・ADL：移動（廊下、敷居、ドア・襖、手すり、玄関）、食事（テーブル、イス）、排泄（トイレ、洋式・和式便器、ドア・手すり（タテ・ヨコ）、温風ヒーター）、入浴（風呂場、脱衣場所、洗い場、浴槽、シャワーチェア）、整容（洗面化粧台、鏡）

・IADL：料理（台所、シンク、電子レンジ、ガスコンロ、冷蔵庫、食器棚、食材置き場）、洗濯（洗濯機、物干し場）、掃除（掃除機、箒、掃除場所）、買い物（シルバーカー）など

なお、一日の時間帯別（季節別）の屋内の明るさ、換気の状況、室温・湿度の表記は重要です。また、災害時（地震、浸水、倒壊）の屋内避難所や屋外避難通路なども「間取り図」で見える化することで緊急事態に対応できます。

■ 周辺環境の状況と見える化

利用者の移動範囲が「行動空間」です。行動空間は徒歩だけでなく、車いす、シルバーカー、シニアカーや自動車などの「移動手段」によって格段に広がります。どこになじみの公共施設や店舗があり、なじみの人々（支え手）の家があるのか、その「位置」を見える化した「支え手周辺マップ」を作成しておくと、周辺環境の状況の文章表記のときにとても便利です。

作成は、インターネットの地図検索機能で衛星写真による地図画像や白地図をトレースし、利用者宅周辺を10分～20分散歩して、支え手の人やなじみの店・場所を書き込みます。利用者宅からそれぞれの場所への「移動経路、移動距離、移動時間」とともに、行動空間にある「危険な場所（交差点、ため池、側溝）、緊急避難所（避難経路）」なども表記します。

▶ 支援経過記録(状況)に関する周辺マップ

メモ

▶【支援経過記録（状況）】書き方テンプレート

テンプレート文に自由に記入してみましょう。

①居室

・ベッド：ベッド脇の（＿＿＿）が見えないため床にティッシュが散らかっている。

・室温：エアコンの（＿＿＿）を間違って操作して15℃くらいに冷えてしまう。

・移動：深夜、ベッドから降りたときにゴミ箱につまずき（＿＿）する危険がある。

②屋内

・居間：難聴のためテレビの音量を大きくしがちで、近所から（＿＿＿）を言われる。

・台所：食器洗いが嫌いで（＿＿＿）が来るまでシンクに山積みになっている。

・廊下：冬場、日中に開けた窓を閉め忘れ、雪が吹き込み（＿＿）の危険がある。

③屋外（庭・家まわり）

・庭：庭の雑草抜きが趣味。夏場は熱中症から（＿＿）で倒れる危険がある。

・駐車場：駐車場の花壇の水やりが（＿＿）となり、生きがいにもなっている。

・畑：家の（＿＿）の20坪ほどの畑で野菜をつくり、近所や子どもたちに配っている。

④近所・近隣

・友人：50m先の将棋の（＿＿＿）仲間の加藤さんとは声をかけ合う関係。

・道路：神宮公園までの200mある（＿＿＿＿）が杖歩行では疲れやすい。

・側溝：冬場、積雪で側溝が隠れてしまい（＿＿＿）で転倒する人が多い。

⑤周辺地域

・信号：視力が落ち、南一丁目交差点の（＿＿＿）信号機の横断歩道を使っている。

・店舗：300m先の○○スーパーに週１回、20分ほどかけて（＿＿＿）に行く。

・散歩：自宅周辺を散歩したいが（＿＿＿）がなく自動車がそばを通るので危険。

書き方ポイント

■「家のなか」という表現はせず、屋内の場所別に具体的に表記する

■ 居室図・間取り図で「動線、距離、幅、高さ」を見える化する

■ 周辺マップには「支え手、なじみの場所」と「建物、移動距離・時間・方法」を表記する

支援経過記録（状態の表記）

「状態」は「具体的事実」をリアルに表記する

支援経過記録で表記する「状態」とは「**人の心や身体の様子**」です。ケアマネジメントでは利用者（家族）の「心、身体、疾患、部位」などを含めて「状態像」と考えます。

状態像の説明文章が抽象的であったり、主観的な印象や思い込み、利用者（家族）からの説明そのままの表記であっては、記録として不十分です。

〈具体的な表記の例〉

- ・抽象的な表記：風邪でつらそうな様子
  - →具体的表記：咳が止まらず、体温38.3度でぐったりと横になっている
- ・主観的印象表記：熱っぽい表情
  - →具体的表記：体温38.3度、頬は赤みがかりうつろな目をした表情
- ・利用者の説明：「しんどくて何もやる気になれずに横になったまま」
  - →具体的表記：「だるさと痛みで横になると動くことさえ面倒だ」

「状態」は聴き取り情報（主観）と観察情報（客観）が勘所

状態像といえば本人が話したままを「真実」として表記しがちです。しかし、それはあくまで主観的情報でしかありません。主観的情報には本人の「理解（認知）の偏り」があります。強い不安や焦り、身体の痛みなどから「偏った解釈や理解」で話すこともあるからです。ただし、たとえ偏った語り（主訴）でも、それはその人にとっての「事実」であり、それを表記することは重要です。

観察情報は客観的事実です。本人の主観的情報と一致することもあれば、かなり異なる場合もあります。観察情報から得られる客観的事実と主観的情報があることで「より緻密で具体的なアセスメント」が可能になります。

そのため、次のように聴き取りと観察を行います。

状態の表記のポイント

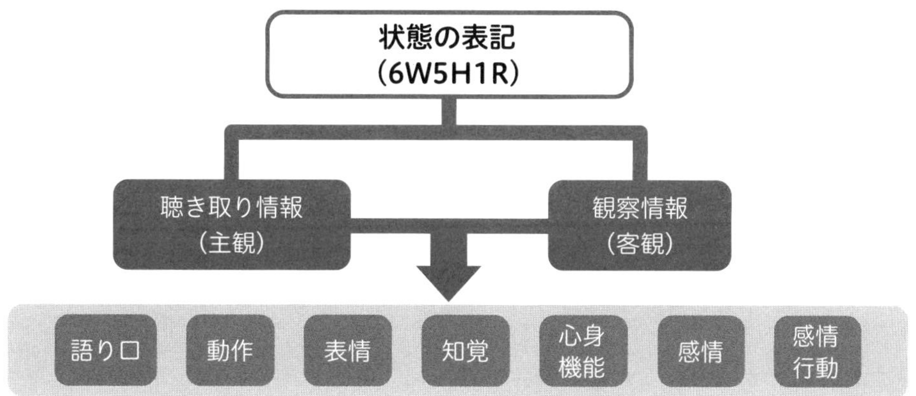

聴き取り情報(主観)

聴き取り情報とは利用者（家族）の主観によって得られるものです。「主観」には、利用者（家族）の性格や価値観、体調や心身の機能や知覚、疾患や障害への理解・受け止め、成功体験や失敗体験などが影響します。

現在の「状態像」をどのように受け止めているのか（主観）を質問します。その「語り」自体は客観的な事実なので、象徴的なフレーズを支援経過記録に記載します。

〈状態像の聴き取り方の例〉
- ○○をどのように理解されていますか？
- ○○をどのように感じていますか？
- なぜそうなっている(なってしまった)と考えられますか？
- ご家族はどのように受け止めていると思われますか？
- ご自分としてどうしたい(どうなるとよい)と思われますか？

聴き取りでは語り口や話し方の強弱などの「ニュアンス」にアンテナを張ります。声には感情がこもるからです。使用目的を伝え、了解をとって「レコーダー」で音声をレコーディングするのもよいでしょう。

観察情報(客観)

「客観」は観察した事実を表記します。利用者の「主訴」を聴くだけでは「主観」のままです。身体機能や生活行為の改善・低下は実際の動作をやってもらい、その状態（様子）を観察することでより具体的に把握でき、「客観的事実」を詳しく表記できます。

〈状態像を観察するときの例〉

主訴：「トイレに行くのがつらいのよ」

ケアマネジャー：「では、無理のない範囲で普段されているようにベッドからトイレまでの移動を見せていただけますか？」

観察：ベッドから立ち上がる→廊下に出る→両膝が痛くて、表情が歪む→室内歩行器を押そうとする→踏み出しを3秒ほどためらう→床面に足底をつけ、前にずらして進む→居室からトイレまで約15mの廊下を5回休んで進む（約5分）

主訴だけではわからなかった膝の痛み、踏み出し時のためらいなどが観察できます。このとき、随時、質問をして原因などを探り、メモします。その際、時間や回数を「**数値化**」して表記します。

ただし、観察の記録は「文字だけ」では限界があります。使用目的を伝え、了解をとってから「動画」（画像）で記録しておくのもよいでしょう。

※動作をお願いする際はリスク回避として「無理のない範囲で」とひと言を伝えます。また、録音・撮影・動画収録の前に「使用目的と管理方法」を伝え了解をもらいます（個人情報保護法対応）。なお、覚書を交わしておくのがベストです。

「状態」表記の勘所は「語り口、動作（表情）、知覚、機能、感情・感情行動」

利用者（家族）の「語り口、動作（表情）、知覚、機能、感情・感情行動」を含めた状態像の表記は、支援経過記録だけでなく、利用者の心身の改善・維持・低下のアセスメントや介護サービス事業者のケア提供の際にも役立ちます。「わかりやすい・イメージしやすい」具体的な表記が求められます。

ADL、IADL、CADLの状態表記

ADL・IADL・CADLの状態は生活行為を「身体行為（動作）に細分化」する視点で観察・聴き取りした内容を表記します。阻害要因だけでなく、促進要因（推測含む）も表記します。

〈状態表記の例〉

食事の動作：箸（スプーン）でつかむ→口内に食べ物を入れる→噛み砕く→飲み込む

・阻害要因：箸でつかめない（握力低下、視力低下）、噛めない（虫歯、歯痛、歯槽膿漏）、飲み込めない（パーキンソン病、逆流性食道炎）

・促進要因：食欲旺盛、練りものが好物、好き嫌いがない

■ 知覚機能とコミュニケーションの状態表記

知覚（視覚、聴覚、嗅覚、味覚、触覚）の状態は五感ごとに「できる・一部できる・できない」の３択でなく、「どのように」（レベル感）を意識して具体的に表記します。

知覚の低下がコミュニケーション（例：会話、電話、参加）などにどのように影響しているかも大切なポイントです。阻害要因（疾患、住環境、体調）とともに、改善・促進要因（例：住環境の改善、メガネ・補聴器などの補助機器の使用および調整）も表記します。

■ 心身機能の状態表記

心身機能は**精神状態**（例：過度な不安や緊張、強迫観念、睡眠障害、息切れや震え、ひきこもり）と**身体機能**（例：関節、骨の屈曲や萎縮、握力や脚力・運動神経・咀嚼力の低下など）は次のポイントで表記します。

- 精神状態の表記：一日の気分の変化（時間帯、持続時間、温度・湿度）、不安レベル（0～10のスケール評価）、身体症状（頭痛、胃痛、息切れ、咳込み）、睡眠（時間、中途覚醒数、熟睡感）、日常生活・仕事（習慣の乱れ、集中力の低下）、セルフケア（運動、瞑想、交流）など
- 身体機能の表記：身体的な症状（部位別の痛み、不快感、違和感、だるさ、痺れ、かゆみ）、運動機能（筋力、持久力、バランス、可動域など）、神経・感覚機能（知覚、感覚、自律神経、認知機能など）、バイタルサイン（体温、脈拍、血圧など）

■ 感情（思い）と感情行動の状態表記

利用者（家族）の「心の支援」はケアマネジメントの大切な役割です。利用者（家族）の「言葉や意思」にはさまざまな感情や心情が含まれます。その心情のままに行動する（感情行動：笑う、泣く、怒鳴る）こともあれば、抑えることもあります。直情的に表出するより、対面や電話で吐露される感情や心情、感情行動を共感的に受け止め、エピソードを含めた表記をすることで利用者（家族）の心の状態を具体的に記録するようにします。また、語られる言葉から虐待や介護うつの早期発見（リスクマネジメント）につながることもあります。

〈感情（思い）と感情行動表記の例〉

- ○子さん（妻：78歳）は若い頃に夫の浮気癖でひどい目にあったと笑って話す。
- ○男さん（夫：85歳）は認知症の妻の同じ話にものすごくイラついたらその場から離れるようにしている。
- ○美さん（長女：57歳）は「凛としていた母」の不潔な恰好が情けなくて怒鳴る。

▶【支援経過記録(状態)】書き方テンプレート

テンプレート文に自由に記入してみましょう。

①動作（表情）

・移動：玄関から門扉までの手すりは（＿＿＿）製。雨の日の移動方法について相談。

・排泄：便座の立ち座りを観察。握力の低下が原因かもと本人なりの（＿＿＿）。

・表情：入浴の質問に突然怒り出し、（＿＿＿）が険しくなる。

②知覚

・視覚：白内障で視力が低下。文字がぼやけるとのこと。団地棟の（＿＿）が読めず迷子になることも。

・聴覚：（＿＿＿）により聞こえが改善。会話のストレスが減り、明るくなる。

・味覚：料理の味つけで家族から苦情。（＿＿＿）の可能性大。検査を提案。

③知覚

・触覚：日中、コタツに座って過ごすことが長い。（＿＿＿＿）の注意を促す。

・嗅覚：嗅覚の件で長女から相談。鍋焦がしや（＿＿＿）に気づかないとのこと。

・直感：「誰かに監視されている」と居室に（＿＿＿）と○子（妻：○歳）から電話相談。

④心身機能

・上肢：ネット注文された介護用マジックハンドの使い勝手を（＿＿＿）する。

・下肢：下肢の（＿＿）について質問あり。運動不足と薬の副作用などの原因を説明。

・腰：腰痛で床の（＿＿）が拾えないとのこと。転倒のリスクを注意・説明。

⑤感情（感情行動）

・笑う：妻から若い頃の浮気を話題にされると（＿＿＿）ごまかす。

・泣く：５年前に亡くなった長男の写真を眺め、（＿＿＿）を上げて泣く。

・歌う：ご主人とデイサービスでデュエット曲を３回も歌えたと（＿＿＿）そうに話す。

書き方ポイント

■ 聴き取り情報の「語り」は要約せずに、象徴的なフレーズを表記する

■ 生活行為は再現してもらい「身体動作」を観察し細分化して表記する

■ 心の状態は「感情」と「感情行動」を書き分ける

支援経過記録（苦情・事故・ハラスメント）

苦情・事故・ハラスメント記録は「標準スタイル」を決めておく

支援経過記録のなかでも慎重かつ正確に書かなくてはいけないのは「苦情・事故・ハラスメント」に関する事項です。それは解決に向けた相談や示談交渉、裁判になったときの「重要な資料」（根拠資料）として扱われる可能性もあるからです。

支援経過記録には要点だけを明記し、詳しい経緯や対応、結果などは報告書に表記します。「詳細は、別紙報告書に記載」などとただし書きをするとよいでしょう。

事業所としては「苦情時、事故時、ハラスメント発生時」の支援経過記録のスタンダード（標準スタイル）をマニュアル化しておきます。そのことで抜けや漏れを防ぎ、事業所としての一貫性・統一性をつくることが可能になります。表記の基本は「６Ｗ５Ｈ１Ｒ」です。

記載項目の例

【タイトル】:簡潔に記載(例:苦情、介護事故、ハラスメント等)

【日付と対応時間】:○月○日(曜日)00:00～00:00

【苦情報告者】:利用者、家族、サービス事業所、近所等
※氏名、連絡先、関係性(利用者、家族、スタッフ、地域など)

【苦情受領者】:氏名、所属

【苦情・事故・ハラスメント内容】
・日時、場所
・当事者、関係者(利用者、家族、スタッフなど)
・出来事(介護事故、ハラスメント)を時系列で箇条書き
・関係者の証言、現場の状況、証拠品(写真、メール、動画)
※関係者の所属・連絡先
・相手が求める要望・意向、釈明

【支援内容】・日時、場所
・支援策(サービス事業所、医療機関、警察署・消防署、地域包括支援センター、行政など)

【改善計画】　・日時、場所
　　　　　　　・方針、関係者、関係機関など
【報告書】　　・作成予定、報告先、提出予定など

「主語」を意識しながら聴き取り、記録する

利用者からの直接の申し出なら「主語は○○さん」ですが、話が複雑に込み入っていたり、関係者が多かったりする場合の申し出では「主語が混乱」することがよくあります。苦情を言っているのは誰なのか、事故で被害に遭ったのは誰なのか、ハラスメントをした・されたのは誰なのかを正確に聴き取り、記録します。一方的に言い募る本人自体が混乱していることもあります。個人を特定できない言葉（例：子ども、孫、ヘルパー）が錯綜するとややこしくなるので、「氏名」を聴き取り記載します。その場で家族構成図（ジェノグラム）を書いて家族全体を見える化するのもよいでしょう。

「経緯（対応含む）」を冷静に聴き取り、記録する

苦情や事故、ハラスメントでとても重要なのは「経緯」です。聴き取り時は、感情的な訴えに共感したとしても、支援経過記録では冷静に事実を記録します。公正・公平・中立の立場で「事実」を確認し、決して主観的な判断や先入観、個人的な意見や解釈を入れてはいけません。あくまで「客観的な情報（事実）」を表記します。

経緯は「事実証明」にもなる重要な内容です。日時・場所の次に発生前の状況・起こった出来事（ミス・トラブル、事故、ハラスメント）・発生後の行動などを箇条書きで整理します。支援経過記録とはいえ、要点を整理して時系列で表記します。文脈のなかに象徴的な言葉（フレーズ、セリフ）として「」で表記するとより具体的になります。

書き終えたら再読し、事業所内で読み合わせを行います。個人情報に配慮しながら、黙読でなく声に出して読み合わせるのもよいでしょう。辻褄が合っているか、漏れがないかのフィードバックをもらい、提案があれば必要な修正や改善を行います。

なお、詳細は「報告書参照」と表記しておきましょう。

記録方法は「メモ・録音・録画」

聴き取り時の記録はメモです。しかし、申し出や話し合いの場面では、聴き取りに集中してしまい、十分なメモがとれないリスクもあります。「漏れがあってはいけないので録音（レコーディング）をさせていただいてよろしいですか？」と相手に了解をとってから「録音・録画」をしましょう。

介護事故で身体に傷・あざがある場合は利用者（家族）に写真を依頼します。

「苦情」は「レベル」を意識し、「チャンス」ととらえる

「苦情」とは顧客の「期待損失」が言葉・態度となったものです。多くの人は苦情を言われるのを嫌い、また苦情を言うことを控えます。それほど「苦情」には強いマイナスイメージがあります。「心理的ハードル」を越えてあえて言ってきた人は勢いや緊張感から、つい強い言葉や口調、態度になりがちです。勢いに押されず「語られる内容」を冷静に受け止め、５分間ほどを目途に「小まとめ」を入れて要約しておくと報告書の文章を効率的に書くことができます。

「苦情レベル」を意識しながら聴き取り・記録する

苦情には「問い合わせ・確認」レベルから「不満・文句・小言」、「批判・抗議」レベルまであります。「非難・訴訟」レベルは苦情を越えた領域です。利用者（家族）にとって問い合わせ・確認程度だったのに「クレイマー扱い」を受けたことで不満・文句レベルに態度が硬化することは起こりがちです。

対応時にいきなり「申し訳ありませんでした」と謝罪すると「非を認めた」と解釈され危険です。苦情を伝えてくれたことに対するねぎらいの言葉の後に「まずは詳しく教えていただけますか？」と経緯をメモし、その後、支援経過記録に記載します。

「苦情」からわかる「サービス提供側の資質」

利用者（家族）の苦情からサービス提供側の資質を把握することができます。聴き取り時、次の視点で質問を行い、全体像を把握します。

- サービス提供時の説明不足＆声かけ不足
- 不快感を与える清潔感のない服装・身だしなみや態度
- 利用者（家族）の意思や個別性の無視
- 失礼な態度やマナー＆エチケット（例：言葉づかい）
- 未熟なケア技術、個人情報の漏えい　など

「苦情」からわかる「利用者（家族）の変化」

苦情の原因として「利用者（家族）の心身や生活の変化」の視点も大切です。苦情を訴える際、支離滅裂ともいえる繰り返しの話などから認知症の進行を予測できます。

苦情とは「利用者（家族）の心身機能や生活機能の把握（アセスメント）」と各サービス事業所の「質の向上に取り組むきっかけ（チャンス）」です。慌てず・ひるまず・正確にメモをとり、支援経過記録に表記しましょう。

▶【支援経過記録(苦情・事故・ハラスメント)】書き方テンプレート

テンプレート文に自由に記入してみましょう。

①苦情

・認定：要介護認定結果について（＿＿＿）の電話。再認定調査の希望あり。

・料金：M 子様（長女：○歳）より月々のサービス利用料の金額について（＿＿＿）。

・説明：利用料変更の説明は聞いていないと申し出。音声記録の（＿＿＿）を伝える。

②苦情

・食事：「味が薄い」と苦情。味覚障害の可能性の有無を主治医に（＿＿＿）。

・介助：入浴介助時に（＿＿＿）が少なく「乱暴だ」とご本人から電話あり。

・言葉：S 美様（長女：○歳）が介護職の（＿＿＿＿）言葉づかいに不快感を示す。

③介護事故

・転倒：車いす介助時に転倒。介護ボランティアによるストッパー（＿＿＿）事故。

・誤薬：トミ様に誤薬。多忙にて薬袋の氏名を（＿＿＿＿）せず。要対策。

・嚥下：胃液の逆流によるむせ込みでお餅の（＿＿＿）が喉に詰まり窒息事故。

④ハラスメント

・暴言：訪問介護の（＿＿＿）時に「○○はやってくれんとぉ！」と怒鳴って要求する。

・暴力：体位変換時にヘルパーが太ももを強く（＿＿＿）、あざになったと報告あり。

・態度：食事介助時、無言で（＿＿＿）、箸を顔に投げつけられたと電話あり。

⑤ハラスメント

・性的：T 男様（72歳）、訪問時、注意してもアダルトビデオの（＿＿）を続ける。

・モラル：「これくらいやってこそ介護だろう」と30分も（＿＿＿）される。

・制度：「これくらいできないとはなんだ！」と市長の回答を（＿＿＿）される。

書き方ポイント

■「根拠資料」を意識した「６Ｗ５Ｈ１Ｒ」で表記

■「経緯」は時系列に、箇条書きで要点をまとめる

■ 苦情は「チャンス」。焦らず・慌てず・おそれず、そして公正・中立に記録する

第5章　モニタリングの書き方　書き方テンプレート記入例

※記入例はあくまでもイメージです。

【モニタリングシート】書き方テンプレート記入例　p.162

①ミキサー　洗身　歩行　②飲み込める　立ち座り　おしゃべり
③立位　増える　調味料　④丁寧　説明　目線
⑤転倒　要注意　虫歯

【支援経過記録（基本）】書き方テンプレート記入例　p.168

①相談　介助　処理　②不満　丁寧　食形態
③低下　関連・影響　口腔　④依頼　時間確保　必要性
⑤効果　食材　応急

【支援経過記録（状況）】書き方テンプレート記入例　p.173

①ゴミ箱　リモコン　転倒　②苦情　訪問介護・ヘルパー　転倒・低体温症
③脱水　日課　裏手・脇　④趣味　ゆるい坂道　歩道
⑤音響式　買い物　歩道

【支援経過記録（状態）】書き方テンプレート記入例　p.178

①ステンレス　分析　目つき　②番号・数字　補聴器　味覚障害
③低温やけど　腐敗臭　引きこもる　④観察　むくみ・浮腫　ゴミ
⑤笑って　嗚咽　うれし・楽し・幸せ

【支援経過記録（苦情・事故・ハラスメント）】
書き方テンプレート記入例　p.182

①不満　問い合わせ　内容　②相談・確認　声かけ　なれなれしい
③かけ忘れ　ダブルチェック・確認　残渣
④説明　叩かれ・つねられ　にらみ　⑤視聴　説教・叱責　要求

Column 「ネット文例・ＡＩ文例」書き換えの勘所

「ケアプラン、文例」とインターネットで検索すればたくさんの文例サイトがヒット。書店にも「こう書けばいい！」という文例集がたくさんあり、これからは文章生成ＡＩが文例をつくってくれる時代になります。「でも、ちょっと使えないな」というあなた。諦めるのはまだ早いです。私の書き換えテクニックのエッセンスを実践するだけで「望む文章」に様変わりさせることができます。

①「文章の分析」をする

インターネット上の文例や生成AIによる文章がスラスラと読めれば文法的な構造には問題なしです。次にどのような言葉や語彙、フレーズや言い回しが使われているか、どのような文脈で組み立てられているかを観察・分析します。

②「言葉・語彙の置き換え」を行う

文法に問題がなければ抽象的な表現（大雑把な表現）、難解な言葉や語彙、専門用語を洗い出します。次に文脈の「意味を尊重」しつつ、異なるわかりやすい具体的な言葉や語彙に置き換えます。同じ意味を伝えるために、まず単語・語彙だけを置き換えます。

例）入浴を支援する　➡　お風呂に入るのを介助する（手伝う）

③「書き換え・言い換え（パラフレーズ）」を行う

元の文章や文脈の「意味・内容を尊重」しつつ、異なる言い回しや語彙を使って書き換え（言い換え）ます。言い回しを変え、６Ｗ５Ｈ１Ｒで具体化し、「本人らしさ」を尊重した表現を目指します。

例）自宅において、安全かつ安心して生活できるよう、居住環境を整備する

➡　築50年のわが家でふらつきや転倒に注意して不安のない日々を送れるように、廊下と玄関の段差をなくし手すりなどの設置をする。

④「フィードバック」をもらう

あなたが書き換えた文章を他人に読み込んでもらいます。フィードバックはケアマネジャー、利用者、家族、ケアチームの「四者」の立場からもらいます。それぞれのフィードバックがあなたの文章力の成長を促してくれるでしょう。

依頼状・報告書の書き方

第1節

依頼状・報告書のスタイル

依頼状は「外向け」、報告書は「内向け＋外向け」

ケアマネジメントはチームケアです。ケアチーム間で行う会議（例：サービス担当者会議）の案内からサービス調整の依頼と確認、利用者情報提供の依頼、事業所主催の研修会やイベントの案内など「**外向け文書**」を発出する機会が多くあります。

一方、増加傾向にある利用者（家族）からの苦情や介護事故、ハラスメント等に関する報告書については、法人（本部、事務局）等ならば「**内向け文書**」を提出し、行政の担当課には報告書という「外向け文書」を提出することになります。

いずれの文書も「**公に向けた文章スタイル**」を意識しなければいけません。表現も「**常体**」（文末が「だ・である調」）と「**敬体（丁寧語）**」（文末が「です・ます調」）とあいさつでは「**敬体（謙譲語）**」（文末が「いたします・おります調」）を使い分けます。「言い回し」だけでなく、長文であっても、一読すれば理解できる「**簡潔かつ明瞭な文章**」でなければいけません。

また、介護保険法や各種通知類で使われる「**行政用語と制度用語**」も使いこなし、必要に応じて「**行政的な言い回し**」を含んだ表記をするようにしましょう。

「依頼状の構成」—８つのポイント

会議などを案内する依頼状は「スタンダード（標準様式）」をつくっておきます。会議の目的や内容、参加者ごとに「標準様式の一部を修正」することで、作成時間を飛躍的に短縮できます。次を参考に構成を決めましょう。

1.件名:件名には､「○○会議招集の依頼」や「○○会議開催のお願い・ご案内」と明確な目的を記載します。

2.あいさつ:冒頭にあいさつ文を書きます。敬語や丁寧な表現にしますが「冗長な言い回し（過剰に長たらしい）」は読み手に過度な負担をかけます。簡潔にあいさつします。

例）冗長な冒頭

「この度は、ご多忙中にもかかわらず恐縮でございます。○○様のサービス担当者会

依頼状・報告書の書き方のポイント

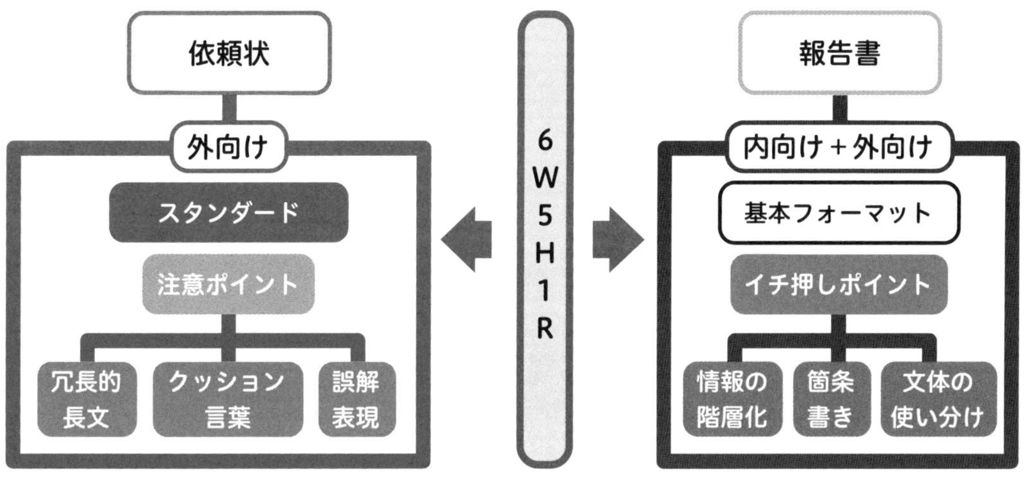

議のご案内をさせていただきます。何卒、ご協力賜りますよう、よろしくお願いいたします」

➡「この度は○○様のサービス担当者会議のご案内をいたします」

3.目的の説明: 会議の目的やその経緯を簡潔に説明します。

4.日時・場所・形式の明記: 会議の開催日時と終了時刻(予定)、場所、形式(対面、オンラインなど)を明記します。

5.議題の列挙:議題(話し合うテーマ)の項目と話し合いにかける所要時間、「準備してもらいたい資料や発言」を列挙します。箇条書きが整理されているとわかりやすいでしょう。

※話し合いたい議題があれば積極的に受けつける旨も表記します(とかく会議となると招集側の議題が中心となりがちなため)。

6.参加の要請: 依頼状で出席を要請。出席・欠席(遅刻・早退含む)の返信方法と返信期限を明示。返信先の連絡先(FAX番号、メールアドレスなど)を記載します。

7.締めくくりと感謝:終わりに簡単な締めくくり文と感謝を明示します。

8.署名と連絡先: 依頼状の最後には、差出人の署名(事業所名、名前)と連絡先(電話番号やメールアドレス)を明記します。

■ 使いこなしたいクッション言葉

冒頭のあいさつ部分や締めの部分に、先方を思いやる「クッション言葉」を挟むようにします。相手への配慮を表記することで、誠実な印象を与える効果があり、依頼を受けてもらいやすくなります。

<クッション言葉の例>

- お忙しいところ恐縮ですが
- 大変お手数ですが
- 申し訳ございませんが
- 可能であれば
- もしよろしければ
- ご面倒でなければ

依頼状で誤解されやすい表現

依頼状で注意したいのは「誤解されやすい表現」です。丁寧に書いたつもりが「少し上から目線、くどい表現、足りない表現」だと相手を不快にさせてしまいます。予防するには語句や語尾などの表記に注意しましょう。

- やや上から目線な表現：「なるべく早めの日程調整の対応をお願いいたします」
  ➡「なるべく早めに日程調整をいただけますと幸いです」
- やや上から目線な表現：「出席可能な日程を教えてください」
  ➡「ご都合のよい日時をお知らせください」
- 情報不足、指示的な表現：「必要な準備をしてください」
  ➡「○○の会議に向けて必要な準備をお願いいたします」
- あいまい、自己中心的な表現：「なるべくたくさんの意見を聞きたいです」
  ➡「皆さんのご意見を多くお聞きしたい（お聞かせいただければ）と思います」

「報告書の構成」——４つのポイント

事業所内や法人内に提出する「内向き報告書」と行政や地域包括支援センター、関係機関などに提出する「外向き報告書」では、内容や文章表現は異なります。また、内容が人材育成実施報告書などポジティブなものと介護事故や苦情・クレーム、ハラスメント、介護虐待報告書などのネガティブなものでは構成や分量、添付する資料は異なります。

介護事故や苦情・クレーム、ハラスメント、介護虐待などの報告書の構成は次を参考に作成しましょう。事業所として、レイアウトを統一させるために基本フォーマットやマニュアルを作成し、スタンダードな例文を明示しておくとよいでしょう。見出し（項目）、段落分け、箇条書き、文頭の記号（例：■、□、◎、○、・）などで「情報を階層化」して整理・表記します。

報告書は行政や地域包括支援センター、関係機関に提出するので専門用語や法律・制度用語は的確に使いましょう。

1. 発生時期と経緯、状況、対応:事故や苦情、ハラスメントが①発生した時期(期間)、②発生するまでの経緯(環境含む)、③発生したときの状況と対応・対策、④発生した後の経緯(報告含む)などを時系列でわかりやすく表記します。
2. 具体的な事実:状況の説明は「具体的な事実」を記載します。時間、場所、人物などは6W5H1Rを基本にし、関係者の情報などは出所元を明らかにして詳細に記載します。関係者の証言や証拠になる資料(写真、イラスト、音声、動画など)は可能な限り具体的に表記します。
3. 原因分析と結果および考察:発生した原因を分析し、報告書に記載します。原因の特定や関連する要素の説明を行い、発生した結果や影響を報告し、そこから導かれる考察すべき事柄などを記載します。
   表記にあたり主観的な判断や評価、思いは控えます。しかし、「推測・個人的見解であること」を明示し、原因分析や考察を表記することはよいでしょう。
4. 対応と対策の提案:今後、①どのような対応や対策が望まれるのか、②そのために求められる手続きやルール、③組織体制などの提案を明確に記載します。④必要な再発防止策や予防策などを含め、具体的な行動計画を示します。

報告書で注意したい「責任転嫁・大げさ・上から目線」な表現

報告書では感情的な表現は避け、冷静で客観的な文体を使います。主観的な意見や思い、判断や評価は控えます。責任を利用者(家族)や事業者などの他者に転嫁するような表現や非難的な表現は避けます。

- 責任を転嫁した表現:「担当の○○さんの不注意のために食事時に事故が発生した」➡「～の不注意とともに利用者の○○さんの体調不良、人員不足による業務の多忙さなど複数の要素によって発生した」
- 客観的表現と原因表現:「○○の技術が未熟な職員のミスによりかなり大きなトラブルになる」➡「～により発生した規模が大きいトラブルで、新人研修の不備が明らかになる」
- 謙虚さを欠いた表現:「利用者様の勘違いなのに一方的な苦情を受け対応しなくてはいけなくなる」➡「利用者様の誤解による一方的な苦情を受け、真摯に対応する必要がある」

苦情・クレーム報告書

苦情・クレーム報告書のポイント

苦情・クレームは「起こるはずないこと」「起こってほしくないこと」「起こってはいけないこと」であり、「想定外で否定的な思い込み」をもってしまい、報告書の作成もモチベーションダウンしがちです。しかし、苦情・クレームを「表面化していなかったチームケアの問題点を改善するチャンス」ととらえれば前向きに取り組むことが可能となります。

苦情・クレームの正体は「利用者（家族）の期待損失が言葉・態度になったマイナス情報」ですが、利用者（家族）の「心身の状態や生活状況の変化」を知らせるシグナル情報でもあります。また、事業所が提供する介護サービスの質の低下を知らせ、改善するための情報であったりします。

苦情・クレームのあらわれ方には個人差（性格、こだわり、価値観、心身の状態、理解と誤解、思い込み、認知の歪みなど）があります。また、原因となった大元や解決の矛先（主体者）はどこなのか（ケアマネジャー、サービス事業所、保険者、国）で報告書の表記も異なります。感情的な言葉に煽られてしまうと問題の本質を見誤り、分析や対応を間違ってしまいます。

〈苦情・クレームを分析する視点〉
- 利用者（家族）の心身の変化
- 利用者（家族）の生活上の変化
- サービス事業所が提供するケアの問題点（例：技術の未熟さ、人材不足、個別性の軽視など）と事業所の資質
- ケアチーム間の情報共有・連携とケアマネジメントの質

苦情・クレームの「レベル評価」は重要です。問い合わせ・不安・不満レベルから要求・要望レベル、小言・愚痴レベル、批判レベル、抗議レベル、非難レベルを評価し、どのように対応したのかを６Ｗ５Ｈ１Ｒで具体的に正確に表記します。なお、訴訟となった場合には苦情・クレーム報告書が裁判資料として貴重なものとなる場合もあります。

▶苦情・クレーム報告書のフォーマット例

日時と対応した時間を数字で明示。対面なら場所も表記。申立者の関係（本人以外は続柄、事業者など）を表記

■受付者

■日時　■申立者　（関係：　）

■申立て：□電話　□対面（場所：　）□メール　□他

■苦情・クレームの内容（経緯、環境、原因、対象、主張含む）

基本的に「項目」を立てて箇条書きで列挙する。苦情内容は要約で表記するが、象徴的な言葉があれば「」でセリフとして明示するのもよい。
何に怒っているか（問題）、何をわかってもらいたいのか（主張）を整理して記載

■苦情・クレームのレベル（複数可）

□問い合わせ　□不安　□不満　□不平　□小言　□グチ

□批判　□抗議　□非難　□その他（　）

レベル評価は重要。評価は複数チェック可。「不平と小言、一部非難」などが入っている場合がある

■苦情・クレーム申立人（　）の要望

申立人の要望が整理できていないと対応策もあいまいになりやすい

■対応（日時、問い合わせ、調整など）

どのような対応をしたのか、経緯を具体的に表記

■結果

対応した結果と効果、現在の状況について記載。未処理の課題があれば表記

■分析・評価及び考察・提案

苦情・クレーム発生の背景・環境とメカニズムを分析・評価し、考察する。どう今後につなげ、問題を改善するかなどの考察や提案を行う

第3節 ハラスメント報告書

ハラスメント報告書は「5W1H2S1R」

介護・福祉の現場では利用者（家族）からのカスタマーハラスメントのケースが増えています。その被害者はケアマネジャーだけでなく訪問介護や通所介護、訪問看護、訪問入浴介護などを行う現場スタッフです。加害行為が抑止・軽減されないために、精神的に影響を受け、退職を余儀なくされる、あるいはサービス事業所側からの提供拒否（契約解除）という事態になる可能性もあります。その際にはハラスメント報告書が必要となり、提出先は事業所・法人、行政および地域包括支援センターとなります。

ハラスメントの事実を記載するにあたり、次の５つで整理します。

- 身体的ハラスメント：叩く、殴る、蹴る、つねる、唾を吐く、噛むなど
- 心理的ハラスメント：怒鳴る、罵る、睨む、嫌味を言う、無視するなど
- モラルハラスメント：説教・叱責する、怒鳴る、脅す、問い詰めるなど
- 性的ハラスメント：性的誘いかけ、胸を触る、性的要求、性的冗談など
- ルールハラスメント：立場の濫用、不当・過剰・法外な要求や謝罪・補償の強要など

ハラスメントは**個人的な要素**（性格、価値観、こだわり、体調、生活歴・生育歴、心理的不安、職業歴、家族関係、問題処理の傾向、精神疾患の治療状況、認知の歪みなど）とともに、**発生時の環境**（例：危険・卑猥な物品、密室・閉めきり、ペットによる噛みつき）、**利用者（家族）の介護サービスへの誤解**なども影響します。また、**介護サービスを提供する側の落ち度**（例：ケアの一貫性、言葉遣い、身だしなみ、露出の多い服装、マナー・態度、プライバシーの扱い、コミュニケーション不足）などがきっかけとなる場合もあります。

記録は「5W1H2S1R」で行います。発生日時（When）、発生場所（Where）、場面（Scene）、誰が（対応職員：Who）、誰から（利用者、家族：Who）・何を（What）どのように（How）されたか、どのように対応したか（Result）と現在の状況（Situation）を表記します。

▶ハラスメント報告書のフォーマット例

受付日時を明示。対面なら場所も表記。申立者の事業所も表記。申立て方法も表記

■受付者

■受付日時　■申立者　（事業所名：　）

■申立て：□電話　□対面（場所：　）□メール　□他

ハラスメントの種類をチェック。複数あればそれぞれにチェック

■ハラスメントの分類（複数可）

□身体　□心理　□モラル　□性的　□制度　□その他（　）

■ハラスメントの内容（経緯、環境、原因、対象、被害など）

・記録の有無：□写真　□動画　□音声　□イラスト　□他（　）

「項目」を立てて箇条書きで列挙。6W5H1Rで具体的に箇条書き表記。象徴的な言葉（例：罵声、詰問）があれば「」でセリフとして明示。発生時の環境やきっかけはポイント。被害内容は具体的に表記。記録の有無と種類をチェック

被害（身体的、心理的など）とその後の状況、事業所のサポートとハラスメント加害者への対応

■被害を受けた当事者の状況と事業所の対応

■ハラスメントを行った加害者の状況

ハラスメント加害者の現状（反省・陳謝、軽減、抑制、変化なし）について表記

ハラスメントが発生した原因（例：情報共有のミス、未熟なケア技術、精神疾患による過度な不安感、家庭内暴力）をどのように分析し、評価・考察したかを表記

■分析および評価・考察

■対応と対策・提案

どのような対応をとり、事業所としてどのような対策をとることにしたかを表記。法人や行政に望む対応・対策と提案

■備考

介護虐待報告書

介護虐待報告書のポイント

虐待が生じる要因

在宅における家族介護者やサービス事業所のスタッフ、入居施設のスタッフによる「介護虐待」の通報先の多くはケアマネジャー（居宅介護支援事業所）です。介護虐待が生じる環境的要因には、在宅では家族介護者の過剰な負担やストレス、仕事との両立からくる睡眠不足や心理的圧迫、入居施設や介護サービス事業所においては人員不足等からくる見守り不足や介護放棄、人材育成不足などがあります。

虐待の通報時に必要な報告書

高齢者虐待防止法（高齢者虐待の防止、高齢者の養護者に対する支援等に関する法律）には**通報義務**（努力義務）があります。聴き取り調査等による「虐待行為が確定した時点」でなく「虐待行為が疑われる・発生を把握した時点」で市町村（地域包括支援センター）へ一報を入れます。

その際に必要となるのが報告書です。報告書は虐待の状況記録ではありません。どのような経路で虐待の通報・発見があり、誰によって（家族、職員）、どのような虐待行為（身体的虐待、介護等放棄、心理的虐待、性的虐待、経済的虐待、不適切なケアほか）が、いつから（経緯）、どの程度継続的に行われてきたのか（評価）、それによる影響（体調面、心理面、疾患面）、通報後の対応や要因分析と評価、防止策を報告書に記載します。

作成にあたり居宅介護支援記録やモニタリングシートを振り返り、サービス事業所の介護記録なども丁寧に確認し、経緯・経過に漏れがないように表記します。

在宅介護における加害者の多くは家族介護者です。**利用者および家族の個人的な要素**（性格、価値観、こだわり、体調、心理的不安、家族関係、家庭内暴力の有無、精神疾患の治療状況、仕事との両立など）を分析・評価するとともに、**発生時の環境**（例：時間帯、密室性、閉めきり、季節）なども表記します。

※不適切なケア：友達感覚で接する、あだ名やちゃんづけ・呼び捨て、威圧的な態度や命令口調、無理強いの介助や訴えの無視、あざ笑いや悪口・罵り、頻繁な「ちょっと待ってね」と長時間の放置など

▶介護虐待報告書のフォーマット例

■受付　　■記録者

■通報者　（□本人　□夫婦　□子ども　他：　）

■介護虐待の分類（複数可）

□身体的　□放棄・放任　□心理的　□性的　□経済的　□不適切なケア　□その他（　）

■虐待の内容（経緯、環境、きっかけ、原因、対象、被害など）

・被虐待者（　）・虐待者（　年齢：　歳、関係：　）
・被虐待者：要介護度（　）・認知症レベル（　）・原疾患（　）
・発見：日時　月　日（　：　）と発覚のきっかけ（　）
・期間：20××年　月　日～20××年　月　日
・記録の有無：□写真　□動画　□音声　□イラスト　□他（　）
・経緯と状況（箇条書き）

〈身体的観察所見〉

■被虐待者の意思

□やめてほしい　□対応してほしい　□離れたい　□施設入所　□病院入院

■関係者聴き取り（介護事業者、医療関係者、店舗、金融機関等）

■要因分析および評価（影響含む）

■対応経過と結果

■対策および再発防止策

通報者にはサービス事業所、医療関係者もあり

「経緯と状況」は6W5H1Rで箇条書きに列挙。象徴的な言葉（例：罵声）があれば「」でセリフとして明示。被害内容は具体的に表記

認知症レベルと原疾患が介護虐待に何らかの影響がある場合もある

記録の有無と種類をチェック。証拠として重要

身体的虐待や、介護放棄の影響をチェック

被虐待者の意思確認は重要

入手したより客観的な情報を表記

虐待が起こった環境および背景と要因、そのまま推移した場合の予知予見とさらなる影響を含めて評価する

どのような対応を行い、対策を講じたか。その効果と課題、今後の再発防止のための対策などを表記

Column 「書き直し」効果の勘所

文章を書くことに苦手意識をもつ人はたくさんいます。国語の授業でも作文程度しか実践的に学ぶ機会がなかったからです。

でも安心してください。文章も書き直しをすることでスキルアップすることは可能です。

まずは書いた文章に対し、ほかの人からフィードバックをもらいます。そのときのポイントは「何をどのように表現したかったか、伝えたかったか」を相手に理解してもらい、アドバイスをもらいましょう。

慣れないうちは落ち込むこともあるでしょう。反省することもあるかもしれません。

でも、助言は「ダメ出し」ではありません。書き直しの「ヒント」と理解します。6W5H1Rの視点で文章を観察し、セルフチェックします。語彙の置き換えや書き換え、思い切って文章の構成を変える、結論を冒頭に書くなどいろいろな工夫をしましょう。

ほかの人が書いたわかりにくい文章をたたき台として自分流に書き直すトレーニングも効果的です。やってみることで発見があるでしょう。

まさに「自己編集作業」を繰り返すことで確実に文章力はあなたの身になっていくでしょう。

巻末資料

- 利用者基本情報
- 課題分析標準項目
- 課題整理総括表
- 生活リズムサポートシート
- 「意欲・動機づけ」シート
- 居宅サービス計画書（1）
- 居宅サービス計画書（2）
- 週間サービス計画表
- 居宅介護支援モニタリングシート
- 居宅介護支援経過
- 利用者情報提供シート
- サービス情報提供書／利用者情報把握依頼書
- 評価シート
- 専門用語の言い換え集

利用者基本情報

作成担当者：

《基本情報》

相　談　日	年　月　日（　）	来所・電話 その他（　　）	初回 再来（前　/　）
本人の現況	在宅・入院又は入所中（　　）		

フリガナ 本人氏名	（　）	性別	M・T・S　年　月　日生（　）歳 （身長　cm　体重　kg）
住　所	（　）	Tel Fax	（　） （　）
日常生活自立度	障害高齢者の日常生活自立度	自立・Ｊ１・Ｊ２・Ａ１・Ａ２・Ｂ１・Ｂ２・Ｃ１・２	
	認知症高齢者の日常生活自立度	自立・Ⅰ・Ⅱａ・Ⅱｂ・Ⅲａ・Ⅲｂ・Ⅳ・Ｍ	
認定・総合事業情報	非該当・要支１・要支２・要介１・要介２・要介３・要介４・要介５ 有効期限：　年　月　日～　年　月　日（前回の介護度　） 基本チェックリスト記入結果：事業対象者の該当あり・事業対象者の該当なし 基本チェックリスト記入日：　年　月　日		
障害等認定	身障（　）、療育（　）、精神（　）、難病（　）		
本人の住居環境	自宅・借家・一戸建て・集合住宅・自室の有無（　）階、住宅改修の有無（　）		
経済状況	国民年金・厚生年金・障害年金・生活保護・（　）		

旧姓も表記

身長と体重の表記は重要

平成の大合併前の旧市町村も表記

認定時期も表記

築年数・居住年数も重要な情報

来所者（相談者）				家族構成	家族構成　◎=本人、○=女性、□=男性 ●■=死亡、☆=キーパーソン 主介護者に「主」副介護者に「副」 （同居家族は○で囲む）
住　所 連絡先		続柄			
緊急連絡先	氏名	続柄	住所・連絡先		
			（　）		
			（　）		
			（　）		
					家族関係等の状況

連絡先として携帯番号、e-mail アドレスも表記

子どもとその家族だけでなく、本人・配偶者のきょうだい数と存命の有無、居住地も可能なら表記
※詳細は別紙参照でも可

出典：平成27年6月5日老振発第１号厚生労働省老健局振興課長通知「介護予防・日常生活支援総合事業における介護予防ケアマネジメント（第1号介護予防支援事業）の実施及び介護予防手帳の活用について」を一部改変

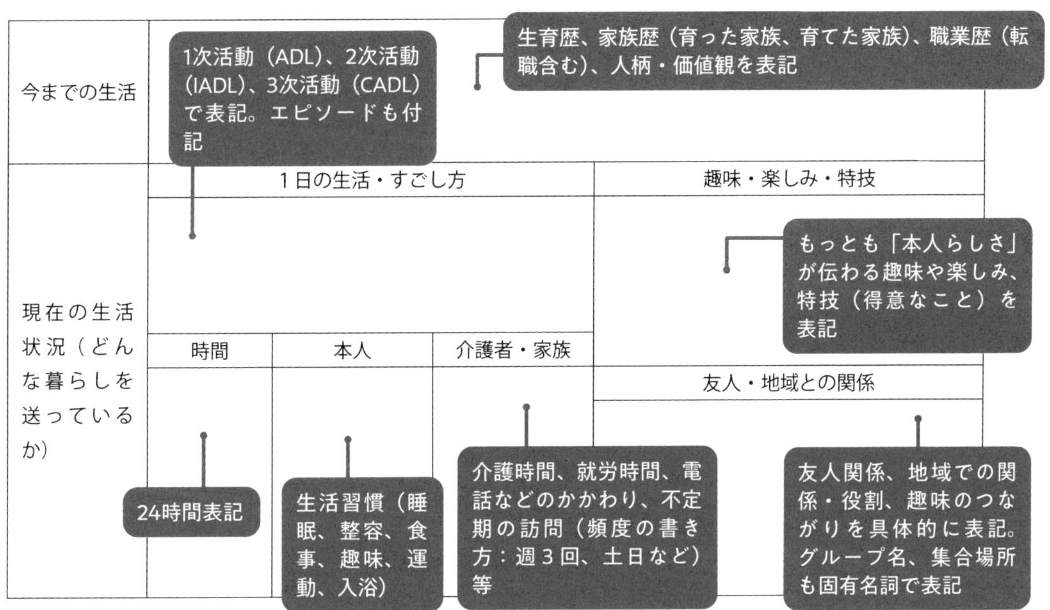

生育歴、家族歴（育った家族、育てた家族）、職業歴（転職含む）、人柄・価値観を表記
現在の生活状況（どんな暮らしを送っているか）
1日の生活・すごし方

もっとも「本人らしさ」が伝わる趣味や楽しみ、特技（得意なこと）を表記

生活習慣（睡眠、整容、食事、趣味、運動、入浴）
介護時間、就労時間、電話などのかかわり、不定期の訪問（頻度の書き方：週３回、土日など）等
友人関係、地域での関係・役割、趣味のつながりを具体的に表記。グループ名、集合場所も固有名詞で表記

《現病歴・既往歴と経過》（新しいものから書く・現在の状況に関連するものは必ず書く）

年月日	病名	医療機関・医師名 （主治医・意見作成者に☆）		経過	治療中の場合は内容
年　月　日			Tel	治療中 経観中 その他	
年　月　日			Tel	治療中 経観中 その他	
年　月　日				治療中 経観中 その他	
年　月　日			Tel	治療中 経観中 その他	

主治医だけでなく専門医（眼科、皮膚科、歯科、整形外科など）も表記

《現在利用しているサービス》

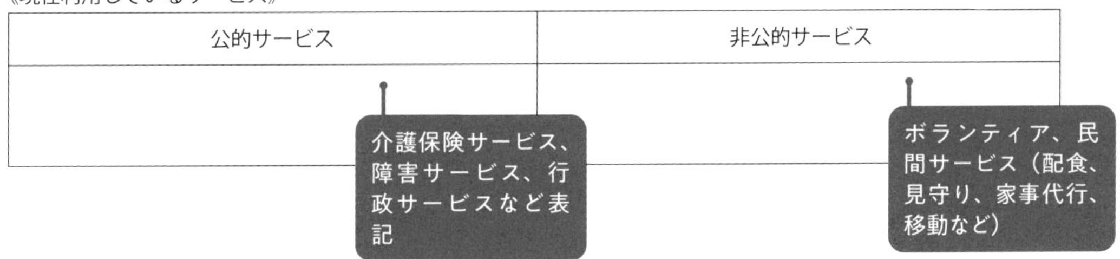

公的サービス
非公的サービス
介護保険サービス、障害サービス、行政サービスなど表記
ボランティア、民間サービス（配食、見守り、家事代行、移動など）

課題分析標準項目（23項目）

基本情報に関する項目

No.	標準項目名	項目の主な内容（例）
1	基本情報（受付、利用者等基本情報）	居宅サービス計画作成についての利用者受付情報（受付日時、受付対応者、受付方法等）、利用者の基本情報（氏名、性別、生年月日、住所・電話番号等の連絡先）、利用者以外の家族等の基本情報について記載する項目
2	生活状況	利用者の現在の生活状況、生活歴等について記載する項目
3	利用者の被保険者情報	利用者の被保険者情報（介護保険、医療保険、生活保護、身体障害者手帳の有無等）について記載する項目
4	現在利用しているサービスの状況	介護保険給付の内外を問わず、利用者が現在受けているサービスの状況について記載する項目
5	障害老人の日常生活自立度	障害老人の日常生活自立度について記載する項目
6	認知症である老人の日常生活自立度	認知症である老人の日常生活自立度について記載する項目
7	主訴	利用者及びその家族の主訴や要望について記載する項目
8	認定情報	利用者の認定結果（要介護状態区分、審査会の意見、支給限度額等）について記載する項目
9	課題分析（アセスメント）理由	当該課題分析（アセスメント）の理由（初回、定期、退院退所時等）について記載する項目

主訴・要望以外に願い・希望、苦情なども表記

アセスメントを行った場所、時期、かかった時間を表記

課題分析（アセスメント）に関する項目

No.	標準項目名	項目の主な内容（例）
10	健康状態	利用者の健康状態（既往歴、主傷病、症状、痛み等）について記載する項目
11	ADL	ＡＤＬ（寝返り、起きあがり、移乗、歩行、着衣、入浴、排泄等）に関する項目
12	IADL	ＩＡＤＬ（調理、掃除、買物、金銭管理、服薬状況等）に関する項目
13	認知	日常の意思決定を行うための認知能力の程度に関する項目
14	コミュニケーション能力	意思の伝達、視力、聴力等のコミュニケーションに関する項目
15	社会との関わり	社会との関わり（社会的活動への参加意欲、社会との関わりの変化、喪失感や孤独感等）に関する項目
16	排尿・排便	失禁の状況、排尿排泄後の後始末、コントロール方法、頻度などに関する項目
17	じょく瘡・皮膚の問題	じょく瘡の程度、皮膚の清潔状況等に関する項目
18	口腔衛生	歯・口腔内の状態や口腔衛生に関する項目
19	食事摂取	食事摂取（栄養、食事回数、水分量等）に関する項目
20	問題行動	問題行動（暴言暴行、徘徊、介護の抵抗、収集癖、火の不始末、不潔行為、異食行動等）に関する項目
21	介護力	利用者の介護力（介護者の有無、介護者の介護意思、介護負担、主な介護者に関する情報等）に関する項目
22	居住環境	住宅改修の必要性、危険個所等の現在の居住環境について記載する項目
23	特別な状況	特別な状況（虐待、ターミナルケア等）に関する項目

出典：平成11年11月12日老企発第29号厚生省老人保健福祉局企画課長通知「介護サービス計画書の様式及び課題分析標準項目の提示について」

この３項目が中心で、CADL（文化的日常生活行為）は標準項目に入っていない

認知症の行動・心理症状（BPSD）のこと。作話・妄想、もの盗られ妄想含む

介護者の家事力・介護力、就労状況、就学状況、介護者の健康情報などは重要

周辺の環境、季節別の環境変化、災害時の状況なども表記

介護サービス拒否、ハラスメントなども表記

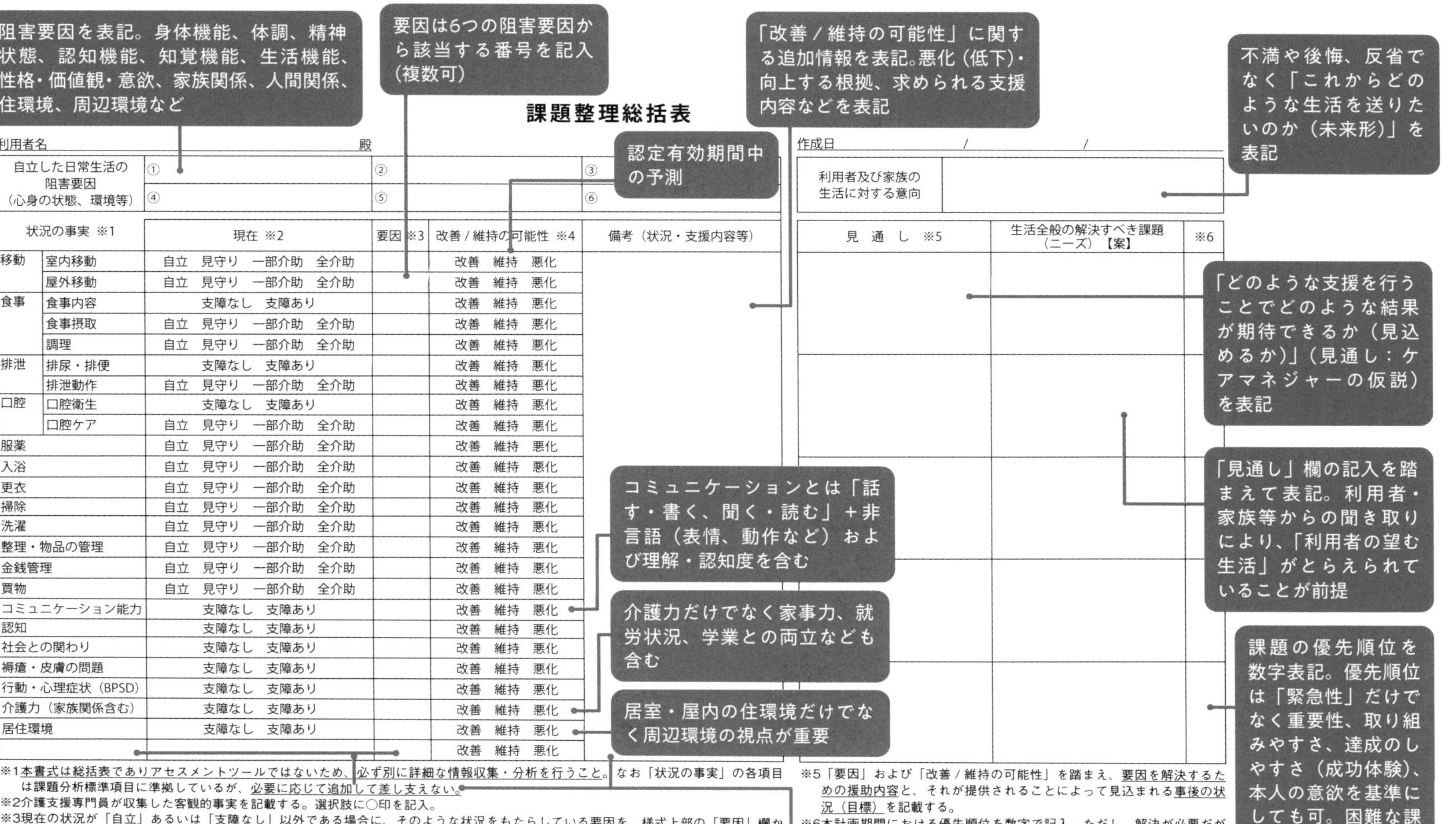

阻害要因を表記。身体機能、体調、精神状態、認知機能、知覚機能、生活機能、性格・価値観・意欲、家族関係、人間関係、住環境、周辺環境など
要因は6つの阻害要因から該当する番号を記入（複数可）
「改善／維持の可能性」に関する追加情報を表記。悪化（低下）・向上する根拠、求められる支援内容などを表記
不満や後悔、反省でなく「これからどのような生活を送りたいのか（未来形）」を表記
認定有効期間中の予測
「どのような支援を行うことでどのような結果が期待できるか（見込めるか）」（見通し：ケアマネジャーの仮説）を表記
「見通し」欄の記入を踏まえて表記。利用者・家族等からの聞き取りにより、「利用者の望む生活」がとらえられていることが前提
コミュニケーションとは「話す・書く、聞く・読む」＋非言語（表情、動作など）および理解・認知度を含む
介護力だけでなく家事力、就労状況、学業との両立なども含む
居室・屋内の住環境だけでなく周辺環境の視点が重要
課題の優先順位を数字表記。優先順位は「緊急性」だけでなく重要性、取り組みやすさ、達成のしやすさ（成功体験）、本人の意欲を基準にしても可。困難な課題には「-」印を表記
上記の吹き出しを参考に項目を追加してみよう

課題整理総括表

利用者名　　　　　　　　殿　　　　作成日　　／　　／

自立した日常生活の阻害要因（心身の状態、環境等）	①	②	③
	④	⑤	⑥

利用者及び家族の生活に対する意向	

状況の事実 ※1		現在 ※2	要因 ※3	改善／維持の可能性 ※4	備考（状況・支援内容等）
移動	室内移動	自立　見守り　一部介助　全介助		改善　維持　悪化	
	屋外移動	自立　見守り　一部介助　全介助		改善　維持　悪化	
食事	食事内容	支障なし　支障あり		改善　維持　悪化	
	食事摂取	自立　見守り　一部介助　全介助		改善　維持　悪化	
	調理	自立　見守り　一部介助　全介助		改善　維持　悪化	
排泄	排尿・排便	支障なし　支障あり		改善　維持　悪化	
	排泄動作	自立　見守り　一部介助　全介助		改善　維持　悪化	
口腔	口腔衛生	支障なし　支障あり		改善　維持　悪化	
	口腔ケア	自立　見守り　一部介助　全介助		改善　維持　悪化	
服薬		自立　見守り　一部介助　全介助		改善　維持　悪化	
入浴		自立　見守り　一部介助　全介助		改善　維持　悪化	
更衣		自立　見守り　一部介助　全介助		改善　維持　悪化	
掃除		自立　見守り　一部介助　全介助		改善　維持　悪化	
洗濯		自立　見守り　一部介助　全介助		改善　維持　悪化	
整理・物品の管理		自立　見守り　一部介助　全介助		改善　維持　悪化	
金銭管理		自立　見守り　一部介助　全介助		改善　維持　悪化	
買物		自立　見守り　一部介助　全介助		改善　維持　悪化	
コミュニケーション能力		支障なし　支障あり		改善　維持　悪化	
認知		支障なし　支障あり		改善　維持　悪化	
社会との関わり		支障なし　支障あり		改善　維持　悪化	
褥瘡・皮膚の問題		支障なし　支障あり		改善　維持　悪化	
行動・心理症状（BPSD）		支障なし　支障あり		改善　維持　悪化	
介護力（家族関係含む）		支障なし　支障あり		改善　維持　悪化	
居住環境		支障なし　支障あり		改善　維持　悪化	
				改善　維持　悪化	

見　通　し ※5	生活全般の解決すべき課題（ニーズ）【案】	※6

※1本書式は総括表でありアセスメントツールではないため、必ず別に詳細な情報収集・分析を行うこと。なお「状況の事実」の各項目は課題分析標準項目に準拠しているが、必要に応じて追加して差し支えない。
※2介護支援専門員が収集した客観的事実を記載する。選択肢に○印を記入。
※3現在の状況が「自立」あるいは「支障なし」以外である場合に、そのような状況をもたらしている要因を、様式上部の「要因」欄から選択し、該当する番号（丸数字）を記入する（複数の番号を記入可）。
※4今回の認定有効期間における状況の改善／維持／悪化の可能性について、介護支援専門員の判断として選択肢に○印を記入する。
※5「要因」および「改善／維持の可能性」を踏まえ、要因を解決するための援助内容と、それが提供されることによって見込まれる事後の状況（目標）を記載する。
※6本計画期間における優先順位を数字で記入。ただし、解決が必要だが本計画期間に取り上げることが困難な課題には「－」印を記入。

出典：厚生労働省老健局「課題整理総括表・評価表の活用の手引き」

生活リズムサポートシート

※小規模多機能型居宅介護・グループホームのケアマネジメントで活用されているライフサポートプランを一部改変

	私の暮らしの流れ			できること	支援してほしいこと		
時間	以前の暮らし	現在	めざす暮らし		困っていること（内容）	支援してほしいこと（内容）	かかわってほしい人
5：00							
6：00							
7：00							
8：00							
9：00							
10：00							
11：00							
12：00							
13：00							
14：00							
15：00							
16：00							
17：00							
18：00							
19：00							
20：00							
21：00							
22：00							
23：00							
24：00							
1：00							
2：00							
3：00							
4：00							
不定期で行っている事柄（通院、趣味、娯楽等）							

要介護状態となる前（数年前）の「一日の流れ」を表記

現在の「一日の流れ」を表記

3か月～12か月先に「取り戻したい暮らし」「目指したい暮らし」の流れを表記

現在、「一日の暮らしの流れ」で行えていること（ADL、IADL、CADL、健康管理など）

支援してほしいこと（困っていること、かかわってほしい人含めて）を表記

不定期で行っていることはケアプラン第3表にも表記

※高室成幸オリジナル

「◎とても思う、○思う、△ときどき思う」。×はネガティブになるので記入しない

「意欲・動機づけ」シート

「過去・現在・未来」で記入

作成日　　　年　　月　　日　担当：

ご利用者名		生年月日	年　　月　　日　　歳	性別		要介護度	

	私の「生き方」（CADL） ※記入できるところから楽しんで進めてください。 **※記入例：◎、○、△のみ**	していた	現在 している	現在 続けたい	したい
暮らし・役割	① 飾り付け（種類：　）				
	② 料理づくり（何を：　誰に：　）				
	③ ショッピング（何を：　場所：　）				
	④ 庭・花の手入れ				
	⑤ お出かけ（□散歩　□シルバーカー　□タクシー他）				
	⑥ 孫・ひ孫の世話（名前：　）				
	⑦ ペット（種類：　名前：　）の世話				
	⑧ ボランティア（種類：　）				
	⑨ お墓参り（□寺）・氏子の行事（□神社）				
	⑩ 地域活動（町内会など）				
	⑪ その他（　）				
つながり	① 友達と会話（□対面　□電話　□ LINE 等）				
	② 友達と遊ぶ（種類：　誰：　）				
	③ ランチ・ディナー（店名：　誰：　）				
	④ 同窓会（□学校　□職場　□サークル）				
	⑤ 家族・親戚との団らん（名前：　）				
	⑥ 異性との交流（□会話　□食事　□他）				
	⑦ 通信機器（□電話　□スマホ　□タブレット）				
	⑧ SNS（□ LINE　□ facebook　□メール）				
	⑨ その他（　）				
楽しみ・趣味	① 読書（ジャンル：　作家：　）				
	② 絵画（□描く　□塗る　□貼る　□他　）				
	③ 写真（□人物　□風景　□植物　□他　）				
	④ 鑑賞（□映画　□観劇　□演奏会　□落語　□他　）				
	⑤ 歌唱（□合唱　□独唱　□カラオケ）				
	⑥ 音楽鑑賞（ジャンル：　）				
	⑦ コンサート（ジャンル：　）				
	⑧ 楽器演奏（種類：　□1人　□複数）				
	⑨ 遊び（種類：　□1人　□複数）				
	⑩ ストレッチ（□体操　□ヨガ　□太極拳　□他　）				
	⑪ 健康法（□歩く　□走る　□泳ぐ　□他　）				
	⑫ スポーツ（種類：　）				
	⑬ 観戦（種類：　）				
	⑭ 舞踊（種類：　）				

	私の「生き方」（CADL） ※記入できるところから楽しんで進めてください。 **※記入例：◎、○、△のみ**	していた	現在 している	現在 続けたい	したい
楽しみ・趣味	⑮ ピクニック（場所：　）				
	⑯ 釣り（□川　□海　□渓流　□釣り堀）				
	⑰ アウトドア（□川　□海　□山　□他）				
	⑱ ギャンブル（種類：　場所　）				
	⑲ 投資（□株　□外貨　□金　□宝くじ）				
	⑳ お祭り（種類：　場所：　）				
	㉑ おしゃれ（種類：　TPO：　）				
	㉒ 家庭菜園・ガーデニング・市民農園				
	㉓ その他（　）				
学び・手習い	① 学び（　）				
	② 作法（□茶道　□華道　□着付け　□他）				
	③ オンライン（種類：　）				
	④ 教養（種類：　）				
	⑤ 脳トレ（種類：　）				
	⑥ 教える（種類：　）				
	⑦ その他（　）				
巡る・観光・旅行	① 史跡巡り（場所：　）				
	② 名所巡り（場所：　建物：　）				
	③ 記念館巡り（□美術館　□博物館　□他　）				
	④ 食べ歩き（種類：　場所：　）				
	⑤ 散歩（□ご近所　□公園　□神社　□河川敷・□他　）				
	⑥ 温泉・健康ランド（場所：　）				
	⑦ 国内旅行（場所：　）				
	⑧ 海外旅行（場所：　）				
	⑨ その他（　）				
つくる	① 料理・手芸（種類：　）				
	② クラフト・工芸（種類：　）				
	③ プラモデル（種類：　）				
	④ その他（　）				
心の支え	① お参り（神社・お寺など）				
	② 信仰・宗教（種類：　）				
	③ 占い（種類：　）				
	④ 修練（種類：　）				
	⑤ その他（　）				

※高室成幸オリジナル

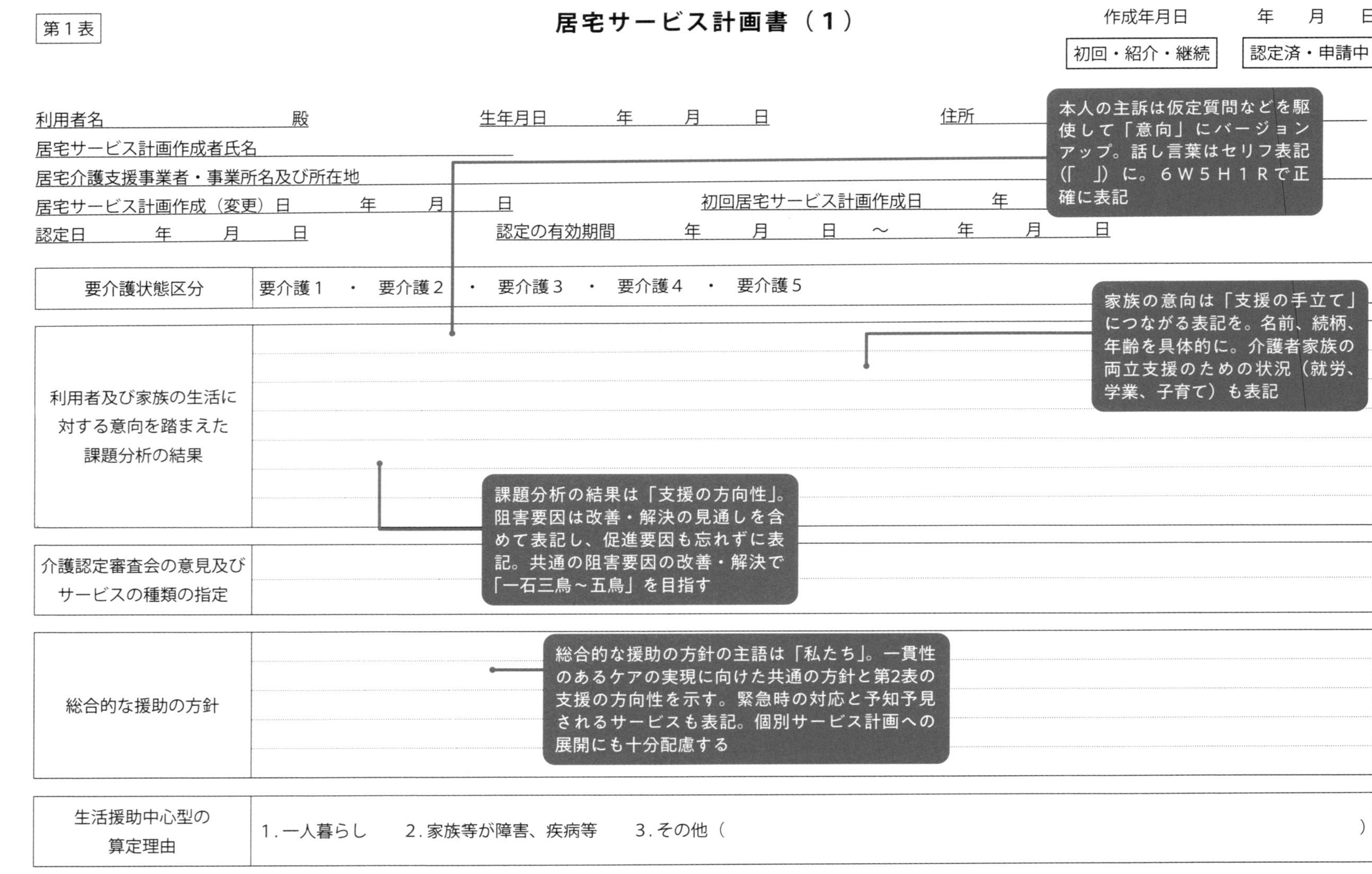

第１表

居宅サービス計画書（１）

作成年月日　　年　月　日

初回・紹介・継続　　認定済・申請中

利用者名　　　　殿　　生年月日　　年　月　日　　住所

居宅サービス計画作成者氏名

居宅介護支援事業者・事業所名及び所在地

居宅サービス計画作成（変更）日　　年　月　日　　初回居宅サービス計画作成日　　年　月　日

認定日　　年　月　日　　認定の有効期間　　年　月　日　～　　年　月　日

要介護状態区分	要介護１　・　要介護２　・　要介護３　・　要介護４　・　要介護５
利用者及び家族の生活に対する意向を踏まえた課題分析の結果	
介護認定審査会の意見及びサービスの種類の指定	
総合的な援助の方針	
生活援助中心型の算定理由	1.一人暮らし　　2.家族等が障害、疾病等　　3.その他（　　　）

本人の主訴は仮定質問などを駆使して「意向」にバージョンアップ。話し言葉はセリフ表記（「　」）に。６Ｗ５Ｈ１Ｒで正確に表記
家族の意向は「支援の手立て」につながる表記を。名前、続柄、年齢を具体的に。介護者家族の両立支援のための状況（就労、学業、子育て）も表記
課題分析の結果は「支援の方向性」。阻害要因は改善・解決の見通しを含めて表記し、促進要因も忘れずに表記。共通の阻害要因の改善・解決で「一石三鳥～五鳥」を目指す
総合的な援助の方針の主語は「私たち」。一貫性のあるケアの実現に向けた共通の方針と第2表の支援の方向性を示す。緊急時の対応と予知予見されるサービスも表記。個別サービス計画への展開にも十分配慮する

第２表

居宅サービス計画書（２）

作成年月日　　年　月　日

利用者名　　　　殿

生活全般の解決すべき課題（ニーズ）	目標				援助内容					
	長期目標	（期間）	短期目標	（期間）	サービス内容	※1	サービス種別	※２	頻度	期間

期間は「〇か月」でなく「〇年〇月〇日」で表記をする

現状・問題指摘でなく「望む暮らし＝達成・改善・向上できること」をポジティブに表記。利用者（家族）とケアチームを動機づける。複数の課題は「まとまり課題」にして「改善の相乗効果」を目指す。６Ｗ５Ｈ１Ｒで個別性重視の表記は基本

目標は段取り。「課題、期間、条件、取り組み」の視点で整理。まとまり課題を分解して複数の長期目標を設定。長期目標に「ひとまとまりの生活行為」を設定する。アウトカム評価に対応するために「数値表記」を盛り込む

長期目標の「ひとまとまりの生活行為」を実現するために求められる身体行為を複数の短期目標で設定。取り組みのイメージが湧く具体的な表記に。アウトカム評価のためにわかりやすい「数値表記」を盛り込む

サービス内容は短期目標の達成を目指した具体的な取り組みを表記。簡潔・抽象的・主体が曖昧な表記は要注意。主体（主語）はわかりやすく。
箇条書きで表記し、サービス内容とサービス種別に「番号」を付け、関連性を見える化する。
個別性とリスク予防の表記も忘れずに

サービス内容の「番号」に連動してサービス種別を表記。介護サービスだけでなく、本人・家族およびインフォーマル資源や保険外サービスも必ず表記する

※１「保険給付の対象となるかどうかの区分」について、保険給付対象内サービスについては〇印を付す。
※２「当該サービス提供を行う事業所」について記入する。

第３表

週間サービス計画表

作成年月日　　　年　　月　　日

利用者名　　　　　　　　　　殿

		月	火	水	木	金	土	日	主な日常生活上の活動
深夜	0:00								
	2:00								
	4:00								
早朝	6:00								
午前	8:00								
	10:00								
午後	12:00								
	14:00								
	16:00								
夜間	18:00								
	20:00								
深夜	22:00								
	24:00								

週単位以外のサービス	

主な日常生活上の活動として「一日の流れ」（起床、服薬、食事、体操・運動・散歩、テレビ視聴、入浴、就寝など）を表記

介護サービスだけでなく、曜日によって行う日中の外出（買い物、散歩、集まり、通院）、家事（掃除、洗濯）、生活習慣（食事、運動、趣味）、インフォーマルサポート（配食、家事代行）、交流（友人・知人の訪問）なども表記

曜日によって異なる夜間の生活習慣（夕食、入浴、テレビ視聴、就寝）や曜日によっての家族の訪問や電話のやりとりがあれば表記

週単位以外のサービスとして、専門医（歯科、皮膚科など）への通院と頻度、鍼灸マッサージなどの利用と頻度、インフォーマルサポート（民間の見守りサービスなど）の利用と頻度を表記

居宅介護支援モニタリングシート

計画書作成年月日　　　年　　月　　日
実施日

利用者名　　　　　　様　　担当ケアマネジャー

	項目	評価基準	評価	備考
本人・家族の満足		1. 大変満足 2. 満足 3. 不満 4. 非常に不満 5. 不明		
	利用者の変化（利用者自身）	1. 良くなった 2. 変化なし 3. 悪くなった 4. 不明		
	利用者の変化（介護者見解）			
	介護者の状況変化			
短期目標		①プラン実践状況（評価欄左に記入） 1. 実践されている 2. 実践されていない事がある 3. 実践されていない ②目標達成状況（評価欄右に記入） 1. 達成 2. 未達成あり 3. 未達成		
所見	サービス内容の適正度	1. 適正　2. 要検討　3. 不適正		
	プランの見直し	1. 不要　2. 課題あり　3. 必要		
		モニタリング実施者		

【総合評価】（サービス事業者から受けた情報提供、今後の課題と対応等を記載する）

- 利用する介護サービスを表記。心身の改善や安定、家事継続に効果のある自費サービスを含むのも可
- 評価を「５段階」で表記
- 「５段階」の評価の理由・根拠を表記。不明ならその状況を詳細に表記
- 利用者評価と介護者評価、介護者の状況変化（例：負担の軽減）を「４段階」で表記
- 「４段階」の評価の理由・根拠を表記。利用者評価と介護者評価が乖離する場合にはその理由を表記
- 短期目標達成に向けた実践が行われているかを表記
- 短期目標達成状況がどれくらいのレベルかを表記
- 実施状況と達成状況の理由・根拠、さらなる課題や配慮する点などを表記
- サービス内容の適正度とプランの見直しの必要度を評価。その理由と根拠、今後の対応などを表記
- 総合評価はケアマネジャーによる評価だけでなく、サービス事業所のモニタリング情報やサービス提供時の情報を含めた評価を表記し、今後の課題と対応等を表記

出典：株式会社エス・エム・エスが運営する介護事業者向け経営支援サービス「カイポケ」をもとに作成

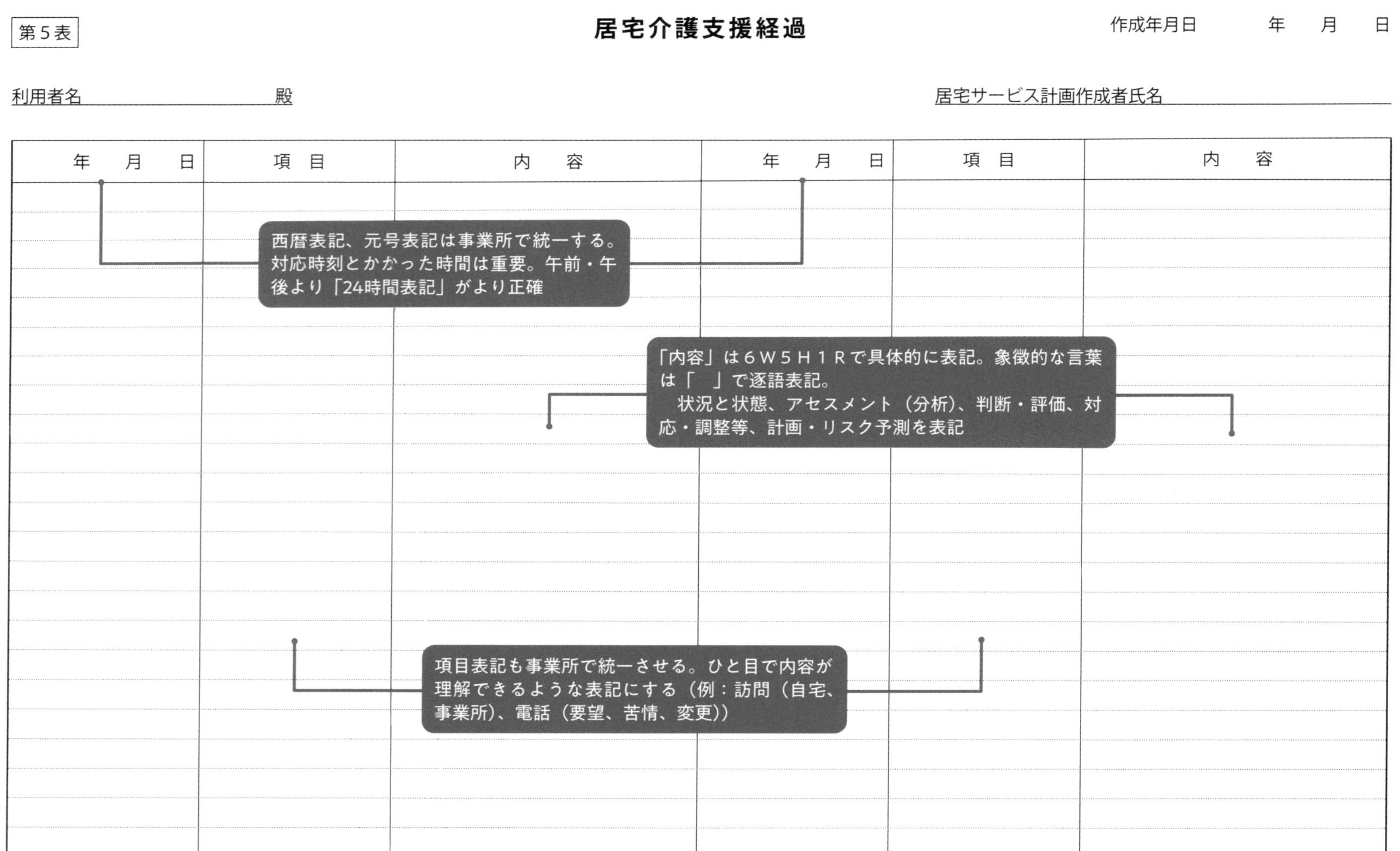

第５表

居宅介護支援経過

作成年月日　　年　月　日

利用者名　　　　殿　　　　居宅サービス計画作成者氏名

年　月　日	項　目	内　容	年　月　日	項　目	内　容

西暦表記、元号表記は事業所で統一する。対応時刻とかかった時間は重要。午前・午後より「24時間表記」がより正確
「内容」は６Ｗ５Ｈ１Ｒで具体的に表記。象徴的な言葉は「　」で逐語表記。
状況と状態、アセスメント（分析）、判断・評価、対応・調整等、計画・リスク予測を表記
項目表記も事業所で統一させる。ひと目で内容が理解できるような表記にする（例：訪問（自宅、事業所）、電話（要望、苦情、変更））

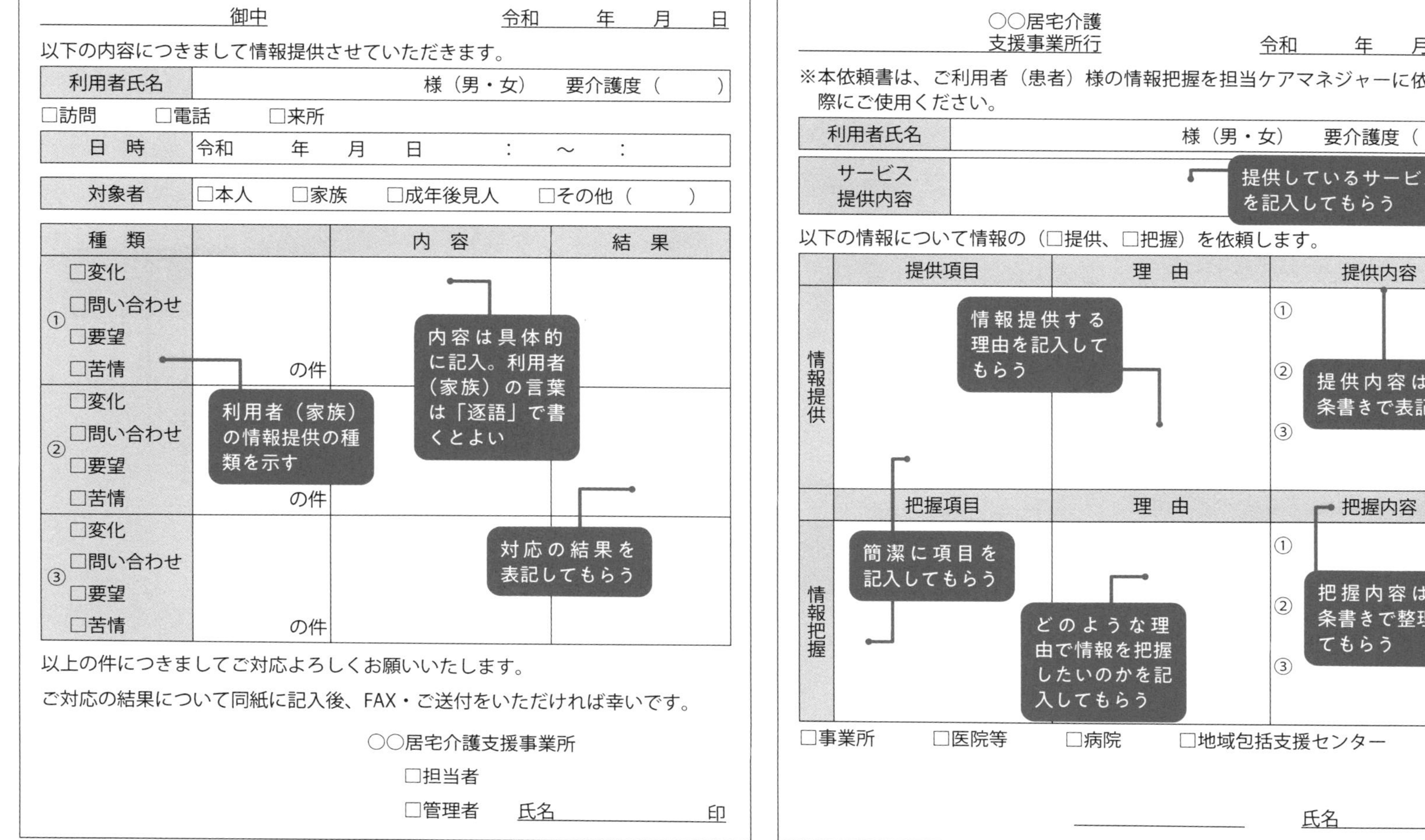

利用者情報提供シート

御中　　　　令和　　年　　月　　日

以下の内容につきまして情報提供させていただきます。

利用者氏名	様（男・女）　要介護度（　　）

□訪問　□電話　□来所

日　時	令和　　年　　月　　日　　：　～　：

対象者	□本人　□家族　□成年後見人　□その他（　　）

種　類		内　容	結　果
① □変化 □問い合わせ □要望 □苦情	の件		
② □変化 □問い合わせ □要望 □苦情	の件		
③ □変化 □問い合わせ □要望 □苦情	の件		

以上の件につきましてご対応よろしくお願いいたします。

ご対応の結果について同紙に記入後、FAX・ご送付をいただければ幸いです。

○○居宅介護支援事業所

□担当者

□管理者　氏名　　　　印

※高室成幸オリジナル

□サービス情報提供書　□利用者情報把握依頼書

○○居宅介護
支援事業所行　　　　令和　　年　　月　　日

※本依頼書は、ご利用者（患者）様の情報把握を担当ケアマネジャーに依頼する際にご使用ください。

利用者氏名	様（男・女）　要介護度（　　）
サービス提供内容	

以下の情報について情報の（□提供、□把握）を依頼します。

	提供項目	理　由	提供内容
情報提供			① ② ③
	把握項目	理　由	把握内容
情報把握			① ② ③

□事業所　□医院等　□病院　□地域包括支援センター

氏名

※高室成幸オリジナル

評価シート

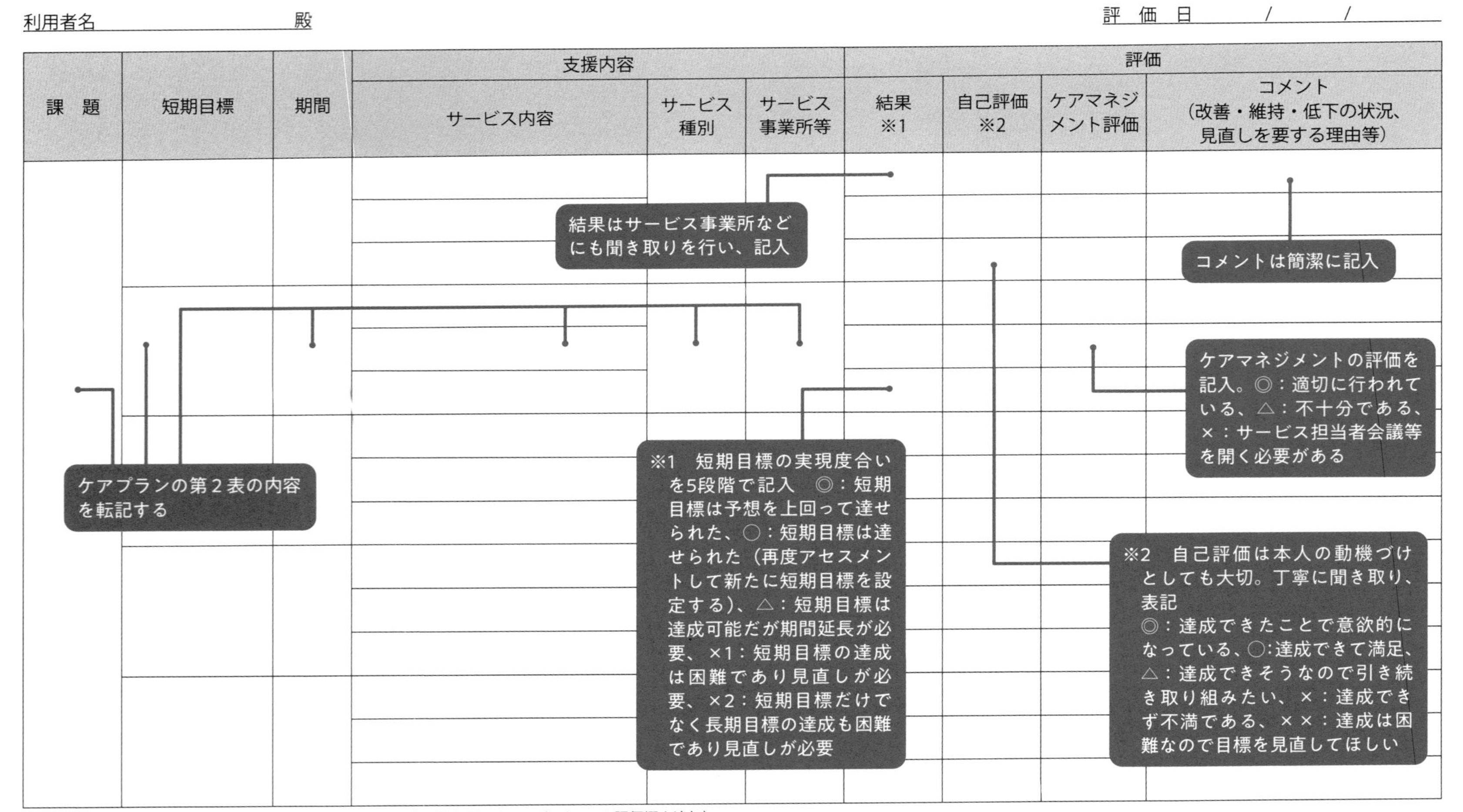

利用者名＿＿＿＿＿＿殿　　　　評　価　日　　／　　／

課　題	短期目標	期間	支援内容			評価			
			サービス内容	サービス種別	サービス事業所等	結果※1	自己評価※2	ケアマネジメント評価	コメント（改善・維持・低下の状況、見直しを要する理由等）

ケアプランの第２表の内容を転記する
結果はサービス事業所などにも聞き取りを行い、記入
※1　短期目標の実現度合いを5段階で記入　◎：短期目標は予想を上回って達せられた、○：短期目標は達せられた（再度アセスメントして新たに短期目標を設定する）、△：短期目標は達成可能だが期間延長が必要、×1：短期目標の達成は困難であり見直しが必要、×2：短期目標だけでなく長期目標の達成も困難であり見直しが必要
※2　自己評価は本人の動機づけとしても大切。丁寧に聞き取り、表記
◎：達成できたことで意欲的になっている、○:達成できて満足、△：達成できそうなので引き続き取り組みたい、×：達成できず不満である、××：達成は困難なので目標を見直してほしい
ケアマネジメントの評価を記入。◎：適切に行われている、△：不十分である、×：サービス担当者会議等を開く必要がある
コメントは簡潔に記入

※厚生労働者老健局振興課「評価表」一部改変（課題欄、自己評価欄、ケアマネジメント評価欄を追加）

介護用語、医療看護用語は利用者（家族）には「わかりづらい」。表記だけでなく説明時にも「使わない」。使った場合は説明をする

介護用語、医療看護用語は日常で使っている生活用語に「言い換える」。本人に伝わる・実感が湧きやすいなら「方言での言い回し」（例：痛い・痺れる➡山陰地方：はしる）も可

専門用語の言い換え集

	介護用語	言い換え
≪食事編≫		
1	飲水	水を飲む、水分をとる
2	個食	個別の食事、個別に食事をする
3	早食	早めに食事を出す
4	盗食する	ほかの人の食事を食べる
5	補食	補助食、栄養を補う追加の食事・間食
≪排泄編≫		
1	汚染する	汚れる、排泄物がつく
2	失禁する	漏らす、トイレを失敗する
3	摘便	便を指でかき出す
4	弄便	便をいじる
≪入浴≫		
1	入浴する	風呂に入る
2	洗髪する	髪を洗う
3	洗体する	体を洗う
4	個浴	個別にお風呂に入る
≪睡眠≫		
1	傾眠する	ぼんやりする、うとうとする
2	臥床する	横になる、床につく
3	入眠する	眠りにつく、寝入る
4	入床する	床につく
5	良眠	よく眠っている状態

	介護用語	言い換え
≪姿勢≫		
1	座位	座った姿勢
2	臥位	横になった状態
3	仰臥位	あおむけ
4	右側臥位	右を下にして横になること
5	左側臥位	左を下にして横になること
6	腹臥位	うつぶせ
7	立位	立った姿勢
8	良肢位	楽な姿勢、不自由の少ない姿勢
9	円背	猫背、曲がった背中
10	体位変換	体の向きを変えること、寝返りの介助
≪その他≫		
1	整容	歯磨き、髭剃りなどの身支度
2	更衣	着がえ
3	独居	一人暮らし
4	頻回	ひんぱん、たびたび
5	居室	部屋
6	訪室する	部屋に行く
7	寝衣	寝間着、パジャマ
8	挙上する	あげる
9	評価する	観察する、様子をみる
10	移乗する	乗り移らせる

	医療看護用語	言い換え
≪身体≫		
1	頸部	首
2	腋窩	脇の下
3	心窩部	みぞおち
4	口角	口の両はし
≪歯とその周辺≫		
1	齲蝕（うしょく）	虫歯
2	歯肉	歯ぐき
≪口の中と働き≫		
1	口腔	口
2	含嗽（がんそう）	うがい
3	残渣（ざんさ）	食べかす
4	咀嚼する	かみ砕く
5	嚥下する	飲み下す
6	誤嚥する	食べ物などが誤って気管に入る
≪手と足≫		
1	体肢(たいし)、四肢	手足
2	手根	てくび
3	足根	あしくび
4	腓腹（ひふく）	ふくらはぎ
5	上腕	ひじから上
6	前腕	ひじから下
7	手掌(しゅしょう)	手のひら
8	手背（しゅはい）	手の甲
9	足底（そくてい）	足の裏
10	足背（そくはい）	足の甲

	医療看護用語	言い換え
11	踵部（しょうぶ）	かかと
≪いろいろな症状≫		
1	熱発（ねっぱつ）	熱が出る
2	眩暈（げんうん）	めまい
3	羞明(しゅうめい)	まぶしい、まぶしさ
4	咳嗽（がいそう）	咳
5	口渇（こうかつ）	のどや口の中が渇く
6	嘔気・悪心	吐き気
7	浮腫	むくみ
8	腫脹	腫れ、腫れること
9	乏尿(ぼうにょう)	おしっこの量が少ないこと
10	頻尿(ひんにょう)	おしっこの回数が増えること
11	下血（げけつ）	肛門から血液や血便が出ること
12	擦過傷	すり傷、かすり傷
13	疼痛	痛み
14	廃用症候群	寝たきりなどで起こる心身機能の低下
≪分泌物≫		
1	鼻汁（びじゅう）	鼻水
2	耳垢（じこう）	耳あか
3	膿（のう）	うみ
≪関節の動き≫		
1	伸展する	伸ばす
2	屈曲する	曲げる
≪その他≫		
1	塗布する	塗る
2	罹患する	病気にかかる

参考文献：遠藤織枝・三枝令子・神村初美「利用者の思いにこたえる介護のことばづかい」大修館書店、2019年

おわりに

本書をお読みいただき、どのような気づきがありましたか？　どのような学びがありましたか？　ケアプランの作成だけでなくケアマネジメント全般に役立つコツや勘所をつかんでいただけたでしょうか？

介護保険制度も20数年が経過し、利用者と家族に寄り添ったチームケアをマネジメントするケアプランの重要性が社会的に理解され、ケアプラン作成は、ケアマネジャーの貴重なミッション（使命）として認知されてきています。

本書を通して、本人らしさ（自分らしさ）あふれる「顔の見えるケアプラン」が書けないとチームケアの支障となり、利用者・家族・ケアチーム間に誤解とトラブルを生むリスクになってしまうこともご理解いただけたと思います。

本書では、具体的な文章を「６Ｗ５Ｈ１Ｒ」で書く手法を紹介し、ケアプランの利用者基本情報から第１表・第２表の書き方、各報告書まで「かゆいところに手が届く」レベルを目指し、丁寧にアドバイスしました。

おわりにあたり、みなさんに伝えたい思いは３つです。

第一に「読み手の立場に立って書く」ことです。利用者や家族が直面する状況や課題、ニーズを的確に把握し、残すため・伝えるために書く。そしてケアチームが求める情報を的確に伝える（提供する）意識が必要です。

第二に「わかりやすい言葉とわかりやすい構成で書く」ことです。専門的な介護用語や医療用語、行政用語を避け、わかりやすい言葉に置き換える・書き換えることが重要です。情報を整理し、わかりやすい構成で文章をまとめ、読み手がスムーズに理解できるように心がけましょう。

第三に「共感と応援、動機づけの文章を書く」ことです。利用者・家族がおかれた環境や困難さ、心情・感情に寄り添い、それぞれの状況に文章で共感し、生き方や頑張りを文章で応援します。本人の意欲や自己実現への思いを文章で動機づける。この取り組みは利用者・家族の心を支え、ケアチームのモチベーションを育てることになります。

私が伝えたい「ケアプランの書き方」は本人らしさ（自分らしさ）を支える、利用者と家族の人生の物語を支える書き方です。歪んだ生産性や効率性は個別性をないがしろにします。「顔の見えないケアプラン」は利用者と家族の人生を台無しにしてしまいかねません。

最後に、本書がケアマネジャーのみなさんの仕事の一助となり、利用者と家族に寄り添った素晴らしい「顔の見えるケアプラン」として実を結ぶことを心から願っています。

2023年8月

高室 成幸（しげゆき）

参考文献・推薦図書

・石黒圭『文章は接続詞で決まる』光文社新書、2008年
・石黒圭『段落論—日本語の「わかりやすさ」の決め手』光文社新書、2020年
・石黒圭『語彙力を鍛える—量と質を高めるトレーニング』光文社新書、2016年
・石黒圭『大人のための言い換え力』NHK 出版新書、2017年
・斎藤孝『雑談力が上がる話し方—30秒でうちとける会話のルール』ダイヤモンド社、2010年
・世相風俗観察会編『現代世相風俗史年表 1945-2008』河出書房新社、2009年
・下川耿史監、家庭総合研究会編『昭和・平成家庭史年表1926-2000』河出書房新社、2001年
・遠藤織枝・三枝令子編著『やさしく言いかえよう　介護のことば』三省堂、2015年
・六車由実『驚きの介護民俗学』医学書院、2012年
・右馬埜節子『認知症の人がスッと落ち着く言葉かけ』講談社、2016年
・阿部充宏『ケアプランパーフェクトガイド—運営基準・介護報酬とケアマネジャーの「すべきこと」「してはならないこと」』中央法規出版、2022年
・阿部充宏『改訂 文例・事例でわかる 居宅ケアプランの書き方—具体的な表現のヒント』中央法規出版、2022年
・後藤佳苗『令和3年改定対応：記載例で学ぶ居宅介護支援経過—書くべきこと・書いてはいけないこと』第一法規、2021年
・後藤佳苗『新訂 法的根拠に基づくケアマネ実務ハンドブック—Q&A でおさえる業務のツボ』中央法規出版、2021年
・高室成幸監、奥田亜由子『全面改訂　地域包括ケア時代の 施設ケアプラン記載事例集—チームケア実践』日総研出版、2017年
・高室成幸・奥田亜由子『本人を動機づける 介護予防ケアプラン作成ガイド』日総研出版、2019年
・高室成幸『イラストと図解でよくわかる ケアマネ実務スタートブック』中央法規出版、2017年

著者紹介

高室　成幸

ケアタウン総合研究所 代表
1958年京都市生まれ。日本福祉大学社会福祉学部卒。「わかりやすく、元気が湧いてくる講師」として全国の市町村、ケアマネジャー団体、社会福祉協議会、地域包括支援センター、民生児童委員等の研修会などで活躍している。また施設長や管理職向けに人材マネジメントに関する研修も行っている。
テーマはケアマネジメント、モチベーション、質問力、会議力、コミュニケーションスキル、人材マネジメントから高齢者虐待、ハラスメント、個人情報保護、施設マネジメントまで幅広い。「ケアプラン点検支援マニュアルの活用方法」（2008年：厚生労働省老健局振興課）の制作に関わる。出版・編集者の経験をもとに文章・記録の研修は好評。著書・監修書多数。ほかに業界紙誌、インターネット介護サイトへの寄稿も多い。

「書き方」をテーマにした主な著書
- 「家族のための　事例でわかる介護ケアプラン—上手な29事例」（法研）、2007年
- 「ケアマネジャーの質問力」（中央法規出版）、2009年
- 「伝える力—わかりやすい話は『わかりやすい話し方』にあり」（筒井書房）、2010年
- 「言いにくいことを伝える77のコミュニケーション」（筒井書房）、2011年
- 「新・ケアマネジメントの仕事術」（中央法規出版）、2015年
- 「イラスト・図解でよくわかるケアマネ実務スタートブック」（中央法規出版）、2017年
- 「地域包括ケア時代の施設ケアプラン記載事例集～チームケア実践～」（日総研出版）、2017年
- 「本人を動機づける介護予防ケアプラン作成ガイド」（日総研出版）、2019年
- 「子どもに頼らないしあわせ介護計画～人生100年時代の自分らしい『老後準備』」（WAVE 出版）、2020年
- 「ケアマネ・福祉職のためのモチベーションマネジメント—折れない心を育てる21の技法」（中央法規出版）、2020年

主な監修
- 「介護の『困った』『知りたい』がわかる本」（宝島社）、2022年
- 「図解入門ビギナーズ介護保険の基本と仕組みがよ～くわかる本［第８版］」（秀和システム）、2021年

お問い合わせ：ケアタウン総合研究所
公式サイト https://caretown.com

利用者・家族に伝わる　ケアプランの書き方術
ケアの質がぐっと上がる6W5H1R

2023年９月10日　初　版　発　行
2024年６月10日　初版第２刷発行

著　者　高室　成幸
発行者　荘村　明彦
発行所　中央法規出版株式会社
〒110-0016 東京都台東区台東3-29-1　中央法規ビル
TEL 03-6387-3196
https://www.chuohoki.co.jp/
印刷・製本　日経印刷株式会社
装幀・本文デザイン　二ノ宮匡（ニクスインク）
本文イラスト　堀江篤史

ISBN978-4-8058-8940-4
定価はカバーに表示してあります。落丁本・乱丁本はお取り替えいたします。

本書の内容に関するご質問については、下記URLから「お問い合わせフォーム」にご入力いただきますようお願いいたします。
https://www.chuohoki.co.jp/contact/